Ralph Metzner, Ram Dass & Gary Bravo

GEBURT EINER PSYCHEDELISCHEN KULTUR

Ralph Metzner, Ram Dass & Gary Bravo

GEBURT EINER PSYCHEDELISCHEN KULTUR

Gespräche über Leary, die Harvard-Experimente, Millbrook und die 60er Jahre

Mit einem Prolog von Mathias Bröckers zur europäischen psychedelischen Kultur und einem aktuellen Vorwort von Ralph Metzner

Aus dem amerikanischen Englisch übersetzt von Stephan Schuhmacher

Impressum

Ralph Metzner, Ram Dass & Gary Bravo
Geburt einer psychedelischen Kultur

Nachtschatten Verlag AG
Kronengasse 11
CH-4500 Solothurn

Tel: 0041 32 621 89 49
Fax: 0041 32 621 89 47

info@nachtschatten.ch
www.nachtschatten.ch

Dieser Titel ist eine leicht gekürzte Übersetzung des englischsprachigen Originals ***Birth Of A Psychedelic Culture***, Santa Fe, New Mexico: Synergetic Press 2009
Mit freundlicher Genehmigung.

Redaktion: Roger Liggenstorfer
Übersetzung: Stephan Schuhmacher
Ergänzungen, Übersetzung Bildunterschriften: Markus Berger
Korrektorat: Inga Streblow, Albert Rutz

Layout und Umschlaggestaltung: Sven Sannwald

Druckerei & Verlag Steinmeier & Co. KG, Deiningen

Printed in Germany

ISBN: 978-3-03788-549-9

In der amerikanischen Originalausgabe sind Kurzbeiträge folgender Autoren abgedruckt, die nicht in die deutsche Übersetzung aufgenommen wurden:

Darlene de Sedle, Dorothy Fadiman, Frank Ferguson, Lora Ferguson, Lisa Ferguson, Gray Henry, Susan Homer, Michael Kahn, Paul Lee, Jean McCreedy, Gunther Weil, Elsa von Eckartsberg , Rolf von Eckartsberg , Peggy Hitchcock , George Litwin

Inhaltsverzeichnis

Widmung

Ich möchte mit tiefer Dankbarkeit und Zuneigung die Rolle meiner beiden großen Mentoren in jener magischen und freudvollen Zeit der Kreativität und Erkundung der 1960er-Jahre anerkennen – Timothy Leary und Richard Alpert (heute Ram Dass). Sie haben ihre Begabung für Visionen, ihre Erfahrung sowie ihre Energie großzügig mit mir geteilt und sind meine lebenslangen Freunde geblieben.
Ralph Metzner

Wir alle drei sind unseren Forscherkollegen und Kosmonauten des inneren Raumes, die an diesen Reisen und Abenteuern teilgenommen und von denen einige Beiträge zu diesem Buch geleistet haben, zutiefst dankbar. Ihnen allen und den vielen Tausenden, die Zeugen der Geburtswehen und -freuden einer neuen visionären psychedelischen Kultur waren und diese miterlebt haben, senden wir von Herzen unsere Grüße und unseren Segen.
Ram Dass, Ralph Metzner und Gary Bravo

Ram Dass, Timothy Leary und Ralph Metzner anlässlich einer Reunion des Harvard-Projekts 1996

Vorwort

von Ralph Metzner

Als Ram Dass und ich die Gespräche führten, die uns zum Schreiben dieses Buches inspirierten, waren wir uns einig, dass wir «Geburt einer psychedelischen Kultur» sagen wollten und nicht etwa «Die Geburt (der) psychedelischen Kultur». Psychedelische Kulturen, wie andere menschliche, tierische, pflanzliche oder Pilzkulturen, sind mannigfaltig und verschieden, mit zahlreichen Ästen, ähnlich den Nervensystemen von Mensch oder Tier. Wir entschieden uns für die Säugetier-Metapher der Geburt, doch wir hätten genauso gut von Zweigen, Netzwerken, dem Wachstum oder – abstrakter gesagt – den Arten der psychedelischen Kultur sprechen können.

In unserem Buch, das als eine Reihe von Gesprächen aus den Jahren 2004 bis 2006 entstanden ist, beschreiben wir den Ursprung oder die Geburt einer psychedelischen Kultur in den frühen 1960er Jahren an der Ostküste der USA im Umfeld der akademischen Sozialwissenschaft und Psychotherapie. Zum Zeitpunkt dieser Gespräche waren wir beide in unseren reifen Jahren und blickten auf Ereignisse zurück, die vierzig Jahre zuvor in unserer persönlichen Geschichte stattgefunden hatten – turbulente Ereignisse, von denen die westliche Kultur erschüttert wurde. Damals waren wir – Ram Dass, Timothy Leary und ich – akademische Forschungspsychologen und mit der Harvard University verbunden. Unerwartet fanden wir uns in einem völlig neuen Feld des erweiterten Bewusstseins wieder, ohne etwas über die bewusstseinserweiternden Substanzen und ihre früheren Ausdrucksformen in anderen Kulturen zu wissen. Manchmal muss ich das Publikum daran erinnern, dass die Buchstaben LSD zwar in den vergangenen 50 Jahren, in den glorreichen Tagen der frühen 60er Jahre, eine fast übernatürliche Aura von Überzeugungen, Idealen, Vorstellungen und Missverständnissen erlangt hatten, jedoch weder Bedeutung besaßen noch Vorstellungen weckten. Wir sahen uns als unschuldige Wissenssuchende, als Entdecker bisher unbekannter Reichweiten des menschlichen Geistes.

Außerdem wurde gleichzeitig mit unserem Zweig der psychedelischen Kultur eine völlig andere Kultur, in der auch LSD und andere Psychedelika eine Rolle spielten, in den «Acid Tests» an der US-Westküste geboren oder manifestiert, angeführt von Ken Kesey und seinen Mitstreitern, die mit anderen Werten, einer anderen Ethik und Ästhetik arbeiteten, wie in Teil V des vorliegenden Buches von uns beschrieben ist. Weitere offiziell genehmigte Forschungsprojekte und halbwegs legale oder illegale Kulturen, bei denen psychedelische Drogen ein Rolle spielten, wurden etwa zur gleichen Zeit in England, der Schweiz, Frankreich, Israel, Südafrika, Australien und an anderen Orten initiiert.

In meinem Buch «Die Erweiterung des Bewusstseins» (2008) habe ich über die Transformationen des kollektiven Bewusstseins geschrieben, die in den frühen 60er Jahren stattfanden und in unbekanntem Ausmaß durch den Konsum von Psychedelika durch Hunderttausende von Menschen ausgelöst wurden. In den 60er Jahren kam es zu Revolutionen des kollektiven Bewusstseins, dem Überschreiten von Grenzkonventionen, der radikalen Bekräftigung humaner, lebensbejahender Werte. Das Aufblühen einer Gegenkultur ließ sich an den folgenden Bewegungen, die alle Anfang bis Mitte der 1960er Jahre explodierten, erkennen: die Antikriegsbewegung gegen die amerikanische Kriegsmaschinerie in Vietnam; die Bürgerrechtsbewegung gegen Rassismus in Schulen und im Wohnumfeld; die Ökologiebewegung gegen Umweltverschmutzung; die Frauenbewegung gegen sexistische Vorurteile; mehr sexuelle Entfaltungsfreiheit durch die Verhütungspille, jenseits der herkömmlichen Ehe- und Familiennormen; und, am spektakulärsten, ein Aufschwung kreativer Innovationen in Musik, Kunst, Mode und Literatur, der weit über die ästhetischen Formen und Normen früherer Generationen hinausgeht. Die vielfältigen Zweige und Stränge der psychedelischen Kultur waren auf subtile und geheimnisvolle Weise mit all diesen Bewegungen verwoben.

Irgendwann um 2003 oder 2004 hatten Ram Dass und ich ein Gespräch, in dem wir uns darauf einigten, zusammen ein Buch über unsere Erfahrungen in den psychedelischen Forschungsprojekten von Harvard Anfang der 1960er Jahre zu schreiben, über unsere gemeinsame Zusammenarbeit mit Timothy Leary und anderen frühen psychedelischen Forschern, über unsere anschließende Teilnahme an der Gemeinschaft in Millbrook, New York, sowie an den explosiven sozialen Bewegungen Mitte bis Ende der 60er Jahre, in denen wir beide sowohl unerwartete Teilnehmer als auch staunende Beobachter waren. Vierzig Jahre später hatte jeder von uns seinen eigenen Lebensweg entwickelt, einen Platz in der Gesellschaft gefunden und Bücher in seinen jeweiligen Bereichen geschrieben, aber wir hatten uns nicht direkt mit den turbulenten Ereignissen der frühen 60er Jahre, an denen wir teilgenommen hatten, befasst. Tim Leary, der 1996 verstorben ist, hatte zwei Memoiren geschrieben, *High Priest* (1968) und *Flashbacks* (1983), die von diesen Ereignissen in seinem einzigartigen und überbordenden Stil erzählen, aber Ram Dass und ich waren uns einig, dass wir die Geschichten unserer gemeinsamen Abenteuer so erzählen wollten und mussten, wie wir sie erlebt hatten und wie sie uns in Erinnerung waren.

Die praktischen Anforderungen eines gemeinsam zu schreibenden Buches waren entmutigend. Wie sollten wir das umsetzen? Wie es die Synchronizität wollte, lebte Ram Dass zu dieser Zeit mit einer kleinen Gruppe von Freunden und Mitarbeitern in einer Gemeinschaft in San Mateo, südlich von San Francisco; ich lebte mit meiner Frau und meinen Kindern in Sonoma, fuhr aber oft nach San Francisco, um am California Institute of Integral Studies zu unterrichten. Wir entschieden, es sei am besten, unsere Gespräche aufzunehmen, sie zu transkribieren und diese Aufzeichnungen als Grundlage für unsere Texte zu verwenden. In einem Zeitraum von einigen Wochen trafen wir uns dreimal für jeweils etwa drei Stunden und nahmen so insgesamt acht bis neun Stunden Gespräch auf. Ram Dass hatte zwei treue Assistenten, die so liebenswürdig waren, diese Gespräche zu transkribieren und uns die Texte zur Verfügung zu stellen.

Es gab jedoch ein noch entscheidenderes Problem, dessen Lösungsbedarf uns bewusst war. Sowohl Ram Dass als auch ich waren uns darüber im Klaren, dass es Konflikte zwischen uns gab, die ungelöst geblieben waren. Obwohl wir bei unseren Begegnungen an öffentlichen Veranstaltungen immer herzlich miteinander umgingen, versuchten wir, Diskussionen über die aus der Millbrook-Geschichte der 60er Jahre übriggebliebenen Meinungsverschiedenheiten bewusst auszuklammern. Im Wesentlichen ging es darum, wie Leary und ich Dick Alpert gebeten hatten, die Gemeinschaft zu verlassen, ohne zurückzukehren, weil wir beide das Gefühl hatten, dass er zu einer widersprüchlichen Erscheinung geworden war und andere kontroverse Individuen anzog. Diese Spaltung des Kerntrios ereignete sich im Herbst 1965 und ist in Teil IV dieses Buches beschrieben. Ich denke, dass das übriggebliebene Unbehagen über diese Episode unserer Geschichte bei Ram Dass und mir dazu führte, dass wir eine neutrale, uns beiden vertraute dritte Person baten, als Konversationspartner bei unseren Gesprächen zu fungieren. So kam es, dass der Psychiater und gemeinsame Freund Gary Bravo der Vermittlung unseres Gesprächs zustimmte und dann auch die Hauptrolle bei der chronologischen Organisation des Textes spielte.

Bei unseren Gesprächen hatten wir keine festgelegte Reihenfolge der Ereignisse im Kopf. Ich erinnere mich, dass ich vielleicht so etwas sagte wie: Erinnerst du dich an die Situation, als diese Person das tat oder meinte, und dann schweiften wir in Erinnerungen ab. Ram Dass und ich rauchten beide reichlich Cannabis, um den Fluss der Geschichten zu erleichtern, doch wir baten Gary Bravo, nicht zu rauchen, um den Überblick über die chronologische Reihenfolge wichtiger Ereignisse und Situationen zu behalten und uns um Stellungnahmen zu bestimmten Situationen oder Einzelpersonen bitten zu können. Gary Bravo führte auch ausführliche Einzelgespräche mit Ram Dass und mir und kam irgendwann auch auf die Reise nach Maui zu sprechen, um unterschiedliche Aspekte unserer jeweiligen Geschichten nachvollziehen zu können.

Verschiedene bereits veröffentlichte Berichte über die Erfahrungen von Ram Dass und mir wurden schließlich auch in den Text eingearbeitet.

Und hier gab es noch eine der Synchronizitäten, die dieses Projekt kennzeichneten. Nachdem Ram Dass und ich zusammen mit Gary Bravo den Text in eine für uns akzeptable Form gebracht hatten, schickte ich ihn zu einer Reihe von Verlegern und Agenten, die ich kannte, und erhielt einen enttäuschenden Rücklauf von Absagen, die mit Sätzen wie «Wir bringen keine Gespräche» und «Die 60er Jahre sind ein alter Hut» begründet wurden. Ich leitete zu dieser Zeit meine Workshops in Alchemistischer Divination auf der Synergia Ranch in Santa Fe, New Mexiko, und war in bedrückter Stimmung aufgrund der Schwierigkeiten, die ich beim Finden eines Verlegers für unser Buch erlebt hatte. Das Büro und die Mitarbeiter von Synergetic Press sind ebenfalls auf der Synergia Ranch zuhause. Sie hatten noch nie zuvor Bücher über psychedelische Drogen herausgebracht, zeigten aber Interesse an Ethnographie – sie hatten Bücher des Ethnobotanikers Richard Evans Schultes und des Anthropologen Luis Eduardo Luna verlegt. Ich war begeistert, als wir im Mai 2006 von Deborah Snyder erfuhren, dass Synergetic Press an der Veröffentlichung des Buches interessiert sei. Das war die perfekte Kombination. Ram Dass und ich sowie Gary Bravo unterzeichneten Verträge als Co-Autoren, und es dauerte weitere vier Jahre, bis das Buch für die Veröffentlichung im Jahr 2010 vorbereitet war.

Es gab weitere bemerkenswerte und unerwartete Synchronizitäten. Ich hatte Deborah Snyder und John Allen kennengelernt, weil ich von ihnen auf der Synergia Ranch Raum für meine Workshops gemietet hatte. John Allen war das visionäre Genie hinter dem Projekt «Biosphäre II», er war ein wichtiger Verbündeter und Unterstützer von Tim Learys Spekulationen über die Auswanderung ins All. Obwohl ich in den 70er und 80er Jahren von Learys Interesse an Ideen zur Auswanderung ins All wusste, hatten er und ich in diesen Jahren nur sehr wenig Kontakt zueinander, und ich selbst habe Learys Begeisterung für die Auswanderung ins All nie geteilt. Ich habe mich schon immer eher für Projekte interessiert, die darauf abzielen, die Ökosysteme des Planeten Erde zu erhalten und zu schützen. In John Allens Projekt «Biosphäre II» hatten er und seine Kollegen in Arizona ein zweckmäßiges, nachhaltiges Biosphärenmodell aufgebaut, in dem eine sechsköpfige Crew zwei Jahre lang lebte, um die Möglichkeit des Lebens auf anderen Planeten zu studieren. Ich empfand eine starke Affinität zu John Allens Projekten und Ideen und war erstaunt, als ich erfuhr, dass sich Tim Leary und John Allen in den 70er Jahren zusammengetan und voll Begeisterung gegenseitig in ihren Ideen und Projekten unterstützt hatten.

Dieses Buch kann man sich wie ein Kammermusikstück vorstellen, das von einem Musikertrio gespielt wird und die Geschichten gemeinsamer Erfahrungen erzählt – nicht nach einer vorgegebenen Partitur, sondern improvisiert mit unseren vielfältigen, aber miteinander verbundenen Erinnerungssträngen. Eine weitere musikalische Analogie zu den von uns wiedergegebenen ursprünglichen Ereignissen der 60er Jahre ist der Vergleich mit einer komischen Oper mit zahlreichen und unterschiedlichen Charakteren, und während wir unterwegs waren, komponierten und improvisierten wir, setzten uns mit den unerwarteten Ereignissen und provokativen Situationen auseinander, in denen wir uns wiederfanden.

Teil I wäre nach unserer Metapher eines Musikstücks ein erster, in Allegro (heiter, lebhaft) komponierter Satz. Hier erzählen wir Geschichten aus den Jahren 1960 bis 1962, als Leary, Alpert und ich zusammen mit einigen anderen Absolventen und einigen Studenten sowie Freunden und Partnern an Forschungsprojekten mit Psilocybin unter der Schirmherrschaft der Harvard Universität teilnahmen, was der Universitätsverwaltung erhebliches Unbehagen bereitete. Ram Dass und ich beschreiben in Teil I unsere erste psychedelische Erfahrung, die für uns beide, wie schon für Tausende oder Millionen vorher, eine Einweihung in eine völlig neue Weltanschauung war. Aus der Sicht von Universitätsbeamten und akademischen Psychologen, die an einen sozialwissenschaftlichen Ansatz losgelöster Beobachtung glaubten, hatten wir die wissenschaftliche Objektivität hinter uns gelassen, indem wir das Medikament selbst genommen hatten, anstatt es einfach anderen zu geben und den «Drogeneffekt» zu beobachten. Im Gegenteil, diejenigen von uns, die am Projekt teilnahmen, erkannten, dass man bei diesen Substanzen, die die Wahrnehmung der Welt grundlegend verändern, keine wissenschaftliche Objektivität erreichen kann, ohne dass man an der subjektiven Erfahrung teilnimmt. Dies ist das zentrale erkenntnistheoretische Dilemma im Zentrum der gesamten Forschung und des Verständnisses bewusstseinserweiternder Substanzen. Das Ergebnis dieser Paradigmenkollision war, dass die Harvard Universität nach etwa zwei Jahren nicht mehr erlaubte, unser Projekt unter ihrer Schirmherrschaft fortzusetzen, sodass wir unabhängig von der Universität weitermachten und die Liga für spirituelle Entdeckung (League for Spiritual Discovery, LSD) gründeten.

Teil II besteht aus zwei Intermezzi, die sich mit den Retreat- und Trainingsprogrammen beschäftigen, die unsere Gruppe in Zihuatanejo, Mexiko, in den Sommern 1962 und 1963 durchführte. Im ersten veranstaltete unsere Kerngruppe aus Forschern, Teilnehmern und Freunden kleine Gruppensitzungen, für- und miteinander, vorübergehend befreit aus der stark belastenden akademischen und wissenschaftlichen Umgebung. Was später zum Buch *Psychedelische Erfahrungen - Handbuch nach Weisungen des Tibetanischen Totenbuchs* wurde, gelangte zu dieser Zeit erstmals zu Papier. Wir waren einem Vorschlag von Aldous Huxley an Leary gefolgt, wonach die Psychedelika nicht als medizinische Drogen, sondern als Mittel zur Ermöglichung eines spirituellen Ego-Todes und einer Wiedergeburtserfahrung betrachtet werden – eine unterstützende und angemessene Verfassung und Umgebung vorausgesetzt. Dann

konnten wir das buddhistische *Tibetische Totenbuch* mit seinen Anleitungen für die Vorbereitung auf den tatsächlichen Tod und die Wiedergeburt als eine Art analoge Anleitung verwenden, um den Tod und die Wiedergeburt des Ichs mithilfe von Psychedelika zu erfahren. Aus unseren Sitzungen im Sommer 1962 gewannen wir wertvolle Kenntnisse über Praktiken und Rituale zur Durchführung psychedelischer Sitzungen in Begriffen, die auf spirituelles Wachstum ausgerichtet waren, ohne sich einer östlichen oder westlichen Religion zu verpflichten.
Nach unserer Rückkehr in die USA waren wir inspiriert und entschlossen, die Werte und Möglichkeiten psychedelischer Substanzen weiter zu erforschen, während wir unsere akademische Lehre und unser Graduiertenstudium in Harvard absolvierten. Das zweite Intermezzo beschreibt, wie wir im Sommer 1963 das Gefühl hatten, genug darüber gelernt zu haben, wie man spirituell-wachstumsorientierte psychedelische Sitzungen durchführt, um ein Trainingsprogramm für andere Personen in Zihuatanejo anbieten zu können. Alle psychedelischen Drogen waren zu dieser Zeit noch völlig legal, sodass unsere Arbeit keinen Untergrundcharakter hatte. Im Gegenteil, die Resonanz auf unsere Einladungen war angesichts der explodierenden Öffentlichkeitsarbeit rund um die Harvard-Studien überwältigend. Die Sensationsmeldungen über die Harvard-Studien in der Presse zogen auch die Aufmerksamkeit der mexikanischen Behörden auf sich, die das Programm unter chaotischen Verhältnissen einstellten.

Teil III, der sich mit dem ersten Jahr der Millbrook-Gemeinschaft (1963-1964) beschäftigt, umfasst musikalische Erzähltempi, die vom festlichen und herrschaftlichen Andante zu einem fröhlichen Allegro bis hin zu einem fast manischen Presto variieren. Es war die Zeit, als der Konsum von psychedelischen Drogen in der Gesellschaft weltweit phänomenal zunahm, zeitgleich mit dem Verbot ihres Gebrauchs. Diejenigen von uns, die in der Gemeinschaft lebten, versuchten, unsere Beobachtungen über Psychedelika an die Kultur der breiten Masse weiterzugeben, sie in einen historischen und interkulturellen Kontext zu stellen und gleichzeitig unsere eigene Lebens- und Arbeitsgemeinschaft zu harmonisieren. Nachdem Leary und Alpert Harvard verlassen hatten, standen beide plötzlich ohne Einkommensquelle da. Das Sammeln von Geld durch Vorträge, Workshops und Schriften stand oben auf der Tagesordnung. Die Ermordung von John F. Kennedy im Herbst 1963 löste eine Schockwelle der Tragödie und der politischen Reflexion aus.

Wir begannen, neben dem tibetischen Buddhismus nach anderen Modellen zu suchen, um die Entwicklung des Bewusstseins auszudehnen, wie es zum Beispiel bei der Arbeit von G. I. Gurdjieff der Fall ist. Besonders berührend war für mich die Entdeckung der Schriften Hermann Hesses. Leary und ich schrieben einen Artikel für die Psychedelic Review, in dem wir über die getarnten Verweise auf Erfahrungen mit Halluzinogenen in Hesses Romanen *Steppenwolf*, *Die Morgenlandfahrt* und *Das*

Glasperlenspiel spekulierten. Das Thema des Steppenwolfs entsprach dem Thema der Konfrontation mit der dunklen oder Schattenseite, und das «magische Theater» in diesem Roman erschien wie eine Beschreibung eines psychedelischen Gruppenerlebnisses. Aus meiner Lektüre der Werke von Hesse sowie indischer und tibetisch-buddhistischer Schriften fühlte ich mich sehr von der Idee angezogen, nach Indien zu gehen, und als sich die Möglichkeit ergab, in Begleitung einer Gruppe auf meine eigene spirituelle und tatsächliche Reise nach Osten zu gehen, zog ich los. Meine Frau Susan berichtete mir in ihren Briefen über Millbrook und Tim Leary, der mit dem schwedischen Model Nena verheiratet war. Diese Briefe schildern, was im Nachhinein ein feierlicher Höhepunkt der gesamten spirituellen Gemeinschaftserfahrung in Millbrook zu sein scheint. Er und Nena fuhren in den Flitterwochen nach Indien, wo ich mich kurz mit ihnen traf – aber bald darauf trennten sie sich, und wir alle drei kehrten nach Millbrook zurück, ernüchtert und niedergeschlagen.

Teil IV umfasst das Frühjahr 1965 bis Herbst 1966. Diese Zeit befand sich definitiv in einem langsamen Largo-Modus. In Herman Hesses Reise in den Osten kommt die Pilgergruppe auf der spirituellen Reise an einen Ort namens Morbio Inferiore, wo man sich auf mysteriöse Weise zu streiten beginnt und einander misstraut. In Teil IV schildern wir, wie Millbrook, dieser Ort der Magie, des Vertrauens und der Transzendenz, zu einem Ort der Streitigkeiten und der ästhetischen Hässlichkeit wurde. Ich trennte mich von meiner Freundin, Tim und seine neue Frau Nena trennten sich. Dick Alpert war begeistert von dem, was Leary eine «Bande rüpelhafter Omnisexueller» nannte. Tim und ich trafen uns mit Richard in einem Café in Poughkeepsie und baten ihn, nicht nach Millbrook zurückzukehren. Er zog weiter nach London und Frankreich, wo er Vorträge hielt, und schließlich ging er auf eine lange Reise nach Indien, wo er seinen Guru traf, der seine Verwandlung in Baba Ram Dass initiierte, Amerikas geliebten einheimischen Guru. Er und Leary versöhnten sich schließlich und traten gemeinsam auf der Bühne zu Vorlesungen und in Fernsehfilmen auf und erzählten auf wohlwollende Art Witze und Geschichten. Auch Ram Dass und ich haben uns versöhnt, und die Wiedergabe der Geschichten in diesem gemeinsam verfassten Buch ist das Ergebnis des Wiederherstellungsprozesses unserer Freundschaft. Ich war froh, dass wir die liberalere und mitfühlendere Haltung gegenüber Homosexualität im neuen Jahrtausend nutzen konnten, um die in den 60er Jahren noch immer existierenden ängstlichen und paranoiden Vorstellungen davon ansprechen zu können.

Teil V ist eine Art musikalischer Koda (Anhang, Ausklang), in der Ram Dass und ich jetzt als Freunde und Kollegen zusammenkommen und aus der Perspektive des 30 Jahre späteren Standpunkts abschließende Überlegungen machen. Wir diskutieren über Learys provokante Haltungen und Aussagen, seine scheinbare Leichtfertigkeit in Bezug auf seine eigene Sicherheit, die Fragen des neuen Verbots, die kulturelle Revolution der 60er Jahre und die Bedeutung der spirituellen Suche. Wir waren uns einig, dass Ram Dass' spiritueller Weg an sich darauf ausgerichtet war, anderen zu dienen, ähnlich wie im traditionellen indischen Bhakti-Yoga, während Leary und ich mit unserem gemeinsamen Interesse an Wissenschaft und Kosmologie eher auf dem Pfad der Entdecker, der wissenssuchenden Yogi waren. Andererseits habe ich, im Gegensatz zu Leary, immer Ram Dass' Interesse an hinduistischen und buddhistischen Lebensphilosophien und deren Anziehungskraft geteilt, während ich mich weniger von Learys spekulativen Interessen an der Auswanderung ins All und neuen Technologien angezogen fühle.

Ich weiß die Gelegenheit zu schätzen, die meine Freunde vom Nachtschatten Verlag, Roger Liggenstorfer, Chris Heidrich und ihre Kollegen, geschaffen haben, um diese bahnbrechende und ungewöhnliche Doppelautobiographie dem deutschsprachigen Publikum anzubieten.

Prolog

von Mathias Bröckers

O daß wir unsere Ururahnen wären.
Ein Klümpchen Schleim in einem warmen Moor.
Leben und Tod, Befruchten und Gebären
glitte aus unseren stummen Säften vor.

Ein Algenblatt oder ein Dünenhügel,
vom Wind Geformtes und nach unten schwer.
Schon ein Libellenkopf, ein Möwenflügel
wäre zu weit und litte schon zu sehr.

Verächtlich sind die Liebenden, die Spötter,
alles Verzweifeln, Sehnsucht, und wer hofft.
Wir sind so schmerzliche durchseuchte Götter
und dennoch denken wir des Gottes oft.

Die weiche Bucht. Die dunklen Wälderträume.
Die Sterne, schneeballblütengross und schwer.
Die Panther springen lautlos durch die Bäume.
Alles ist Ufer. Ewig ruft das Meer.

(Gottfried Benn: Gesänge)

Die Geburt der psychedelischen Kultur, von der in diesem Buch erzählt wird, war eine Wiedergeburt und ihre Geburtshelfer an der Harvard-Universität – Timothy Leary, Richard Alpert (Ram Dass) und Ralph Metzner – die Wiederentdecker einer Kultur, die bis in archaische Zeiten zurückreicht. Das Wissen um die bewusstseinsverändernden Eigenschaften bestimmter Pilze und Pflanzen, die schon auf steinzeitlichen Höhlenzeichnungen dokumentiert sind, und die Bedeutung dieser «Pflanzen der Götter» für die frühen Kulturen und Religionen ist mittlerweile sehr gut erforscht. Begonnen hat die wissenschaftliche Erforschung dieser seit Tausenden von Jahren bekannten Substanzen vor kaum hundert Jahren, als der Berliner Arzt und Toxikologe Louis Lewin von einer Südamerika-Reise 1886 einige Exemplare von *Lophophora williamsii,* dem Peyote-Kaktus, mitbrachte. Nach einigen Selbstversuchen, die auch von anderen Forschern wiederholt wurden, gelang es dem Leipziger Pharmakologen Arthur Heffter, den chemischen Hauptwirkstoff des Kaktus zu isolieren, ein Phenylethylamin, das er «Mescalin» nannte, welches fortan in der von Lewin vorgeschlagenen pharmakologischen Klassifikation der «Phantastica» geführt wurde. In diese Klasse der «Sinnestäuschungsmittel» sortierte der Pionier Lewin neben dem Meskalin auch die Wirkstoffe der magischen Pilze (Psilocybin, Psilocin) ein – die zu seiner Zeit noch nicht entdeckten Alkaloide des Mutterkorns

(LSD) wären sicher auch hier gelandet – also all jene Stoffe, die heute als «Psychedelika» bezeichnet werden. Auch Haschisch, das Harz der Hanfpflanze, zählte für Lewin zu den «Phantastica», was wohl vor allem auf Forschungen von Dr. Jacques Joseph Moreau in Frankreich Mitte des 19. Jahrhunderts zurückging, der unter anderem die Erfahrungsberichte der im Pariser «Club des Hachichins» versammelten Literaten (Baudelaire, Gautier, Dumas) ausgewertet hatte. Wobei sich die Aufzeichnungen der phantasiebegabten Herren nach dem Genuss von extremen Dosierungen des oral verabreichten Haschisch-Konfekts in der Tat als Erfahrungsberichte der klassischen «Phantastica» klassifizieren ließen.

Eine systematische wissenschaftliche Erforschung psychedelischer Substanzen begann erst ab 1913, als der Peyote-Wirkstoff Meskalin synthetisch hergestellt werden konnte. An der Universität Heidelberg entwickelte sich ein Zentrum der Drogenforschung und die von Kurt Beringer 1920 veröffentlichte Studie «Der Meskalinrausch» war die erste Untersuchung, die dem bewusstseinsveränderten Zustand, den wir heute «psychedelisch» nennen, wissenschaftlich auf die Spur zu kommen suchte. Dass die Sinnestäuschungen im Rauschzustand Ähnlichkeiten mit psychotischem Geschehen aufweisen können und man nun experimentell den Rätseln des Wahnsinns und der Schizophrenie auf die Spur zu kommen glaubte, machte diese neuartige und gleichzeitig uralte Substanz – der Peyote-Gebrauch ist seit 5000 Jahren nachgewiesen – für die psychiatrische und psychologische Forschung hochinteressant. Die Idee der «Modellpsychose» war geboren, wobei die Heidelberger Forscher aber neben der klinischen Erforschung psychischer Krankheiten von Beginn an auch auf eine verstehende, teilnehmende Beobachtung vertrauten. Ein Großteil dieser Pionierstudie besteht aus den Rausch-Protokollen von Kollegen und Studenten, die Beringer zu dem Schluss brachten, dass die Wirkung des Meskalins keine «exakten Gesetzmäßigkeiten» erkennen lasse und keine «Diagnose der Persönlichkeit» der Probanden ermögliche.

Dass nicht allein die Dosis für die Wirkung entscheidend ist, sondern die Umgebung und die aktuelle Befindlichkeit des Probanden ebenso eine bedeutende Rolle spielen, ist dem erfahrenen Psychedeliker bekannt. Von Kenntnissen zur Theorie und Praxis von Dosis, Set und Setting, wie sie die Autoren des vorliegenden Buchs in den 1960er Jahren entwickelt hatten, war die frühe Heidelberger Psychedelik-Forschung noch entfernt. Ein Teilnehmer der Meskalin-Versuche Kurt Beringers, der Philosoph und Psychiater Hans Prinzhorn, wird mit seinem international gefeierten Buch *Die Bildnerei der Geisteskranken* (1921) allerdings zu einem Pionier der nicht mehr rein diagnostischen, sondern ästhetischen Betrachtung «schizophrener Kunst». Von Beringers Studien inspiriert unternahmen die Philosophen Ernst Bloch und Walter Benjamin gemeinsame Experimente mit Haschisch, auch sie noch geprägt von der psychiatrischen Gleichsetzung von Rausch und Primitivität und deren Ähnlichkeit mit psychotischem Geschehen. Der Arzt und Schriftsteller

Gottfried Benn, ebenfalls ein Leser von Beringers Meskalin-Buch, zieht dann 1943 erstmals den großen kultur- und religionsgeschichtlichen Bogen, den die «pflanzenentbundenen» Ekstasen in der Menschheitsgeschichte bis in die Gegenwart spielen. Ausgehend von einem Trance-Gesang, den er in einem afrikanischen Film gesehen hatte, machte er die folgende Notiz:

«Sein Wesen ist religiös und mythisch, eine erregende, das Einzelwesen steigernde Kommunikation mit dem All. Den Riten und Bewegungs-, den Rhythmus-Trancen stehen die pflanzenentbundenen Steigerer und Rauscherzeuger gegenüber, ihre Verbreitung ist weit universaler. Mehrere Millionen Erdbewohner trinken oder rauchen indischen Hanf, unzählige Geschlechter, durch zweitausend Jahre. Dreihundert Millionen kauen Betel, die großen Reisvölker würden eher auf diesen als auf die Arekanuss verzichten, mit Kauen aufhören, heißt für sie sterben. Die drei größten Weltteile erregen sich durch Koffein; in Tibet rechnet man die Zeit nach einer Tasse Tee; Tee fand man bei den Überresten prähistorischer Menschen. Chemische Stoffe mit Gehirnwirkung, Verwandler des Bewusstseins – erste Wendung des Primitiven zum Nervensystem. (...)
Ob Rhythmus, ob Droge, ob das moderne autogene Training – es ist das uralte Menschheitsverlangen nach Überwindung unerträglich gewordener Spannungen, solcher zwischen Außen und Innen, zwischen Gott und Nicht-Gott, zwischen Ich und Wirklichkeit – und die alte und neue Menschheitserfahrung, über diese Überwindung zu verfügen. Das systematische «Atembeten" Buddhas, die rituellen Gebetshandlungen (der altchristlichen Hesychasten), Loyolas Atemholen mit je einem Wort des Vater Unsers, die Derwische, die Jogas, die Dionysien, die Mysterien – es ist alles aus einer Familie, und die Verwandtschaft heißt Religionsphysiologie. (...) Gott ist eine Substanz, eine Droge! Eine Rauschsubstanz mit verwandtschaftlicher Relation zu den menschlichen Gehirnen" (Gottfried Benn: Reden und Essays, 1989: 369ff.).

Benns Notizen, die er später unter dem Titel *Provoziertes Leben* veröffentlichte, muten an wie ein synchroner Kommentar zu der Substanz, deren «verwandschaftliche Relation zu den menschlichen Gehirnen» Albert Hofmann zum selben Zeitpunkt in Basel gerade einen heiligen Schrecken eingejagt hatte. Auf sieben Schreibmaschinenseiten hatte der mit visionärem Radar ausgestattete Benn zusammengefasst, was dann zwei Jahrzehnte später mit Aldous Huxleys *Pforten der Wahrnehmung* zu einer wichtigen Inspiration für die «Kulturrevolution» werden sollte, die Leary/Alpert/Metzner et al. an der Harvard-Universität anzettelten – und die Psychedelika aus dem ärztlich-psychiatrischen Kontext befreiten. Und sie nicht nur in jenen Zusammenhang stellen, den Gottfried Benn «Religionsphysiologie» genannt hat – also die Verbindung körperlicher, neuronaler Zustände mit mystischen, ekstatischen, spirituellen Erfahrungen – sondern auch in eine Tradition, die Tausende von Jahren zurückreicht.

Ob Gottfried Benns luzider Essay, der 1948 erschien, zu Aldous Huxley durchgedrungen war und Einfluss auf dessen *Pforten der Wahrnehmung* genommen hat, ist nicht bekannt, die Parallelen aber sind deutlich und insofern ist es bedauerlich, dass Benn die Einladung des Dichterkollegen Ernst Jünger ablehnte, die dieser nach der Lektüre von *Provoziertes Leben* aussprach. Jünger hatte mit Meskalin experimentiert und in den 1950er Jahren zusammen mit Albert Hofmann LSD-Reisen unternommen, zu denen er auch Benn animieren wollte. Doch dieser antwortete nur kühl, dass er «außer Kaffee und Cigaretten» keine «Stimulantien» benötige.

Dass zwei der bedeutendsten Literaten deutscher Sprache trotz gemeinsamer Interessen in Sachen «psychedelischer Kultur» nicht zusammenkamen, hatte mit Eitelkeiten und Konkurrenzen auf literarischem Feld ebenso zu tun wie mit der Tatsache, dass beide kurzzeitig mit dem aufblühenden Nationalsozialismus sympathisiert hatten und der dem Expressionimus und Kulturpessimismus zugeneigte Benn nicht mit dem «Herrenreiter» Jünger in einen Topf geworfen werden wollte. So lesenswert Ernst Jüngers Notizen zu Drogen und Rausch (*Annäherungen, 1970*) sind, so sehr hätte man sich dazu die «kalte», analytisch-intellektuelle Perspektive eines Gottfried Benn gewünscht, der sich – auch ohne «Stimulantien» – auf lyrische Bewusstseinsreisen zu unseren «Ur-ur-ahnen» begeben konnte.

So aber blieb es bei der literarisch-intellektuellen Annäherung und Erforschung von Drogen und Rauschzuständen im deutschen Sprachraum bei Einzelfällen, die nur in einer kleinen Nische der Öffentlichkeit überhaupt wahrgenommen wurden. Dies galt auch für die von Hanscarl Leuner an der Universität Göttingen in den 1950er Jahren begonnenen Studien zur «psycholytischen Psychotherapie», die über Fachkreise hinaus kaum Aufsehen erregten. Für Aufsehen, auch internationales, sorgten dann freilich umso mehr die in diesem Buch vorgestellten Forscher der Harvard-Universität und ihre Arbeiten, die in den 1960er Jahren einen großen Popularisierungsschub bei der Verwendung psychedelischer Substanzen einleiteten. Nachdem sich in den 1950ern vor allem die CIA und andere Geheimdienste für Psychedelika interessiert hatten, um ihre Eignung als militärische Kampfstoffe und zur Gehirnwäsche zu testen, wurden die psychedelischen Mittel jetzt von Künstlern, Kreativen und Kulturschaffenden entdeckt und inspirierten eine neue Jugendbewegung, die Hippies: «Make Love Not War». Bob Dylan turnte die Beatles, die sich bis dahin nur mit Alkohol und Speed stimulierten, auf Marihuana und LSD an – und mit diesen Heroen der Popkultur schwappte die Welle der psychedelischen Kultur zurück nach Europa: «All You Need Is Love». Von ihrem «Sgt. Pepper»-Album schickten die nunmehr nicht mehr nur frisurenmäßigen «Pilzköpfe» ein signiertes Exemplar an den LSD-Entdecker Albert Hofmann nach Basel.

Als Tim Leary Mitte der 1980er Jahre zu einem Vortrag für zwei Tage nach Berlin gekommen war, machten wir eine Stadtrundfahrt, bei der wir auch auf die Aussichtsplattform am Potsdamer Platz stiegen, um über die Mauer in den Ostteil der damals noch geteilten Stadt zu schauen. Wir sprachen über den sehr bürokratischen, irgendwie preußischen Sozialismus der DDR, und als wir wieder ins Auto stiegen, meinte Leary: «But Germany is also the fatherland of Rausch.» Schließlich seien Morphin, Heroin, Kokain, Amphetamin und nur wenige Meter hinter der Grenze auch LSD hier entdeckt worden.

So hatte ich Deutschland noch nie gesehen, aber es stimmt natürlich. Zumindest was die pharmakologischen Entdeckungen betraf, war der deutschsprachige Raum tatsächlich die Geburtsstätte all dieser Substanzen und ohne Albert Hofmanns Isolierung der Alkaloide des Mutterkorns (vor allem Lysergsäureamid, kurz LSA, aus dem das LSD hergestellt werden kann) und der heiligen Pilze (Psilocybin) hätte die Geburt der psychedelischen Kultur in Amerika nicht stattfinden können, von der Tim Leary, Ram Dass und Ralph Metzner in diesem Buch erzählen. Dass aber eine weit über die pharmakologische Entdeckung hinausgehende Kultur entstehen konnte, die bis tief in die Bereiche des Sozialen, Ästhetischen und Spirituellen wirkte und bis heute wirksam ist, dies verdanken wir vor allem diesen Pionieren und ihren Mitstreitern. Wie bedeutend ihre Arbeit war, die nach kurzem Aufblühen in Harvard in den Untergrund gedrängt wurde, zeigt sich nicht zuletzt daran, dass 50 Jahre später die Psychedelika als einzigartiges Therapeutikum in vielen wissenschaftlichen Institutionen wiederentdeckt werden. Weil Tim Leary, Ram Dass und Ralph Metzner ihrer Zeit weit voraus waren, ist ihr historischer Report deshalb noch immer von höchster Aktualität.

Berlin, 30. Dezember 2017
Mathias Bröckers

John Perry Barlow, ehemaliger Rancher in Wyoming, Texter der Grateful Dead sowie Mitbegründer und Vizevorsitzender der Electronic Frontier Foundation

Vorwort

Am Anfang ...

von John Perry Barlow

> *«LSD ist eine seltsame Droge, die Angst bei Menschen hervorruft, die sie nicht einnehmen.»* TIMOTHY LEARY

Es ist mehr als ein halbes Jahrhundert vergangen seit jenem Tag im September 1961, an dem sich ein geheimnisvoller Typ namens Michael Hollingshead mit Professor Timothy Leary zum Mittagessen im Harvard Faculty Club verabredet hatte.

Als sie sich im Foyer trafen, trug er ein großes Marmeladenglas mit Zuckersirup bei sich, den er mit einem Gramm LSD von Sandoz durchtränkt hatte. Er hatte dieses klebrige Zeug über sein eigenes zunehmend abgehobenes Bewusstsein verschmiert, und das Glas enthielt nach seiner Berechnung noch 4.975 starke Dosen (200 Mikrogramm) LSD. Die Öffnung dieses Glases wurde zu der wahrscheinlich wichtigsten der Fumarolen, aus denen die 60er-Jahre ausströmten.

Jeder, der auch heute noch von der «die 60er» genannten überschwänglich-erschreckenden kulturellen Periode schwärmt – und das ist fast jeder meiner «ge-ge-generation», jener demographischen Ausbeulung der Nachkriegszeit, die in dieser Epoche ihre Adoleszenz erreicht hatte –, hat seine ganz eigene Vorstellung davon, wann die 60er wirklich begannen.

Es gibt viele Kandidaten für diesen Anfang: die sich ausbreitende rosarote Wolke in dem Zapruder-Film.* Mario Savios** erste Rede auf der Sproul Plaza, die Verabschiedung der Tonkin-Resolution, der erste Auftritt der Beatles in der Ed Sullivan Show, der erste Acid Test, das Human Be-In im Golden Gate Park von San Francisco, das Erscheinen der Platte *Good Vibrations*, der Tag, an dem Jerry Garcia aus der Armee entlassen wurde.

Doch wenn Sie zu den Babyboomern gehören, dann war der surreale Beginn der 60er in den meisten Fällen wohl der Tag, an dem Sie zum ersten mal Acid eingeworfen haben.

Und wenn damit ihre persönliche Kacke zu dampfen begann, dann schulden Sie jenem verführerisch-dämonischen Soziopathen, der den netten jungen Gentlemen des Harvard-Psilocybin-Projekts den mächtigen Blitzstrahl der chemischen Offenbarung verpasste, wahrscheinlich eine zwiespältige Dankbarkeit.

** Der so genannte Zapruder-Film ist eine von dem Hobby-Filmer Abraham Zapruder gedrehte Filmaufnahme, auf der das Attentat auf John F. Kennedy vom 22. November 1963 zu sehen ist.*

*** Mario Savio war ein US-amerikanischer Bürgerrechts-Aktivist und Wortführer der Studentenbewegung der 1960er in den USA. (Anm. d. Übers., Quelle Wikipedia)*

Die grundlegende Zahmheit der Gruppe, die so berüchtigt werden sollte, ist nur einer der faszinierenden Aspekte des folgenden Gesprächs zwischen dem zweiten und dem dritten der berühmtesten Veteranen des Projekts: Ram Dass (einstmals Dr. phil. Richard Alpert, der Tom Sawyer für Tim Learys Huckleberry Finn) und Dr. Ralph Metzner (der als Akolyth begann und schließlich zum Präsidenten dessen wurde, was übrig blieb).

In dem faszinierenden Buch, das zu lesen Sie begonnen haben, finden Sie zahlreiche Fotos der Mitglieder der Gruppe aus der Zeit vor der Ankunft von Mr. Hollingshead und seinem magischen Marmeladenglas. Auf einigen dieser Fotos sind die gelehrten Forscher tatsächlich voll abgefahren auf Psilocybin, aber ihre makellosen schwarzen Krawatten sind noch ordentlich gebunden, ihre Hornbrillen sitzen gerade und ihre gesetzte Kultiviertheit ist offensichtlich noch völlig intakt. Bedenken Sie, das Dr. Alperts erster Impuls, nachdem er während seiner ersten psychedelischen Erfahrung wieder in der Lage war zu laufen, darin bestand, durch den Schnee zum Haus seiner Eltern zu stapfen und dessen Auffahrt freizuschaufeln. Als man ihn dabei entdeckte, war seine erste aufsässige Reaktion, ein Tänzchen aufzuführen. So jemand ist wirklich ein Rebell ohne Krallen.

Doch wenige Tage nach jenem schicksalsschweren Mittagessen mit Hollingshead warf Timothy Leary LSD ein, und alles änderte sich. Das nüchterne wissenschaftliche Zentrum des Harvard-Psilocybin-Projekts verlor seinen Halt am zentripetalen Rand. Dies war der Anfang des Endes der Vergangenheit und der Beginn der Zukunft. Die Schlipse saßen lockerer und verschwanden schließlich ganz – zusammen mit dem Glauben an die objektive Wirklichkeit all solcher prosaischen Artefakte und die sozialen Konventionen, die damit einhergingen. Wie Leary später in *High Priest* (S. 256-257) schrieb:

Vom Zeitpunkt dieser Sitzung an war es unausweichlich, dass wir die Harvard University verlassen würden, dass wir die amerikanische Gesellschaft verlassen würden, und dass wir den Rest unseres Lebens als Mutanten verbringen würden, um den Anleitungen unserer inneren Baupläne getreu zu folgen und uns sanft und behutsam von den engstirnigen sozialen Albernheiten abzuwenden.

Ram Dass reagierte sehr viel beunruhigter in seinem Buch:

Als Tim zum ersten Mal LSD eingenommen hatte, sprach er wochenlang nicht mehr. Ich lief herum und sagte: «Wir haben Timothy verloren, wir haben Timothy verloren.» Ich warnte jedermann davor, diese Droge einzunehmen, weil Tim nicht mehr redete und er irgendwie stumpfsinnig erschien. ... Als ich LSD einnahm, hatte ich das Gefühl, dass die Sache weit über das Astrale, über die Form hinausging auf die Ebene reiner Energie. Es zeigte mir, dass ich in meinen früheren psychedelischen Erfahrungen nur auf der astralen Ebene herumgehangen hatte. LSD war kein Schnickschnack. Wer nicht irgendwo gut geerdet war, der würde auf dieser Droge ausflippen.

Sie hatten natürlich beide recht. Das waren keineswegs ungewöhnliche Reaktionen auf die Erfahrung. Es ist zu einem sehr großen Teil den darauf folgenden Anstrengungen der Doktoren Leary, Alpert und Metzner zu verdanken, dass diese Erfahrung im Verlauf des nachfolgenden Jahrzehnts von mehreren Zehnmillionen Amerikanern geteilt wurde, von denen es dem überwiegenden Teil forthin schwerfiel, jene Wahrheiten ernst zu nehmen, die in Eisenhowers Amerika nur wenige Menschen je in Frage gestellt hätten. Unser Paradigma wurde verdammt gründlich gewechselt.

Jedenfalls passierte das zweifellos mit meinem. Und ich wage zu behaupten, dass dies in den Jahren zwischen 1961 und 1972, in denen wir unsere Reise unternahmen, mit den gesamten Vereinigten Staaten von Amerika geschah.

Man könnte, ohne sich lächerlich zu machen, tatsächlich behaupten, das wichtigste Ereignis in der Kulturgeschichte Amerikas seit den 1860ern sei die Einführung von LSD gewesen. Bevor das Acid die amerikanische Kultur erschütterte, existierte selbst bei Rebellen wie etwa Thoreau, Emerson und Whitman der implizite Glaube an so etwas wie eine gottgegebene Autorität. Autorität, so waren sich alle einig, ergab sich aus einem System, in dem Gott oder Papa (oder in den meisten Fällen beide) ganz oben standen und du selbst darunter.

Und das war kein Spaß.

Was immer sonst man von Autorität denken mag, sie war nicht komisch. Doch nachdem man sein Ich mit LSD neu verdrahtet hatte, wurde die Autorität – mit ihrem pompösen Gehabe, ihrer Vorliebe für lächerliche Amtsrituale, ihrer übertriebenen Großspurigkeit und letztendlich und unterschwellig ihrer Tarantella um die beiderseitige Bereitschaft zum nuklearen Gegenschlag – zu etwas irrsinnig Witzigem für uns, und dagegen konnten wir nur wenig tun.

Ganz gleich wie groß und furchterregend die Marionetten sein mochten – war unsere Wahrnehmung erst einmal durch das psychedelische Lösungsmittel genügend gereinigt, um die Fäden, an denen sie hingen, und die mechanische Ruckartigkeit ihres Verhaltens zu erkennen, fiel es schwer, ein Kichern zu unterdrücken. Auch wenn unsere Ausgelassenheit seither durch Tragödien, Verluste und einen angemesseneren Sinn für unsere eigene Torheit angesäuert wurde, lachen wir doch immer noch.

Das Buch, das zu lesen Sie begonnen haben – und ich empfehle Ihnen, es wirklich zu lesen –, ist eine Saga heiliger Heldenhaftigkeit. Die Menschen, denen Sie darin begegnen werden, waren so etwas wie die Lewis und Clark* des Geistes. Aber sie ist auch ein warnendes Beispiel und zeigt viele der wahren Gründe dafür auf, dass Amerika eine solch instinktive Immunreaktion gegen unsere plötzliche, erschreckende und transformierende «Andersheit» inmitten seines Bewusstseins an den Tag legte.

Bevor wir den Zug mit Vergnügen aus den Geleisen springen ließen, wurde uns ein Aufblitzen von Gnade und Unendlichkeit geschenkt. Aber wie bei allem, das absolut wahr ist, war der Blitz nur kurz und der Donner rollt immer noch.

Am Anfang stand für mich – und für viele von uns – die Erkenntnis, dass Religion hauptsächlich aus der Erschaffung Gottes nach dem Abbild des Menschen besteht. So wie Tim Leary kurz nach seiner Begegnung mit der Militärakademie West Point eine rasende Wut gegen den Katholizismus entwickelte, kaufte ich mir ein kleines Honda-Motorrad und fand heraus, dass mein betäubend tröstliches Mormonentum nichts auf dem Beifahrersitz zu suchen hatte. Wie der irrsinnig redegewandte Dick Alpert – und Sie können mir glauben, dass er in jenen Tagen sehr viel zu sagen hatte –, ließ ich den Monotheismus zugunsten von Sex und Geschwindigkeit hinter mir.

Doch selbst in einem so bizarren Buch wie dem, mit dem Joseph Smith** angeblich von dem Engel Moroni beschenkt wurde (Mark Twain nannte es «Chloroform in Druckform»), hatte es einen Funken von Irgendetwas gegeben. Es war nicht Religion, aber man konnte sie von dort aus beinahe ausmachen.

* *Die Lewis-und-Clark-Expedition (14. Mai 1804 bis 23. September 1806) war die erste amerikanische Überlandexpedition der Vereinigten Staaten zur Pazifikküste und zurück. Sie diente der Erkundung des bis dahin unerforschten Landes bis zum westlichen Ozean. (Anm. d. Übers.)*

** *Joseph Smith ist der Gründer der Kirche Jesu Christi der Heiligen der Letzten Tage und Prophet des Mormonentums. (Anm. d. Übers.)*

So raste ich herum mit einer Sehnsucht nach dem göttlichen Geist, der so unzugänglich erschien, bis ich irgendwann im Jahre 1964 etwas über das «Karfreitags-Experiment» las, bei dem Walter Pahnke, Tim Leary und die beiden Kampferprobten Heiligen des Unbenennbaren, deren Erinnerungen Sie in diesem Buch finden, einigen Theologiestudenten in der Marsh-Kapelle der Boston University am Karfreitag 1962 Psilocybin gaben. Und, mirabile dictu, sie sahen verdammt nochmal Gott oder etwas ähnliches – nur weil jemand ihnen eine Pille gegeben hatte.

Wie die meisten Menschen, die von Hinterwäldlern in den Bergen großgezogen worden waren, war ich ein Mystiker, ohne dieses Wort jemals gehört zu haben. Ich war überzeugt: Würde ich ohne das ganze obligatorische Regelwerk darum herum eine unmittelbare Erfahrung von Der Sache selbst haben können, dann würde ich wieder heil werden. Danach las ich alles, was ich über mystiko-mimetische Chemikalien finden konnte: Gordon Wassons Artikel aus dem Jahr 1957 über magische Pilze im *Life Magazin*, Aldous Huxleys *Die Pforten der Wahrnehmung*, Bill Burroughs *Yage Letters* und so weiter. Ich hätte gern ein Stück von dieser Kommunions-Oblate zu mir genommen, und genauso ging es vielen jungen Burschen, die im düsteren Ödland der amerikanischen Pietät aufgewachsen waren.

Im Herbst 1965 immatrikulierte ich mich an der Wesleyan University, wo sowohl der Mann, der Ram Dass werden sollte, als auch Dave McClelland, der das Harvard-Psilocybin-Projekt zuerst gefördert und später dann verworfen hatte, erst kürzlich noch gelehrt hatten. Ich hatte von Timothy Leary, Alpert und Metzner gehört und besaß meine eigene Ausgabe von *The Psychedelic Experience*. Ich glaubte jedoch, dass sie immer noch an der Harvard University lehrten, und war entschlossen, sie aufzusuchen.

Doch noch bevor ich mich zu dieser Pilgerreise aufmachen konnte, fand ich mich eines Nachts gegen Ende des Jahres 1965 auf einer Fete des Vassar College* wieder und traf dort einen auf seltsame Weise leuchtenden Burschen, einen indischen Brahmanen, der aus der Menge hervorstach. Er fragte mich, ob ich ihn vielleicht zu dem «religiösen Retreat» in der Nähe von Poughkeepsie fahren könnte, in dem er wohnte, und ich stimmte zu. Also preschten wir in einem geradezu biblischen Regenguss über glänzende schmale Straßen nach Millbrook, und plötzlich stand ich vor dem Hauptquartier der Castalia Foundation.

** Das Vassar College ist eine amerikanische Elitehochschule in Poughkeepsie. Vassar war immer eines der Symbole der sogenannten weißen angelsächsischen protestantischen Elite der USA. Das College wurde in diesem Sinn in einem Atemzug mit Harvard, Princeton und Yale genannt. (Anm. d. Übers.)*

Er lud mich ein, mit hineinzukommen. Ich hatte keine Ahnung, wer dort lebte. Zu diesem Zeitpunkt waren meine Helden, wie Sie im Folgenden lesen werden, nicht nur aus der Harvard University, sondern auch aus dem Paradies vertrieben worden. Der Anblick im Haus war nicht gerade erhebend. Die soziale Ordnung war schon zu oft über den Haufen geworfen worden, aber das störte mich nicht. Ich war wie ein Forrest Gump in den Tempel von Delphi gestolpert. Nicht lange danach war ich ein Vollmitglied der Östlich Orthodoxen Kirche des LSD.

Es ließe sich noch sehr viel mehr über meine Initiation und die darauffolgenden Abenteuer sagen, aber hier geht es nicht um meine lange und seltsame Reise. Außerdem gibt es auf den folgenden Seiten noch bessere Geschichten über die Wahrnehmung des mysterium tremendum und deren Wirkung auf bloße Sterbliche. (Aber hallo, die Legende von Dr. Faustus zu verstehen, könnte auch kein schlechter Einstieg sein.)

Ich will nur erwähnen, dass ich eines Nachts, als ich unter LSD inmitten eines Eisregens mit meinem Motorrad von Millbrook nach Middletown unterwegs war, der festen Überzeugung war, dass ich genauso wenig von der Straße abkommen konnte wie ein Elektron von der Mittellinie eines Elektronenlinearbeschleunigers.

Ich will noch hinzufügen, dass der Schwerpunkt meiner akademischen Studien sich von der Physik hin zur Phänomenologie verlagert hatte, mit einer besonderen Konzentration auf die christlichen Mystiker des Mittelalters wie die Hl. Theresa, St. Johannes vom Kreuz und Meister Eckhart. An der Tür zu meinem Zimmer im Studentenwohnheim hatte ich ein Schild mit der folgenden Formel angebracht: [ein Foto von mir selbst] + [eine schematische Darstellung des LSD-25-Moleküls] = [ein Bild des Buddha]. Das Acid tat seine Wirkung.

Was ich zu jenem Zeitpunkt nicht wusste, war, dass mein bester Freund aus der Prep School,* ein Bursche namens Bob Weir, der kurze Zeit nachdem er auf der Ranch meiner Familie gearbeitet hatte, auf seltsame Weise den Kontakt abgebrochen hatte, sich ganz in der Nähe einer anderen großen Fumarole des pharmazeutischen Zirkus, dem Acid Test, befunden hatte.

* *Eine private weiterführende Schule, die ihre Schüler speziell auf ein Studium an einem College oder einer Universität vorbereitet. (Anm. d. Übers.)*

Seine kleine Band, die Grateful Dead, waren Teil eines Experiments in Massenhalluzination gewesen, das Millbrook aus unserer Ostküsten-Sicht wie ein Trappistenkloster aussehen ließ. Was die Leute von der Westküste da taten, hörte sich für mich nach einem besonders blasphemischen Drogenmissbrauch an – etwa so, als würde man in die Kathedrale von Chartres einbrechen, um sich mit dem Wein für die Kommunion zu betrinken.

Doch während wir als hochnäsige Patrizier auf dieses barbarische Affentheater hinabsahen, brachten sie anscheinend ähnliche Transformationen hervor wie wir selbst. Fünf Jahre später erinnerte sich Hunter S. Thompson folgendermaßen an die 65er und 66er in San Francisco (*Fear and Loathing in Las Vegas*, S. 68):

Es herrschte Tollheit in jeder Richtung, zu jeder Stunde. ... Man konnte überall Funken sprühen lassen. Es herrschte ein fantastisches allumfassendes Gefühl, dass alles, was wir taten, richtig war, dass wir die Gewinner waren. Und ich glaube, das war der Haltegriff – dieses Gefühl des unausweichlichen Sieges über die Mächte des Veralteten und des Bösen. Nicht in einem militärischen Sinn, das brauchten wir nicht. Unsere Energie würde einfach die Oberhand gewinnen.

Ja. Das hörte sich richtig an. Während wir einerseits dabei waren, das monotheistische Modell von Gott als dem strafenden Vater zu demontieren, setzten wir gleichzeitig ein anderes Modell zusammen – natürlich nach unserem eigenen Abbild: das eines Gottes, der durch die Mystik persönlicher zugänglicher war, der ganz allgemein immanenter war als der vorherige Kerl, der aber immer noch dazu neigte, den Aktionen einer bestimmten sozio-politischen Kohorte – die glücklicherweise die unsere war – eine besondere Unterstützung zukommen zu lassen. Gott, oder so etwas ähnliches, war diesmal auf unserer Seite.

Die Tatsache, dass Gott möglicherweise aussehen könnte wie ein fetter Typ mit einem Elefantenkopf oder wie eine Öffnung in reines, sengendes Geisteslicht oder sogar wie Michael Hollingshead an einem schlechten Tag, war für uns bedeutungslos. Die Apokalypse war nah. Das Wassermann-Zeitalter war angebrochen und Gott wohnte nicht länger in seinem Himmel sondern stieg herab, genau hier in uns und unsere heiligen Pillen.

Im Frühjahr 1967 war den zentralen Charakteren dieses Buches bereits allmählich die Arroganz dieser Prämisse aufgegangen. Alle drei waren nach Indien gereist, und zwei von ihnen kamen kläglich humpelnd zurück.

Ich selbst war immer noch mit Vollgas unterwegs in den leuchtenden Nebel, genauso wie ein großer Teil des angeschwollenen demographischen Bevölkerungsanteils meiner Generation.

Im Januar dieses Jahres hatte im Golden Gate Park die große Versammlung der Stämme stattgefunden. Leary und Ginsberg hatten sich zusammen mit der internationalen Presse dort eingefunden und das Küstenschisma in der Kirche des Acid war offiziell überwunden. Irgendwann in dieser Zeit veröffentlichte das *Time Magazin* eine Titelgeschichte über «Die Hippies». Ein aufmerksamerer Beobachter der Kultur als ich es war, hätte an diesem Zeichen erkennen müssen, dass unsere Bewegung ihren Höhepunkt erreicht hatte.

Was immer meine Vorbehalte gegen die Acid Tests gewesen sein mochten, ich hatte inzwischen erfahren, dass mein alter Freund Weir ein Teil dieser Häresie gewesen war. Ich freute mich zu hören, dass die Grateful Dead im Juni ihren ersten Gig in New York in einer Disco namens Café Au GoGo in der Bleeker Street geben würden.

Der frühe Juni 1967 war eine starke Zeit, deren Nachklänge in der amerikanischen Kulturgeschichte heute noch so allgegenwärtig sind wie der Big Bang im Rest des Universums. Soweit ich mich erinnere, spielten die Dead am 6. Juni. Der Sechs-Tage-Krieg war am Tag zuvor ausgebrochen. Fünf Tage vorher war *Sgt. Pepper's Lonely Hearts Club Band* herausgekommen und im März zuvor das erste Album der Grateful Dead mit dem gleichnamigen Titel. Ich hatte mitgeholfen, für die Dead einen Termin in Millbrook am folgenden Tag zu arrangieren.

Nach der Show, die nicht gerade erinnerungswürdig war, gingen Weir und ich hinüber zum Washington Square Arch und versuchten uns gegenseitig zu berichten, was seit unserer letzten Begegnung geschehen war. Das war ein hartes Stück Arbeit. Es war nicht offensichtlich, dass er den Acid Test gänzlich bestanden hatte. Man hatte den Eindruck, seine Augen waren bloße Pupillen. Er hatte das längste Haar, das ich je bei einem Menschen männlichen Geschlechts gesehen hatte. Und er war ein Mann von wenigen Worten geworden.

Während wir uns darum bemühten, eine gemeinsame Sprache zu finden, fuhr ein blassgrüner Kombiwagen plötzlich fünf Meter vor uns auf den Bürgersteig und zehn harte Burschen aus Long Island quollen wie böse Clowns in der Stärke einer Militäreinheit aus einem kleinen Zirkuswagen und kamen auf uns zu. Ich sah mit einem Blick, dass sie nicht auf unserer Seite des Kulturkrieges standen, der in Amerika bereits ziemlich schmutzig geworden war. Wie T-Zellen in Schaftstiefeln, betrachteten sie uns als Antigene und waren uns nicht freundlich gesinnt.
Als sie uns umringten, sah Weir auf und sagte sanft: «Wisst ihr, ich spüre eine gewisse Gewaltbereitschaft in euch Burschen, und wann immer ich diese in mir selbst verspüre, singe ich gern ein kleines Lied.» (Und ich denke: ??!) Und plötzlich singt er «Hare Krishna» und mit meinen erstaunten Ohren höre ich, wie die Schläger mitsingen. Für etwa fünfzehn Sekunden. Und dann prügelten sie die Scheiße aus uns heraus.

John Perry Barlow 1967

So lenkte ich meinen 550 PS starken Chevy Super Sport am nächsten Tag den Taconic State Parkway nach Millbrook hinauf, wobei sowohl Bobby als auch ich aussahen wie Wiley Coyote* nach einem missglückten Versuch mit einem Akme-Produkt. An Bord hatten wir noch ein Mädchen namens Bos (in die ich damals gerade total verknallt war), Phil Lesh und Frank Zappas weibliche Star-Sängerin, eine heiße Nummer, die sich selbst Uncle Meat nannte.

Im Radio hörten wir die Kriegsnachrichten aus dem Heiligen Land, und wir hatten ein Exemplar von *Sgt. Pepper's* an Bord, das ich auf dem Weg aus der Stadt gekauft hatte und das noch keiner von uns gehört hatte. Ich versuchte meiner Angebeteten Bos, deren Eltern beide jüdische Psychiater waren, zu erklären, warum ich so tief von dem Buch *Die dunkle Nacht der Seele* des Hl. Johannes vom Kreuz berührt war.

Es war ein Moment in den 60ern – dieser Tag ganz bestimmt.

Als wir in der Hitchcock-Villa ankamen, war ziemlich offensichtlich, dass Anleitungen für die Führung eines Haushalts nicht zu dem gehörten, was der liebenswürdige Dr. Leary der Welt sonst noch mitzuteilen hatte. Nur wenige der Stammgäste waren übrig geblieben. Schon ein Jahr zuvor hatten Ralph, Tim und sogar Michael Hollingshead einen Punkt erreicht, an dem sie Dr. Alperts Manien so besorgniserregend fanden, dass sie ihn mit einem Rucksack nach Indien losgeschickt hatten. (Dort trug er zu dieser Zeit bereits einen Dhoti und war auf dem Weg dazu, Baba Ram Dass zu werden. Als die Weisheit sich dann wirklich bemerkbar machte, ließ er den Baba fallen.)

An jenem Abend versammelten wir uns in der Bibliothek im zweiten Stock und legten mit einem sakralen Gestus *Sgt. Peppers's Lonely Hearts Club Band* auf. Solange die Platte lief, sagte niemand auch nur ein Wort. Viele von uns waren auch gar nicht dazu fähig, selbst wenn sie es gewollt hätten. Ich war so high, dass ich die Musik schmecken konnte, und ich fand die violetten Noten etwas schwer zu kauen.

Als die letzten kakophonischen Klänge des London Philharmonic Orchestra am Ende von *A Day in the Life* langsam verklangen, herrschte eine ominöse Stille ... und Timmy deklamierte feierlich: «Mein Werk ist vollendet.» Ihm war wohl kaum bewusst, wie Recht er hatte und wie falsch er lag.

Ich sage dies, denn auch wenn er und der Rest von uns verrückten Engeln wirklich eine Art von Apokalypse zustande gebracht hatten, vermochte diese wohl kaum im Verlauf einiger weniger Jahre oder gar Generatio-

** Wiley E. Coyote ist eine US-amerikanische Cartoon-Figur, die in Deutschland als Karl der Coyote oder Willi Coyote, der stets vom Pech verfolgte Kojote, bekannt wurde. (Anm. d. Übers.)*

nen wirksam zu werden. Keine Offenbarung, die kulturell dermaßen vernichtend war, konnte über Nacht universell akzeptiert werden. Natürlich war eine langwierige Evolution nicht gerade nach dem Geschmack einer Generation, die sich JETZT nannte, aber sie war nichtsdestoweniger das, was wir auf dem Teller vor uns hatten.

Ja, die Beatles hatten Acid eingeworfen und die ganze Welt hatte das bemerkt, aber nicht jedermann war davon angetan. Natürlich schlug das Imperium zurück. Außerdem hatten wir mit unseren taumeligen Karnevalsexzessen und dunkleren Verrücktheiten bald begonnen, die Samen unseres eigenen Verhängnisses zu säen.

Verdammt nochmal, es gab da einen Moment im Herbst 1967, in dem ich mit leidenschaftlicher Intensität zu der Überzeugung gelangte, dass wir tatsächlich das «räudige Tier» waren, das Yeats angekündigt hatte. Wir führten die Gesellschaft in einen solchen Sumpf eines narzisstischen, sich selbst bestätigenden Subjektivismus, dass wenig von dem, was man ein vernünftiges Gemeinwesen oder sogar so etwas wie Zivilisation nennen konnte, unsere Zügellosigkeit überleben würde, wenn wir fortfahren würden, «den Himmel zu erstürmen», wie Jay Stevens es genannt hat.*

Alles geriet aus den Fugen. Ich wurde psychotisch und größenwahnsinnig und beschloss zu werden, was Amerikas erster Selbstmordattentäter gewesen wäre. Ich war bereit, mit meinem eigenen zerfetzten Fleisch und dem unschuldiger anderer ein Warnsignal auszusenden. Es sollte eine Warnung auf der Titelseite sämtlicher Zeitungen sein, die den Moloch der bösen Wahrheit bremsen würde. Ich besaß die Mittel und den nötigen Antrieb. Glücklicherweise, dem Schicksal sei Dank, wurden meine Pläne aufgedeckt und ich wurde 45 Minuten vor meiner eigenen abscheulichen Apokalypse aufgehalten. Danach lebte ich für eine ganze Weile praktisch von Thorazin.

Doch meine geplante Mission zog andere bereitwillige Soldaten an. An meiner Stelle bekamen wir Charlie Manson und das Altamont Free Concert. Wir bekamen die verhaltensmäßige Jauchegrube des langen Herbstes, der auf den «Sommer der Liebe» folgte. Wir bekamen die Demokratische Konvention von Chicago, den Weather Underground**, die Symbionese Liberation Army, die Kommunen, die über Nacht zu ländlichen Slums verkamen. Was wir erhielten, war die Rechnung.

* *In seinem berühmten Gedicht* The Second Coming. *(Anm. d. Übers.)*

** *Die Weathermen (auch Weather Underground Organisation, Weather People genannt) waren eine linksradikale militante Untergrundorganisation in den USA, die Ende der 1960er bis in die 1970er-Jahre aktiv waren. Sie begingen vor allem Bombenanschläge gegen Regierungsgebäude. (Anm. d. Übers.; Quelle Wikipedia)*

Hunter S. Thompson formulierte es einige Jahre später etwas überspitzt, aber doch einigermaßen zutreffend in *Fear and Loathing in Las Vegas* (S. 178-179):

All jene rührend eifrigen Acid-Freaks, die glaubten, Friede und Verständnis für drei Dollar den Hit kaufen zu können. Aber ihr Verlust und ihr Versagen sind auch die unseren. Was Leary mit sich selbst in den Abgrund riss, war die Kern-illusion eines ganzen Lebensstils, den zu schaffen er geholfen hatte ... Eine Generation bleibender Krüppel, gescheiterter Sucher, die niemals den wesentlichen Irrtum der alten Mystik der Acid-Kultur verstanden haben: die verzweifelte Mutmaßung, dass jemand ... oder zumindest irgend eine Kraft – für das Licht am Ende des Tunnels sorgen würde.

Wer kann den Rotariern Amerikas einen Vorwurf dafür machen, dass sie alarmiert waren? Wir wurden erschreckend genug, um uns selbst Angst einzujagen. Die Biedermänner reagierten mit einer durchaus wohlbedachten Immunreaktion, die trotz ihrer drakonischen Methoden dennoch ihre apollinische Pflicht war, so notwendig, wie wir die Schaffung des dionysischen Chaos für unsere Pflicht gehalten hatten.

Aber vielleicht noch beunruhigender für die damals herrschenden Mächte war, wie ich bereits erwähnte, dass wir nicht nur ihre Version einer gottgegebenen Autorität in Frage stellten, sondern sie darüber hinaus auch noch lächerlich fanden.

Da es für die Autorität nichts Schlimmeres gibt, als ausgelacht zu werden, beschlossen die Autoritäten sich noch weniger komisch zu verhalten. Je lauter die Acidheads lachten, desto kriegerischer, schweineköpfiger und, nun ja, *autoritärer* wurden diese Mächte. Und so kam es statt der schnellen Abdankung der kulturellen Kräfte, die seit 2000 Jahren für die westliche «Zivilisation» zuständig gewesen waren, und einer friedlichen Übertragung der Macht an die lachenden Aquarianer, zum Beginn der vierzigjährigen Patt-Situation, die ich den Krieg zwischen den 50ern und den 60ern nenne.

Irak-Kriege und während der ganzen Zeit, in jeden Zentimeter des amerikanischen Lebensstils eingewoben, den Krieg gegen (einige) Drogen. Implizit in alldem gab es auch noch den Krieg gegen die Verfassung.

Was immer es darüber hinaus noch an üblen sozialen Konsequenzen gegeben haben mag – die Millionen Strafgefangener, die Toten und verstümmelten Soldaten, der Lug und Trug auf allen Ebenen der amerikanischen Gesellschaft, insbesondere innerhalb der Kernfamilie –, der Krieg zwischen den 50ern und den 60ern beschenkte uns mit einem goldenen Zeitalter der Ironie. Besaß man allerdings keinen Sinn für Ironie, dann entging einem der größte Teil der Komik, und, nun ja, ironischerweise waren so gut wie die einzigen Amerikaner, die diesen Sinn besaßen, die Acidheads. Das erzeugte noch einen weiteren unschönen Hänger der Plattennadel, als ständige Wiederholungen von «Wir mussten das Dorf zerstören, um es zu retten» sich in unserer Kultur ausbreiteten und wir wiederum die einzigen waren, die das zum Lachen brachte.

Und ehe wir das vergessen: Während eines großen Teils dieser Periode – und das erwähnt kaum jemand, sei es ein Acidhead oder ein republikanischer Fraktionsvorsitzender – gab es da noch den größten aller Surrealismen: den fast allgegenwärtigen Glauben, dass irgendwo und irgendwann in naher Zukunft jemand durchdrehen und den nuklearen Sturm auslösen würde, der den ganzen Planeten mit den Elementarteilchen, aus denen wir bestehen, überkrusten würde. Und wenn man darüber nicht lachen konnte – worüber dann?

Heute sieht es so aus, als könne man viele dieser Schreckensszenarien der Geschichte einer Zukunft überantworten, die nie eingetreten ist. Auch wenn sicherlich neue Schrecken auf uns warten, glauben nur noch sehr wenige, dass es mit großer Wahrscheinlichkeit zu einer direkten Konfrontation mit den «Russkies» in einem nukleraren Krieg kommen wird (*«go toe-to-toe with the Russkies»*, wie es Slim Pickens in einem der unsterblichen Aussprüche der 1960er formulierte).
Besser noch: Die schlimmsten der autoritären Musterknaben haben während der acht langen Jahre der Cheney/Bush Regierung ihre Ladung so gründlich abgespritzt, dass wohl nur noch Leute, die brutal von ihrem Vater oder der Kirche geschlagen wurden, sie heute noch unterstützen. Einmal abgesehen von dem anstehenden Theater um Verurteilungen wegen Kriegsverbrechen und fortdauerndem Geplänkel entlang der Mason-Dixon-Linie scheint der Krieg zwischen den 50ern und den 60ern endlich zu Ende zu gehen.

Während ich dies schreibe, ist der Präsident der Vereinigten Staaten* nicht nur ein Schwarzer und, wie er selbst zugibt, klug und gut erzogen, sondern er macht für mich den Eindruck eines Burschen, der wahrscheinlich irgendwann einmal Acid eingeworfen hat. Zumindest hat er auf die Frage, ob er denn auch «inhaliert» habe, geantwortet: «Ich dachte, darum geht es dabei.»

** Die Wahl von Donald Trump zum Präsidenten der Vereinigten Staaten einige Jahre nach Erscheinen der US-Ausgabe dieses Buches zeigt wohl, wie sehr auch ein kluger Acidhead sich täuschen kann. (Anm. d. Übers.)*

Jetzt, wo das Schlimmste vorbei zu sein scheint, wird es vielleicht für einige Mitglieder des Kongresses, Bundesrichter, hochrangige Militärs, prominente Geistliche und Industriekapitäne – mit Ausnahme des besonders ehrlichen Steve Jobs – möglich, etwas zu tun, das die meisten von ihnen, hätten sie den Mut dazu gehabt, schon vor Jahrzehnten hätten tun und in der Öffentlichkeit sagen sollen:

Es gab da einen Moment vor etlichen Jahren, in dem ich LSD genommen habe. Und was auch immer die unmittelbaren Konsequenzen gewesen sein mögen, es hat mich zu einem anderen Menschen gemacht, als ich es sonst geworden wäre, und zwar auf eine Weise, für die ich heute sehr dankbar bin.

Das wäre ein machtvoller Moment. Diejenigen aus jener wortwörtlich berauschenden Zeit, die heute noch leben, sind heute älter und weiser als damals, und wir sind vielleicht endlich bereit, solche Wahrheiten zu offenbaren, ohne neue Konflikte anzustacheln. Ram Dass, dessen prägnante Sätze zwar weniger als die Hälfte des Umfangs dieses Buches, aber den überwiegenden Teil von dessen Weisheiten ausmachen, hat einen langen Weg auf dem Pfad zum Tiefgründigen zurückgelegt, seit ich ihm zuerst als dem unerträglich manipulativen Dick Alpert begegnet bin.

Als ich vor einigen Jahren tatsächlich einmal ein Abendessen mit ihm hatte, gestand ich ihm ein moralisches Dilemma, das aufzulösen mir sehr schwer fiel. Ich erinnere mich heute nicht einmal mehr daran, worum es dabei ging, aber er durchschlug es mit wenigen wohl gewählten Worten wie ein Schwert den gordischen Knoten.

«Das ist das Problem mit dir, Mann», sagte ich und fuhr fort mit einem Geständnis, das ich nicht einmal dem Baba Ram Dass gemacht hätte, der kurz nach seiner Rückkehr aus Indien zuerst an der Wesleyan University auftauchte, immer noch ziemlich voll von selbstberäucherndem Unsinn: «Du bist einfach so viel weiser als ich es bin.»

Er kniff die Augen zusammen. «Bleib mir nur weg mit dieser Weisheits-Scheiße, Barlow», entgegnete er und führte mit dieser Zurückweisung sein eigenes Argument ad absurdum. Doch bereits vorher hatte er ein Motto ausgesprochen, das die wesentliche Botschaft der 60er sehr viel besser übermittelte als «Turn on. Tune in. Drop out» (eine Formulierung, die tatsächlich Marshall McLuhan geprägt und Tim Leary überlassen hatte, da sie nicht in McLuhans Sprachgebrauch passte).

Ram Dass sagte: *«Be here now.»*

Und hier sind wir alle. Jetzt. Endlich bereit und mit der Geduld, Vergebung, Reue und der Selbstironie, die notwendig sind, um die Arbeit ernsthaft fortzusetzen. Es ist eine gute Zeit, noch einmal zu den Anfängen der immer noch fortdauernden Revolution zurückzukehren und eine Bestandsaufnahme zu machen.

Es ist eine gute Zeit, dieses Buch zu lesen. Jetzt.

Morgendliches Yoga vor der Millbrook-Villa

HARVARD UNIVERSITY

DEPARTMENT OF SOCIAL RELATIONS

CENTER FOR RESEARCH IN PERSONALITY
MORTON PRINCE HOUSE

5 DIVINITY AVENUE
CAMBRIDGE 38, MASSACHUSETTS

December 6, 1960

Olympia Press
Paris
France

Gentlemen:

Would you please send me a copy of Naked Lunch by William Burroughs. This book is needed in connection with research I am doing on drugs and their effect on creativity.

I am making arrangements with American customs to see that this book can be admitted to the United States.

Sincerely yours,

Timothy Leary

TL:ds

Brief an den Verleger Maurice Girodias, Olympia Press

Die Professoren Timothy Leary (oben links) und Richard Alpert (oben rechts) und Freunde während eines Copenhagen-Besuchs anlässlich eines Kongresses für angewandte Psychologie 1961.

Die Harvard-Professoren Timothy Leary und Richard Alpert, Wortführer der psychedelischen Forschung, 1961

Erster Teil

Das Harvard-Psilocybin-Projekt 1960–1962

Sommer 1960

Timothy Leary nimmt in Cuernavaca, Mexiko, Zauberpilze ein, die bei den Azteken als *Teonanácatl* bekannt sind. Er kehrt an die Harvard University zurück und gründet mit Frank Barron und Richard Alpert, Kollegen im Lehrkörper, sowie einigen graduierten Studenten Forschungsprojekte zu der Wirkung von Psilocybin, dem psychoaktiven Bestandteil des Pilzes, der von der Pharmafirma Sandoz geliefert wird.

Herbst 1960

Aldous Huxley, zu der Zeit Gastdozent am MIT, und Houston Smith, Professor für Vergleichende Religionswissenschaften am MIT, engagieren sich als Berater und Betreuer für das Projekt. Die Dichter Allen Ginsberg und Peter Orlovsky statten dem Team einen Besuch ab, nehmen Psilocybin und werden Verbündete und Unterstützer des Projekts. Sie animieren Leary, den Beat-Schriftsteller Jack Kerouac und den Abenteurer Neal Cassady anzutörnen. Arthur Koestler, der Autor von *Sonnenfinsternis* und anderen Büchern, besucht Leary und nimmt Psilocybin. Er tut die Erfahrung später als «Ersatz-Mystizismus» ab.

Frühjahr 1961

Richard Alpert und Ralph Metzner machen beide ihre erste Erfahrung mit Psilocybin. Es werden Studien durchgeführt, in denen Künstler und Schriftsteller sowie graduierte Studenten und «Normalbürger» (keine Erstsemester) Psilocybin einnehmen und danach schriftliche Berichte abgeben und Fragebögen ausfüllen. Hier wird zum ersten Mal eine Formulierung der «Set und Setting»-Hypothese veröffentlicht, nach der der Inhalt einer psychedelischen Erfahrung eine Funktion des inneren Sets oder der Absicht und des äußeren Kontextes oder der Umgebung, des Settings, ist.

Leary stößt ein Forschungsprojekt am staatlichen Gefängnis von Concord an, das bei den Strafgefangenen mithilfe von Psilocybin zu Einsicht und Verhaltensänderungen führen soll. Zu den Doktoranden, die an diesem Projekt beteiligt sind und dabei assistieren, gehören Ralph Metzner, Gunther Weil und Ralph Schwitzgebel. Dr. med. Madison Presnell, der Psychiater der Strafanstalt, übernimmt die medizinische Supervision.

Herbst 1961

William Burroughs, der Autor von *Naked Lunch* und anderen Büchern, besucht Leary und nimmt Psilocybin. Er und Leary sind Teil eines Diskussionsforums während der Konvention der American Psychiatric Association in Boston. Burroughs bezieht einen auf zynische Weise abwertenden Standpunkt gegenüber den Zielen des Projekts.

Walter Houston Clark, Professor für Psychologie und Vergleichende Religionswissenschaft am Andover Newton Theological Seminary, schließt sich dem Projekt als enthusiastischer Befürworter und Berater an.

Professor David McClelland, der Direktor des Center of Research in Personality, in dessen Rahmen das Psilocybin-Projekt stattfindet (und der Learys und Alperts Vorgesetzter ist), bringt ein Memo in Umlauf, das den wissenschaftlichen Wert dieses Projekts sowie den Einfluss von psychedelischen Drogen in Ländern wie Indien in Frage stellt. Michael Hollingshead, ein freiberuflicher Forscher und Schriftsteller aus England, sucht Tim in seinem Haus auf der Grant Avenue auf und verhilft ihm zu seiner ersten LSD-Sitzung.

November 1961

Wichtige Sitzung im Haus von Alpert in Cambridge, in der es um die Themen von Gut und Böse, Ethik und spirituelle Führerschaft geht und die einen Wendepunkt darstellt. Zu den Teilnehmern gehören neben Leary und Alpert Ralph Metzner, Michael Kahn, George Litwin und seine Frau sowie Gunther Weil und der Musiker Maynard Ferguson mit seiner Frau Flo.

Frühjahr 1962

Frederick Swain, ein amerikanischer Vedanta-Mönch, besucht die Harvard-Gruppe; er stellt die Gruppe seinem weiblichen indischen Guru Gayatri Devi vor, die zu der bengalischen Linie von Ramakrishna gehört und die Vedanta-Ashrams an der Ostküste und der Westküste geleitet hat. Gayatri Devi und Rabbi Zalman Schachter machen eine Erfahrung mit Psilocybin und unterstützen das Projekt als Berater.

Bei einem Treffen des Lehrkörpers des Center for Personality Research werden das Psilocybin-Projekt sowie Leary und Alpert persönlich aus wissenschaftlichen und ethischen Gründen heftig kritisiert. Der Sozialpsychologe Herbert Kelman ist einer der Hauptkritiker zusammen mit dem Experimentalpsychologen Brendan Maher.

Tim Leary wird die Kontrolle über den Vorrat an Psilocybin entzogen und sie wird dem Psychiater Dr. Dana Farnsworth, dem Leiter des Counselling Center der Harvard University übertragen. Leary und Alpert wird untersagt, Studenten der ersten Semester Psilocybin zu geben. Das Projekt im Gefängnis von Concord sowie andere Arbeit mit Psilocybin werden ebenfalls abgeschlossen. Die Resultate dieser und anderer Studien werden verarbeitet und in psychologischen sowie psychiatrischen Zeitschriften veröffentlicht.

Professor David McClelland, der Vorsitzende des Center for Personality Research, teilt den Doktoranden des Projekts, darunter auch Metzner, Litwin und Weil, mit, dass sie ihre Doktorarbeit nicht über die Forschung mit Psilocybin schreiben dürfen. Metzner entschließt sich, unter der Supervision von Walter Mischel eine Studie im Bereich der kindlichen Entwicklung zu erstellen, in der es um die Frage geht, welche Faktoren die Fähigkeit eines Kindes, den Belohnungsaufschub zu erlernen, beeinflussen. Er erhält seinen Dr. phil. im Frühjahr 1962.

Im April 1962 wird die letzte von Harvard geförderte Psilocybin-Studie in «experimentellem Mystizismus», bekannt als die «Karfreitags-Studie», bei einem Ostergottesdienst durchgeführt, den der bekannte Prediger Howard Thurman in der Marsh-Kapelle in Boston abhält. Von Walter Pahnke, einem Doktor für Medizin und Theologie, geplant und durchgeführt, ist die Studie ein doppelblindes und Placebo-kontrolliertes Experiment mit Psilocybin als Auslöser mystischer Erfahrungen bei Theologiestudenten.

Timothy Leary

Richard Alpert

Ralph Metzner

Die Anfänge des Harvard-Psilocybin-Projekts

GB Gary Bravo

RD Ram Dass (Richard Alpert)

RM Ralph Metzner

GB Beginnen wir damit, uns ein Bild davon zu machen, wie ihr beide an die Harvard University gekommen seid und Timothy Leary getroffen habt. Womit wart ihr damals beschäftigt und wie wart ihr zu dieser Zeit drauf? Was waren eure ersten Eindrücke von Tim Leary, bevor er nach Cuernavaca ging und Pilze eingenommen hat?

RD Ich habe meinen Magistergrad an der Wesleyan University gemacht, wo David McClelland der Vorsitzende der Fakultät war. Er ging dann an die Harvard University und wurde Direktor des Center for Personality Research. McClellands Professor an der Yale University war Robert B. Sears, der Leiter des Fachbereichs für Psychologie in Stanford geworden war. Deshalb empfahl man mir, meinen Doktor in Psychologie an der Stanford University zu machen, wo ich mich dann auch einschrieb. Aber ich bekam in zweien der Kurse, die ich absolvierte, nur die Note C und blieb in dem Programm zurück. Robert Sears schrieb mir einen Brief, den ich las, als ich gerade auf einem Schiff zu Ferien mit meinen Eltern auf Hawaii unterwegs war. In dem Brief hieß es: «Sie haben uns enttäuscht und wir werden Ihnen Ihr Stipendium entziehen.» Also machte ich eine Kehrtwende. Ich beschloss, während der Nacht zu arbeiten und am Tag zu schlafen. Ich bekam sehr gute Noten und erhielt den Dr. phil. in Stanford.

RM Du hast deinen Doktor in Psychologie also in Stanford gemacht?

RD Ja, und Stanford lud mich ein, Mitglied des Lehrkörpers zu werden, obwohl ich als Doktorand nicht besonders gut abgeschnitten hatte und eher ein mittelmäßiger Forscher war. Aber ich war ein sehr guter Lehrer und in der Fakultät wollte niemand sonst Psychologie unterrichten. Sie änderten also die Regeln, sodass ich Mitglied des Lehrkörpers werden konnte. Das war ziemlich komisch – alles nur wegen meines Charismas. Später schrieb Dave McClelland einen Brief an Bob Sears und fragte ihn: «Meinst du wirklich, dass Dick Alpert schon eine Ahnung von Psychologie hat?» Weil ich viel Charisma hatte, wurde mir auch eine Position im Lehrkörper von Harvard angeboten.

RM Das Bild, das ich als Doktorand von dir als Hochschullehrer hatte, war, dass du ein Golden Boy, ein aufsteigender Star warst.

RD Als David McClelland mich 1958-59 an die Harvard University brachte, bestand mein erster Job darin, mit dem Kulturanthropologen John M. Whiting zusammenzuarbeiten, der eine kulturübergreifende Forschungsarbeit auf dem Gebiet der kindlichen Entwicklung machte. Ich war sein Assistent bei diesem Projekt zur Kindesentwicklung im Fachbereich für Erziehung. Ich arbeitete auch als wissenschaftlicher Mitarbeiter eines Projekts in Stanford, das SMSG (School Mathematics Study Group) genannt wurde. Ich hatte auch noch drei andere Posten an der Harvard University: Im Center for Personality Research, das zum Fachbereich Social Relations gehörte; im Fachbereich für Psychologie, wo sie Ratten studierten; und auch noch im Fachbereich für Health Services, wo ich als Therapeut arbeitete. Es gab dort acht Psychiater und mich, den einsamen Psychologen (Gelächter).

RM Du warst offenbar so etwas wie einen Geld-Magnet. Du hast Tausende von Dollars an Forschungszuschüssen angezogen und hast vielen Leuten einen Job verschafft. Ich gehörte auch dazu, als ich im Sommer 1959, im ersten Jahr meines Aufbaustudiums, in Stanford für dich gearbeitet habe. Damals kam ich zum ersten Mal nach Kalifornien.

Richard Alpert 1962

RD Ich habe mich selbst nicht als Geld-Magneten verstanden. Es stimmt schon, dass ich diesen Forschungszuschuss für die SMSG erhielt, wo wir die Resultate des Unterrichts in Neuer Mathematik untersuchten. Ich konnte damit anfangen, was ich wollte, und stellte Leute ein, die mir bei der Forschung helfen sollten. Unsere Studien zeigten unter anderem, dass man Mathematik mit großer Wahrscheinlichkeit hassen wird, wenn man von einer Lehrerin in die Mathematik eingeführt wird.

GB Selbst wenn man ein Mädchen war und von einer Lehrerin in die Mathematik eingeführt wurde?

RD Auch die Mädchen hatten eine Aversion gegen Mathematik. Am Center for Personality Research hatte ich ein großes Büro am Ende des Flurs. Eines Tages sagte David McClelland zu mir: «Dick, wir bekommen bald einen neuen Mitarbeiter. Ich habe ihn in Italien aufgegabelt; er radelte dort herum. Er hat sehr interessante Ideen.» Drei Türen entfernt von meinem großen palastartigen Büro gab es eine Art Besenkammer. Dave sagte: «Könnten wir ihn nicht dort unterbringen?» «Na klar», sagte ich. So bekam Tim Leary diese Abstellkammer als Büro.

RM Das war der am meisten besuchte Ort. Ständig kamen Leute vorbei, und Tim war ziemlich genial und lud sie zu einem Gespräch ein.

RD Tim und ich kamen uns zwangsläufig näher, weil wir beide Singles waren – er war Witwer und ich war unverheiratet. Wir begannen Abende zusammen in einer Bar oder mit seinen Kindern zu verbringen. Für die

Kollegen in der Fakultät und die Studenten war Tim irgendwie anders. Sie waren alle stolz darauf, an der Harvard University zu sein; der einzige, den das nicht beeindruckte, war Tim. Mich beeindruckte die Tatsache, dass Tim sich nichts darauf einbildete, zum Lehrkörper von Harvard zu gehören.

GB Ram Dass, was war im Bereich der Psychologie damals deine theoretische Ausrichtung?

RD Man kam damals in keine dieser großen Universitäten hinein, ohne sich zum Behaviorismus zu bekennen. Ich mochte den Behaviorismus nicht und Tim hat mich davor gerettet, denn unsere Forschung war nicht behavioristisch ausgerichtet. Das war einer der Gründe, warum die anderen Hochschullehrer uns nicht mochten.

GB Was war dein erster Eindruck von Tim, Ralph?

RM Ich habe schon in dem Semester, bevor er die Pilze eingenommen hat, einen Kurs bei ihm belegt, der mir immer in Erinnerung geblieben ist. Er sprach über etwas, das er seine Philosophie des «Existenziellen Transaktionalismus» nannte. Eric Bernes Schriften über die Spieltheorie waren ein Teil davon. Tim hielt für eine kleine Gruppe von Studenten, zu der ich gehörte, ein Seminar ab. Er sagte, die Psychologen hätten als Psychologen üblicherweise zwei Arten von Beziehungen: entweder Arzt–Patient, oder Experimentator–Proband. Beides seien künstliche, asymmetrische Machtbeziehungen. Aufgrund ihrer Beziehung sei eine Person der anderen immer überlegen. Und er meinte: «So etwas gefällt mir nicht. Es gibt bessere Möglichkeiten, eine Beziehung zu Menschen herzustellen.» So gingen wir als die Doktoranden also mit unserem Lehrer in die Wohnung eines Menschen, der um eine Konsultation oder um Hilfe gebeten hatte. Wir saßen dann am Küchentisch zusammen, tranken Kaffee und sagten: «Okay, was liegt an und wie können wir helfen?» Wir präsentierten uns als Hilfsquellen, nicht als Ärzte oder Autoritäten. Ich glaube, das war sehr beeindruckend. Mir gefiel das sehr. Es war sehr egalitär.

RD Was waren das für Leute?

RM Es konnten Familienmitglieder sein, die um Hilfe gebeten hatten, oder die Mitglieder irgendeiner Gruppe. Eine Beziehung zu den Menschen herzustellen, war ein Teil des Entwurfs dieses Seminars. Diese Forschungsphilosophie hat auch zum Entwurf des Gefängnisprojekts geführt. Tim sagte, wir gehen nicht als Experimentatoren mit Probanden in das Gefängnis. Strafgefangene erhalten oft eine Verkürzung ihrer Freiheitsstrafe, wenn sie sich als Versuchspersonen für irgendeinen Pharmakonzern zur Verfügung stellen. So etwas haben wir nicht vor, sagte Tim. Das wäre völlig unangemessen für das, was wir anstreben. Seine

Einstellung war: «Es gibt da diese Erfahrungen, die wir sehr interessant gefunden haben. Wir möchten Sie mit euch teilen. Tatsächlich werden wir die Drogen zusammen mit euch nehmen.» Es gab also von Anfang an diese Vertrauensbasis, und ich fand das wirklich cool, einfach toll.

RD Tatsächlich hatte Tim diese egalitäre Einstellung gegenüber allen, die an diesen Projekten beteiligt waren.

RM Das ist etwas sehr Amerikanisches, nicht wahr? Er legte großen Wert auf Freiheit und Gleichheit.

GB Gab es da nicht eine Studie, bei der Doktoranden in Sozialwohnungen gingen, um diese Art von Hilfe zu leisten und Grenzen zu überwinden?

RM Ja. Als Teil seines Unterrichts ermutigte Tim verschiedene Leute, sich verschiedenen Projekten zu widmen. Ein Doktorand in unserer Gruppe arbeitete mit den Nonnen in einem Konvent.

GB Leary schrieb, dass dies bereits vor Beginn der Psilocybin-Studie das Paradigma der Psychologie von Harvard ausweitet.

RM Tim Leary und Henry Murray waren die beiden Mitglieder der Fakultät am Center for Personality Research, die mich mit ihrer Vision und ihrer Originalität am meisten beeindruckten.

RD Und Tim war sehr von Murray beeindruckt.

RM Murray hatte einen projektiven Test erfunden, den er Thematischer Apperzeptionstest (TAT) nannte. Man bekam dabei Bilder von Leuten in zweideutigen Situationen gezeigt und wurde aufgefordert, Geschichten zu erzählen, die diese in einem hervorriefen. Er benutzte dieses Konzept der bewussten Wahrnehmung. Was ist Apperzeption? Es ist Wahrnehmung mit Bewusstheit eines größeren Kontextes: einer Bewusstheit von Bedeutung und Verständnis zusätzlich zur Wahrnehmung bestimmter Stimuli. Im Rückblick meine ich heute, dass dies einer Beschreibung eines erweiterten Bewusstseinszustandes nicht unähnlich ist, dessen, was du bekommst, wenn du ein Psychedelikum nimmst – eine erweiterte Bewusstheit der kontextuellen Bedeutung.

GB Ram Dass, hast du Leary zu der Zeit, als er seine berühmte erste Sitzung mit Pilzen in Cuernavaca hatte, nicht angeboten, ihn auf eine Flugreise nach Zentralamerika mitzunehmen?

RD Ja, und Frank Barron, der sich mit den Pilzen auskannte, gab Tim die Idee, sie einmal auszuprobieren.

RM «Hey, Tim, du solltest mal diese Pilze probieren.» Zwei wilde Iren! Tim hat immer gesagt, Frank Barron sei sein Mentor gewesen. Die beiden hatten sich an der University of California in Berkeley getroffen. Barron hatte Studien zu den Ursprüngen von Kreativität durchgeführt, dazu, welche Eigenschaften von Geist und Persönlichkeit Kreativität fördern. Im ersten Jahr der Harvard-Psilocybin-Studie nahm Barron aktiv daran teil. Später kehrte er nach Kalifornien zurück und lehrte viele Jahre lang an der University of California in Santa Cruz, wo er seine Forschung über kreative Individuen fortsetzte.

GB Ram Dass, hast du einige Erfahrung mit Marihuana gemacht, bevor du dich mit Psilocybin beschäftigt hast?

RD Ich wurde an der Stanford University von Vic Lovell, einem Studenten, der einer meiner Therapie-Patienten war, auf Gras angetörnt. Ich denke, er hatte Mitgefühl mit mir. Ich war ein Therapeut für eine Menge ziemlich abgefahrener Leute, und sie alle mochten Marihuana. Ich stand damals auf Cocktails – so war ich nun mal.

RM Naja, im Vergleich zu mir warst du mir im Umgang mit Drogen weit voraus. Ich war ziemlich naiv, wie ein Schaf unter Wölfen. Ich hatte keine Ahnung davon, dass es eine Droge gab, die das Bewusstsein so tiefgreifend in eine positive Richtung beeinflussen konnte. Und natürlich wusste ich überhaupt nicht, was das Bewusstsein ist. Aus Büchern kannte ich bestimmte Theorien – die behavioristische Lerntheorie und die Psychoanalyse. Ich war einfach ein vorprogrammierter Doktoranden-Roboter, der den Regeln folgte: «Dies ist falsch, jenes ist richtig, lies diese Bücher und nicht jene, bewundere diese Autoren und nicht jene anderen, und so weiter.»

RD Genau, das ist es doch, was Harvard repräsentiert.

RM Harvard erklärte dir, wie die Welt funktioniert. Da gibt es den Behaviorismus und die Psychoanalyse. Das waren die beiden Paradigmen in der Psychologie. Die Psychologie hatte ihr eigenes Gebäude, in dem Skinnersche Behavioristen Verstärkungspläne für Ratten und Tauben erforschten. Psychologie der Persönlichkeit und klinische Psychologie, die ich studierte, gehörten zum Bereich der Sozialbeziehungen, zusammen mit Sozialpsychologie, Soziologie und kultureller Anthropologie. Mir gefiel dieses interdisziplinäre Konzept. Wir belegten Seminare mit Studenten und Dozenten in all diesen vier Disziplinen. Ich hielt dies für ein großartiges Erziehungsmodell, besonders im Vergleich mit den ziemlich engstirnigen Vorstellungen von Psychologie, die ich als Student an der Oxford University kennengelernt hatte. Andererseits warst du, Ram Dass, ein aufsteigender Stern, total außerhalb meiner Liga. Außerdem besaßt du ein Flugzeug und ein Motorrad. Du warst für mich ganz weit oben am Himmel.

Alpert, Leary und Dr. Sidney Cohen während einer Präsentation in den frühen 60ern.

GB Du hast damals in einem Eisenbahnwagen gelebt?

RD Nun ja, ich habe nicht wirklich in einem Eisenbahnwagen gelebt. Ich durfte jedoch einen privaten, sehr luxuriösen Eisenbahnwagen benutzen, weil mein Vater der Präsident der New York, New Haven and Hartford Railroad war. Ich konnte in diesem Wagen zwischen Boston und New York hin und her reisen. Es gab einmal eine Versammlung der American Pschological Association in New York, und ich schmiss eine Party in einer fantastischen Suite in der Grand Central Station. Dann schnappte ich mir einen der Psychologen nach dem anderen und zeigte ihnen meinen privaten Eisenbahnwagen. Sie waren sehr beeindruckt, und genau das hatte ich gewollt.

GB Ram Dass, hat es jemals eine Rivalität zwischen dir und Tim Leary gegeben? Oder wart ihr die ganze Zeit Freunde und Kollegen?

RD Wir sind uns ziemlich nahe gekommen, und dann kamen wir uns allzu nahe und haben uns wieder zurückgezogen. Wir haben gemeinsam einige Seminare abgehalten, zum Beispiel über Psychotherapie und Spieltheorie.

RM Hast du Tim auf Pot angetörnt?

GB In *High Priest* schreibt Leary, er habe Alpert von seiner Erfahrung mit den Pilzen erzählt und Alpert habe geantwortet: «Oh, das hört sich an wie Marihuana.» Das habe Tim entmutigt: «Ach so, mehr ist da nicht dran?» Kannst du dich daran erinnern?

RD Nein, daran kann ich mich nicht erinnern. Aber ich glaube, Tim hatte eine negative Einstellung zu Marihuana. Er wollte, dass wir von Marihuana Abstand nehmen. Ich hielt Marihuana damals für etwas Wunderbares, für ein mildes Psychedelikum. Doch Tim war der Überzeugung, dass Psychedelika zu einer speziellen Kategorie gehören, dass sie nicht mit Pot, das mit der Musiker-Szene in New York assoziiert wurde, zu vergleichen waren.

GB Wollte Tim damit einen Unterschied machen zwischen der Illegalität von Marihuana sowie der Legalität von Psychedelika und der Unterschiedlichkeit der Erfahrung?

RD Ich glaube ja.

RM Ich glaube, das traf zu jenem Zeitpunkt auf Tim zu. Allerdings begann er später, den Wert der Verstärkung der sinnlichen Wahrnehmung durch Pot zu schätzen. In den frühen Tagen an der Harvard University war seine liebste Freizeitdroge der Alkohol. Ich kann mich noch daran erinnern, dass ich manchmal mit Tim von Harvard nach Hause gefahren bin und er schon im Auto begann, einen Martini zu trinken.

GB Wo warst du, Ralph, bevor du an dem Concord-Prison-Projekt teilgenommen hast?

RM Ich war ein Doktorand auf den Gleisen der Persönlichkeitspsychologie und der klinischen Psychologie. Ich folgte einfach dem vorprogrammierten Pfad eines Doktoranden im Fachbereich der Sozialbeziehungen. Walter Mischel war mein Mentor.

RD Du hattest in England noch keinerlei Erfahrungen mit Drogen gemacht?

RM Aber nein, kein bisschen. Ich hatte Psychologie und Philosophie an der Oxford University belegt. Die Psychologie war experimentell und die Philosophie war linguistische Analyse. Ludwig Wittgenstein war in diesen Kreisen sehr einflussreich. Als Professor mochte ich John Austin besonders, dessen Spezialität die philosophische Analyse der gewöhnlichen Sprache war. Das interessiert mich immer noch sehr. Einer der Professoren in der psychologischen Fakultät war J. Anthony Deutsch, der später in die Vereinigten Staaten kam. Um sein theoretisches Modell zu testen, hatte er eine Roboter-Ratte entworfen und gebaut, die zu lernen vermochte, ihren Weg aus einem Labyrinth zu finden. Also las ich all diese Studien über die Konditionierung und das Lernen von Tieren. Im Department of Social Relations von Harvard nahmen wir an Seminaren in Behavioristischer Psychologie, aber auch in Sozialpsychologie, Anthropologie, Soziologie und Psychoanalyse teil. Am Ende des ersten Jahres verlangte man von uns, einen längeren Aufsatz zu schreiben. Ich schrieb über «Lerntheorie und die Therapie von Neurosen», und der Aufsatz wurde tatsächlich im British Journal of Psychology und als selbstständige Monographie von der Cambridge University Press veröffentlicht. Das war meine erste Veröffentlichung und ich gebrauchte darin Theorien und Befunde aus Studien über das Lernen von Tieren von Leuten wie Dollard und Miller, um Neurose als erlerntes Verhalten zu verstehen. Das war ein Teil des Bereichs der Verhaltenstherapie, der damals gerade im Entstehen begriffen war. Henry Murray ermutigte mich bei dieser Arbeit. Seiner Meinung nach zeigten sich Kreativität und Innovation gerade dort, wo sich verschiedene Forschungsbereiche überschneiden.

Am Ende des ersten Jahres sollten wir auch eine experimentelle Studie anfertigen, und ich machte ein Labyrinth-Lernexperiment mit Ratten, das sich als traumatisch für mich erwies. Ich baute dieses Labyrinth mit den Ratten im Keller eines der Harvard-Gebäude auf. Ich machte das während der Weihnachtsferien, als alle die Universität verlassen hatten. Das Experiment bewies genau das, was es beweisen sollte, und ich schrieb einen Aufsatz für das Seminar darüber. Aber am Ende des Experiments hatte ich diese Ratten und wusste nicht, was ich jetzt mit ihnen anfangen sollte? Ich musste den Raum aufräumen und die Ratten loswerden. Ich weiß noch, dass ich verschiedene Professoren aufsuchte und sie fragte, was ich mit den Ratten machen sollte. Ich bekam lauter ziemlich gruselige Antworten: «Pack sie am Schwanz und schlage sie auf eine Tischkante oder erschlage sie mit einem Hammer.» Ich war entsetzt. Ich hatte keine Ahnung, dass man von mir erwarten würde, die Ratten umzubringen. Sie nannten es, die Tiere «opfern». Ich rief sogar professionelle Kammerjäger zu Hilfe. Als ich ihnen erzählte, die Ratten, die getötet werden sollten, befänden sich in Käfigen, weigerten sie sich, sich darum zu kümmern. So etwas machen wir nicht, sagten sie. Schließlich riet mir ein älterer Doktorand: «Du musst dir Chloroform besorgen und es mit den Ratten in große zylindrische Pappröhren tun – du musst sie vergasen.»

RD Au weia, hast du das getan?

RM Ich musste es tun. Also gab ich Chloroform in den Behälter mit 20 oder 30 Ratten. Sie zappelten darin eine Weile herum und waren dann still. Als ich aufstand, stieß ich mit dem Kopf gegen eine Stahlstrebe und schlug mich selbst K.O. Ich weiß nicht, wie lange ich bewusstlos war. Einige Jahre später, als ich ein schamanistischeres Verständnis der wechselseitigen Verbundenheit im Netz des Lebens gewonnen hatte, bat ich den Großen Rattengeist für dieses Vergehen um Vergebung. Zu jener Zeit wusste ich nur, dass ich nie wieder irgendein Experiment mit Tieren machen würde. Also war mir die Idee, mit einer Droge zu arbeiten, die den Menschen helfen konnte, Einsicht zu gewinnen und sich zu wandeln, sehr willkommen. Es war eine befreiende alternative Vision.

Das Harvard-Psilocybin-Projekt beginnt

RM Wie war eure erste Erfahrung mit Psilocybin? Ich halte es für wirklich aufschlussreich, sich die erste Erfahrung anzusehen. Sie ist eine Initiation, nicht wahr?

RD Ich berichte in *Be Here Now* darüber. Es war am 6. März 1961 in Tims Haus in Newton, Massachusetts. Ich erinnere mich noch, dass ich am nächsten Montag eine Vorlesung über Motivation halten musste.

RM Warst du mit Tim allein?

RD Nein, es war noch eine andere Person im Haus: Tims zwölfjähriger Sohn Jackie war im Obergeschoss und spielte dort mit dem Hund. Während der Sitzung kam der Hund herein, und wir hatten den Eindruck, dass er nicht richtig atmete. Wir beschlossen, dass wir aufgrund unserer veränderten Wahrnehmung nicht wissen konnten, ob mit dem Hund etwas nicht stimmte. Wir beobachteten Jackie, wie er mit dem Hund umging, und wussten, dass er erkannte, in welcher Lage wir uns befanden. Wie sich herausstellte, war mit dem Hund alles in Ordnung. Dann ging ich ins Wohnzimmer und hatte dort meinen Solo-Trip.

Ich hatte mich zurückgezogen, um über diese neuen Gefühle und Empfindungen nachzudenken. Mein ganzes Sein war von einer tiefen Ruhe durchdrungen. Der Teppich bewegte sich und die Bilder lächelten, und das alles war eine riesige Freude für mich. Dann sah ich etwa drei Meter vor mir eine Figur stehen, die noch einen Augenblick zuvor nicht da gewesen war. Ich starrte in das Halbdunkel, und die Person, die ich erkannte, war ich selbst, in der Amtstracht eines Professors. Es war, als hätte sich der Teil von mir, der ein Professor an der Harvard University war, von mir abgetrennt.

«Wie interessant ... eine externe Halluzination», dachte ich. «Nun gut, ich habe hart dafür gearbeitet, diesen Status zu erhalten, aber ich brauche ihn nicht wirklich.» Ich lehnte mich wieder in die Kissen zurück, jetzt getrennt von meinem Professorsein, aber in dem Augenblick veränderte sich die Figur ... jetzt war sie quasi der Aspekt von mir, der ein sozialer Kosmopolit war. «Okay, das geht also weiter», dachte ich. Die Figur veränderte sich immer und immer wieder, und mir wurde klar, dass dies all die unterschiedlichen Aspekte waren, die ich für mein Ich hielt ... Cellist, Pilot, Liebhaber ... Bei jeder neuen Präsentation versicherte ich mir immer und immer wieder, dass ich sie gar nicht brauchte.

Dann sah ich, wie die Figur zu dem wurde, was meine Richard Alpertheit war, meine grundlegende Identität, die immer Richard gewesen war. Ich assoziierte den Namen mit mir selbst, und meine Eltern nannten mich Richard: «Richard, du bist ein böser Junge.» Richard hat also etwas Böses. Und dann: «Richard, was für ein lieber Junge du bist!» Richard hat also etwas Liebes. Auf diese Weise entwickeln sich all diese Aspekte des Ichs.

Mir stand der Schweiß auf der Stirn. Ich war mir keineswegs sicher, ob ich auch ohne diesen Richard Alpert auskommen könnte. Sollte das heißen, dass ich einen Gedächtnisverlust erleiden würde? War es das, was diese Droge mit mir machen würde? Und würde das anhalten? Sollte ich vielleicht Tim zu Hilfe rufen? Ach, zum Teufel – dann gebe ich es eben auch auf, Richard Alpert zu sein. Ich kann mir ja immer noch eine neue soziale Identität zulegen. Wenigstens habe ich noch meinen Körper ... Aber das war vorschnell gesagt.

Um mich dessen zu vergewissern, sah ich zu meinen Beinen hinunter. Unterhalb meiner Kniescheiben sah ich nichts mehr, und dann sah ich zu meinem Entsetzen, wie langsam und unaufhaltsam meine Gliedmaßen und dann mein Torso verschwanden, bis alles, was ich mit offenen Augen sehen konnte, die Couch war auf der ich saß. ... Ich hatte das Gefühl, dass ich dabei war zu sterben, denn es gab nichts in meinem Universum, das mich an ein Leben nach dem Verlassen des Körpers glauben ließ ...

Die Panik verstärkte sich und Adrenalin schoss durch mein ganzes System – mein Mund wurde trocken, aber gleichzeitig erklang eine Stimme im Inneren, im Inneren wovon? – Ich habe keine Ahnung – Eine ganz intime Stimme fragte völlig ruhig und, wie mir angesichts meiner verzweifelten Lage erschien, ziemlich scherzhaft: «Aber wer kümmert sich um all das?»

Als ich mich endlich auf diese Frage konzentrieren konnte, wurde mir klar: Obwohl alles, wodurch ich mich selbst kannte, sogar mein Körper und dieses Leben selbst verschwunden war, war ich immer noch vollkommen bewusst! Und nicht nur das, dieses bewusste «Ich» betrachtete das ganze Drama, einschließlich der Panik, mit gelassenem Mitgefühl.

Sobald ich dies erkannte, fühlte ich augenblicklich eine neue Art von Gelassenheit – von einer Tiefe, die ich nie zuvor erfahren hatte. Nun, ich hatte gerade dieses «Ich», dieses Abtastgerät – diesen Punkt – diese Essenz – diesen Ort jenseits von allem gefunden. Einen Ort, wo «ich» unabhängig von einer sozialen und physischen Identität existierte. Das, was ich jenseits von Leben und Tod war ...

Die Angst hatte sich in ein Hochgefühl verwandelt. Ich rannte hinaus in den Schnee und lachte, als große Schneeflocken um mich herum wirbelten. In einem Moment hatte ich das Haus aus dem Blick verloren, aber das war in Ordnung, weil ich innerlich wusste.

So gegen 5:00 Uhr morgens ging ich zurück, bahnte mir den Weg durch den Schnee zum Haus meiner Eltern und dachte mir: «Wäre es nicht nett, wenn ich die Einfahrt freischaufeln würde – junger Stammesbursche schaufelt die Einfahrt frei.» Also begann ich, langsam den Weg zum Haus freizuschaufeln, und die Gesichter meiner Eltern erschienen in dem Fenster im Obergeschoss.

«Komm ins Bett, du Idiot. Niemand schaufelt um 5:00 Uhr morgens Schnee.»

Ich schaute auf zu ihnen und ich hörte die äußere Stimme, auf die ich dreißig Jahre lang gehört hatte, und in mir sagte etwas: «Es ist völlig in Ordnung, Schnee zu schaufeln, und es ist völlig in Ordnung, glücklich zu sein.» (Aus *Be Here Now*)

RD Durch diesen ersten Trip wurde ich befreit. Ich sah meine Eltern, und ich sah diesen verärgerten Blick und seine Wirkung auf mich. Und ich hielt inne und machte ein Tänzchen mit der Schaufel. Dies war das erste Mal, dass ich innerlich etwas fühlte, das stärker war als meine soziale Konditionierung. Ich hatte immer auf diese Macht gehört. Mein Vater hatte mich gelehrt, immer auf die Macht, die Autorität zu hören. Dies war das erste Tänzchen, dass ich machte, weil ich etwas in mir hörte, das die Vorherrschaft über diese Macht hatte. Sie und meine Lehrer und meine Professoren und meine Chefs hatten mich den Tanz gelehrt. Ich dachte mir: Ich bin ein Professor an der Harvard University, ich muss den Tanz kennen. An dem Montag nach der Sitzung gab ich meine Vorlesung über menschliche Motivation, und ich bemerkte den Unterschied zwischen meinem Bewusstsein am Freitagabend und dem, was ich am Montag lehrte. Als Ergebnis der Psilocybin-Erfahrung hatte ich das Gefühl, dass das Zeug, das ich über Motivation lehrte, schierer Unsinn war. Ich lehrte Unsinn, und die Studenten schrieben alles eifrig auf. Ich fühlte mich an diesem Montagmorgen wahnsinnig schuldig, weil ich völlig falsche Dinge lehrte. Mir wurde klar, dass die Psychologen die Welt für eine psychologische Welt halten, und nach dieser Erfahrung war ich sicher, dass die Welt sehr viel mehr ist als das.

RM Was meine erste psychedelische Erfahrung angeht, glaube ich, dass wir beide etwa zur gleichen Zeit (März 1961) auf Psilocybin angetörnt wurden. Ich begann mich dafür zu interessieren, als ich andere Doktoranden und meine Freunde George Litwin und Gunther Weil über die Erfahrungen sprechen hörte, die sie nach der Einnahme von Psilocybin mit Tim gemacht hatten. Ich absolvierte damals statistische Berechnungen auf einer Rechenmaschine, addierte Zahlen auf einer Maschine und arbeitete an dem einen oder anderen Forschungsprojekt. Der Ton ihrer Stimme hörte sich völlig anders und irgendwie lebendiger und vitaler an als gewöhnlich. Tim war immer so enthusiastisch – er sprach darüber, «Strafgefangene in Buddhas zu verwandeln». Eine Veränderung der Rückfallrate war das perfekte behavioristische Kriterium für inneren Wandel. Ich dachte mir: Das hört sich interessant an, und die Leute, die die Forschung in Harvard verwalten, werden einverstanden sein, weil sie es mögen, wenn Dinge messbar sind. Ich glaubte daran, dass dies sehr wichtig sei. Da ich außerdem Tims Philosophie der direkten Teilnahme kannte, war mir klar, dass ich als Teilnehmer an dem Projekt ebenfalls die Substanz einnehmen würde. Also ging ich zu ihm und fragte ihn, ob ich Assistent bei dem Gefängnisprojekt sein könnte. Er hat in seiner Autobiografie geschrieben, dass er zuerst seine Zweifel hatte. Er glaubte, ich sei zu «intellektuell, elegant und britisch», um mich auf Schwerverbrecher einlassen zu können. Aber alles lief gut. Gunther Weil und ich

Susan Homer & Gunther Weil 1962

verbrachten einen Sommer damit, die Archive des Massachusetts Department of Corrections durchzukämmen, um die Rückfallrate zu bestimmen, mit der wir dann später die hoffentlich geringere Rückfallrate bei den Teilnehmern an unserem Projekt vergleichen wollten.

Tim Leary und Karen Weil 1962

Zu meiner ersten Erfahrung kam es als Vorbereitung auf das Concord-Prison-Projekt. Teilnehmer waren Gunther Weil, seine Frau Karen, der Gefängnispsychiater und seine Frau und Lynn K., eine weitere befreundete Doktorandin. Es passierte am 13. März 1961 im Haus von Tim in Newton. Hier ist ein Auszug aus meinem Bericht über die Sitzung, die, wie ich Tim sagte, «die erstaunlichste Erfahrung meines Lebens» war.

Meine erste Reaktion war Mattigkeit. ... Ich legte mich auf den Boden und streckte mich aus, mit dem Gefühl, sehr entspannt und trotzdem sehr wach zu sein. Mein Körper schien sich für einige Zeit in einem seltsamen Schwebezustand zu befinden ... Ganz plötzlich fand ich mich in einer völlig neuen und magischen Welt wieder. Die kleinen grünen Stränge des Flauschteppichs wanden und wellten sich wie eine Masse von Würmern, aber auf eine äußerst entzückende Weise. Das Licht, das von der Oberfläche des gläsernen Couchtischs reflektiert wurde, glitzerte mit einer Art von feuchter Lumineszenz. Die Möbel, die Wände und der Boden pulsierten und wogten in langsamen Wellen, so als würde der gesamte Raum atmen. Ich hatte das Gefühl, mich in einer lebendigen Struktur zu befinden, in so etwas wie einer riesigen Zelle. Die Geschwindigkeit der Wellenbewegung schien mit meiner Atmung koordiniert zu sein.

Als ich die Augen schloss, begannen fantastisch schöne und komplexe Muster von geometrischer Tiefe sich hinter meinen Augenlidern miteinander zu verweben; sie schwammen, kollidierten und strömten mit großer Geschwindigkeit vorbei. Gelegentlich erschienen Bilder von Edelsteinen oder verschiedenen Körperteilen, aber nichts stand lange genug still, um sich zu etwas wirklich Definitivem zu verfestigen. Ich hatte das Gefühl, dass meine Augen ein weißglühendes Strahlen aussandten. Mein Mund und die Sinnesorgane in meinem Gesicht und dem Rest meines Körpers leuchteten, blinkten und liefen von einem flüssigen Licht über, meine Nervenbahnen prasselten von weißen Blitzen. Das durch meinen Körper strömende Blut fühlte sich an wie ein sengender Lavastrom. Meine Haut umfing mich, umhüllte mich in einer Art von abwechselnd feuchter und trockener, heißer und kühler und geradezu unerträglich entzückender Umarmung ...

Es kam zu einem Moment der Panik, der die fantastisch verstärkende Kraft des Psychedelikums illustrierte. Als ich die Gesichter der anderen ansah, waren sie hell und stark und klar. Ich dachte: «So müssen Erzengel aussehen.» Sie waren irgendwie nackt, entblößt von einem Nebel der Verheimlichungen, Ängste und Heucheleien. Jedermann zeigte wahrhaftig sein eigenes Selbst, ohne sich dessen zu schämen. Ich betrachtete sie ohne Scheu und mit ehrlicher Bewunderung. In einem bestimmten Moment waren alle Gesichter von einem milden grünlichen Licht durchdrungen. Ich sah zu Karin hinüber und sagte ihr, sie sei schön. Sie erwiderte einfach meinen Blick, ohne etwas zu sagen. Dann stand sie auf und begann den Raum zu verlassen. Ich flehte sie an, nicht hinauszugehen; wenn sie das täte, würden fürchterliche Dinge geschehen. Lynn, die neben mir saß, sagte, es wäre alles in Ordnung, aber ich wurde immer erregter und ängstlicher und bat sie inständig, nicht hinauszugehen. Karin sagte, sie würde zurückkommen, aber ich entgegnete: «Nein, nein, geh nicht hinaus.» Sie fragte: «Was wird passieren, wenn ich hinausgehe?» Ich erwiderte mit verzweifelter Stimme: «Etwas Schreckliches wird geschehen ... die Musik wird aufhören.» In dem Moment stand sie auf und ging durch die Tür, und irgendwie wurde diese Aktion gleichbedeutend mit allen Gefühlen des Verlassenwerdens und des Verlustes, die ich jemals erfahren hatte – das war ein Moment schrecklicher Angst. Und dann war sie weg und ich fühlte mich prima, überrascht und erleichtert. Ich sagte zu Lynn: «Sie ist gegangen und es war in Ordnung.» Und Lynn sagte: «Ja, alles war in Ordnung.»

Dann umarmte ich Lynn und hatte plötzlich das Gefühl, immer kleiner zu werden ... Ich war dabei, sehr schnell zu dem Bewusstsein meiner Kindheit zurückzukehren. Ich fühlte tatsächlich für kurze Momente, was ich als Säugling gefühlt hatte, bis hin zu dem Gefühl der Babyflasche in meinem Mund. Und dann wurde ich ebenso schnell in mein erwachsenes Bewusstsein zurücktransportiert.

An einem bestimmten Punkt bemerkte ich, dass die Intensität der Erfahrung abzunehmen begann; es war wie ein sanftes Abwärtsgleiten. Mein Körper fühlte sich sehr warm und entspannt an. Mir wurde klar, dass meine normale Wahrnehmung der Welt von vielen Verboten, die ich irgendwie akzeptiert hatte, eingeschränkt und begrenzt wurde. Ich ging zum Beispiel hinaus auf die Veranda und da stand ein Kasten. Ich sah hinein und sah einen Abfalleimer darin und wandte mich ab. Dann wurde mir klar, dass ich mich nicht abwenden musste, dass es in Ordnung war, den Abfall anzusehen, dass ich eine Wahl hatte und nicht von irgendwelchen Regeln über das, was man erfahren und wahrnehmen sollte oder nicht sollte, gebunden war.

Das war für mich die wahrscheinlich bedeutsamste Offenbarung dieser Erfahrung: dass es letztlich an mir lag, was ich wahrnehmen und worüber ich nachdenken konnte, dass ich nicht von äußeren Kräften gefesselt war, sondern vielmehr Entscheidungen treffen und das Ausmaß und die Qualität meiner Bewusstheit selbst bestimmen konnte. Um meine neu gewonnene Freiheit auszuprobieren, machte ich einige Schneebälle und warf sie gegen das abgeschirmte Fenster des Raumes, in dem die Gruppe saß. Ich fühlte mich überaus beschwingt. Tim muss meine herzliche Stimmung und meine Gedanken gespürt haben, denn er griff mit einem breiten Lächeln auf dem Gesicht nach einigen kleinen, orangefarbenen Kissen und warf sie sanft von innen in meine Richtung gegen das Fenster. Dieser kurze Austausch hatte etwas ausgesprochen Frisches und eine spontane Klarheit, die mich überaus glücklich machte.
(Aus Timothy Learys *Outside Looking In*, herausgegeben von Robert Forte)

RM Ram Dass, ich wollte dich nach deinen Eindrücken von Allen Ginsberg fragen. Ich kannte ihn nur flüchtig.

RD In diesem Stadium kannte ich ihn auch nur flüchtig. Er mochte Lenny Bruce. Und er war besessen von der Justiz und der Politik.

RM Der Politik der Linken und der Rechten.

RD Ja. In seinem kleinen Apartment hatte er Akten über alles. Akten über die CIA, Akten über Verhaftungen wegen Drogen, wegen sexueller Verfolgung. Er gehörte zu einer Organisation von Schriftstellern, die Position zu politischen Themen bezogen.

GB Hat er diese Akten nicht sogar nach Harvard mitgebracht, als er Leary besucht?

RD Ja, später. Allen und ich wurden Freunde, und wir arbeiteten bei verschiedenen Projekten zusammen. Ich hatte Gelegenheit, mein Cello als Bordun für die Rezitation seiner Gedichte bei einem Konzert in Albuquerque zu spielen. So wurde eine meiner Kindheitsphantasien wahr, Musik für Tausende von Menschen zu spielen.

RM Die einzige Geschichte, die Tim meiner Erinnerung nach über Allens Psilocybin-Sitzung erzählt hat (worüber er in *High Priest* geschrieben hat), war, dass Allen meinte, Chruschtschow und Kennedy (die Weltenlenker zu jener Zeit) müssten diese Substanzen unbedingt einnehmen, und er wollte sie sofort anrufen. Psilocybin half auch bei Allens Kurzsichtigkeit; er legte seine Brille und seine Kleidung ab und wanderte nackt durch das Haus.

GB Wie war das damals in jenen frühen Tagen, als all die berühmten Künstler und Philosophen vorbeikamen? Leute wie Aldous Huxley, Arthur Koestler, William Burroughs? Wie war das für euch beide?

RM An der Harvard University gehörte ich nicht zu diesem inneren Kreis. Ich war nicht bei den Sitzungen mit Allen Ginsberg oder Arthur Koestler oder Aldous Huxley dabei. Ich war ein niederer Hochschulabsolvent. Ich bedaure es sehr, dass ich Huxley nie begegnet bin; in späteren Jahren habe ich allerdings Laura Huxley sehr gut kennen gelernt.

RD Ich erinnere mich noch an eine Party in Tims Haus. Zu den Gästen gehörten Aldous Huxley und sein Freund, der Philosoph Gerald Hearth. Sie saßen da in zwei Sesseln und ich saß zu ihren Füßen. Ich konnte es kaum glauben: Ich sitze vor den beiden. Die meisten der Eingeladenen waren Tims Freunde und nicht meine Freunde. Tim war ein Beatnick, ein Harvard-Beatnick, und ein kreativer Schriftsteller. Etwas später nahm ich einmal in London mit Tim und Bill Burroughs zusammen

Psilocybin. Wir gingen durch die Straßen, total high, und versuchten uns zu entscheiden, wie wir von einer bestimmten Straßenkreuzung aus weitergehen sollten. Da standen die Harvard-Professoren und der berühmte Schriftsteller und führten eine tiefe philosophische Diskussion über eine scheinbar triviale Entscheidung.

Allen Ginsberg, Peggy Hitchcock, Tim Leary & Lawrence Ferlinghetti 1963

RM Tim hat in *High Priest* über diese Sitzung mit Burroughs geschrieben. Er war in seinem Umgang mit Wörtern fantastisch begabt. Seine psychedelischen Erfahrungen, wie zum Beispiel seine erste Erfahrung mit Pilzen, sind unvergleichlich. Die einzige Person, die dem eine Generation später nahe kam, war Terence McKenna, ein anderer Ire. Paul Lee fragte Tim einmal: «Wie hast du nur deinen Zellen beigebracht, so zu schreiben?» Ich traf einmal einen früheren Kollegen von Tim aus seinen Tagen in Berkeley, und er erzählte mir, dass Tim offenbar von bestimmten Schriftstellern begeistert war: immer James Joyce und davor D. H. Lawrence. Er hatte auch eine große Gabe für Satire, wie die großen irischen Satiriker Jonathan Swift und G. B. Shaw. Nachdem das Psilocybin-Projekt in Gang gekommen war, habe ich Tim manchmal zu Vorträgen vor unterschiedlichem Publikum begleitet, etwa vor Theologiestudenten und anderen. Er begann über Erfahrungen eines ekstatischen erweiterten Bewusstseins zu sprechen, und manchmal änderte sich plötzlich etwas in seiner Stimme oder Intonation, etwas, das die gesamte Energie im Raum zu einer höheren Ebene der Intensität aufzuladen schien. Es war eine Kombination von Spiritualität und Poesie. Später war ich dabei, wenn das sogar bei einem Vortrag vor Hunderten oder sogar Tausenden von Zuhörern passierte. Er war ein ungemein sprachgewandter Erzähler, und in solchen Momenten hing das Publikum geradezu an seinen Lippen.

Spätere Erfahrungen mit Psilocybin und LSD

RM In den ersten beiden Jahren an der Harvard University, als wir das Gefängnisprojekt und Studien in einem unterstützenden Umfeld durchführten, etwa die Karfreitags-Studie und andere, arbeiteten wir ausschließlich mit Psilocybin. Die Doktoranden, die bei dem Projekt mitarbeiteten, Litwin, Weil und ich und manchmal auch Michael Kahn, machten auch private Sitzungen mit Freunden. Wir ließen dann von allen Teilnehmern einen Erfahrungsbericht schreiben, und es ging dabei immer um irgendeine Art objektiver Studie. Wir machten zum Beispiel Studien über die Veränderung der Zeitwahrnehmung. Heute würde ich eine Sitzung nicht mehr auf diese Weise durchführen. Wir saßen einfach zusammen, nahmen Psilocybin und redeten über alles, was uns gerade in den Sinn kam. Manchmal war das sehr komisch und wir haben viel gelacht. Wir haben die Substanz nicht benutzt, um nach innen zu gehen und meditative Erkundungen durchzuführen; wir wussten einfach nicht, wie das geht. Manchmal ergaben sich dabei Einsichten in die Dynamik von Beziehungen. Ich weiß noch, dass wir Psilocybin erst die «Liebesdroge» genannt haben – etwa so wie das MDA in den späten 60er und frühen 70er-Jahren in San Francisco genannt wurde und noch später das MDMA in den 80ern. Das Psilocybin vermochte die Kommunikation zwischen Menschen zu einer außerordentlichen Tiefe zu öffnen. Ich kann mich erinnern, wie eine Gruppe von uns am Ozean bei Cape Cod eine Psilocybin-Sitzung gemacht hat. Wir haben auf dem Strand kampiert und während der Nacht, um ein Feuer sitzend, Psilocybin genommen. Das Bonding zwischen uns wurde so stark, dass wir die Sitzung einfach nicht beenden wollten. Wir gingen zum Frühstück und sagten, wir sollten alle einander heiraten. Sehen wir mal, wie das geht; lasst uns mit euch beiden und uns beiden anfangen. So stark war die Verbundenheit.

RD Das war eine sehr soziale Droge, extrem sozial.

RM Ich würde sagen, das war die Intention oder das Set, mit dem wir zu der Sitzung kamen und die Art von Setting, die wir erzeugt haben, die Weise, auf die wir die Drogen benutzten.

RD Ja, so haben wir sie benutzt.

RM Heute würden Menschen, die Pilze zur Bewusstseinserweiterung einnehmen, das wahrscheinlich nicht mehr auf diese Weise tun. Soweit wir wissen, haben auch die traditionellen Schamanen der Mazateken und die alten Azteken sie nicht auf diese Weise benutzt. Sie benutzten sie zur Divination und Heilung. Wenn du wirklich etwas von den Pilzen lernen willst, musst du aufhören zu reden und beginnen auf das zu hören, was aus dem Inneren aufsteigt.

RD Der Pilz verschiebt die Perspektive deiner Wahrnehmung.

RM Es gab eine Psilocybin-Sitzung, die sehr bedeutsam für mich war und über die ich immer mit dir sprechen wollte. Es war im November 1961 in einer kalten Winternacht in deinem Haus in Newton. Dabei waren Tim, du und ich, George Litwin, Gunther Weil und Michael Kahn. Maynard und Flo Ferguson kamen etwas später am Abend dazu. Ich glaube, unsere Absicht war, einmal über das Jahr, in dem wir zusammengearbeitet hatten, Bilanz zu ziehen. Wir nahmen alle Psilocybin, außer Tim, der vielleicht eine niedrige Dosis LSD mit einigen Leuten in New York genommen hatte und dann zu uns heraufgekommen war. Erinnert dich das an irgendetwas?

RD Ich habe eine ganz, ganz vage Erinnerung.

RM Auf unserer Fahrt zu der Sitzung hatte Michael Kahn die Frage über die Lehre der katholischen Kirche hinsichtlich der Sünde gegen den Heiligen Geist aufgeworfen. Das war die schlimmste aller Sünden, die eine Sünde, für die es keine Vergebung gab, weil sie die Möglichkeit der Vergebung und die Wirklichkeit des Heiligen Geistes leugnete. Michael sagte, das sei im Mittelalter so etwas wie ein projektiver Test für deine schlimmste vorstellbare Sünde gewesen, die Sünde, für die es keine Vergebung gab. Als das Psilocybin zu wirken begann, kam es zu einer intensiven Diskussion über Sünde und Gut und Böse und so weiter zwischen uns Vieren, Michael, George, Gunther und mir. An einem bestimmten Punkt fragte George Litwin: «Nun, und wie steht es mit grenzwertigen Fällen? Wie hat die Kirche bei grenzwertigen Fällen entschieden? Was geschähe mit mir, wenn ich ein Typ wäre, der diese Pillen nimmt und Gott begegnet; und ich spreche mit Gott und wir haben dieses tolle Gespräch. Und nachdem ich zurückgekommen bin, sagen die Leute, ich sei schlecht oder böse – was dann? Was würde die Kirche zu so etwas sagen?» Er stellte diese Frage an Tim, und Tim war völlig sprachlos; er wusste nicht, was er sagen sollte. Im Rückblick kann ich mir vorstellen, dass er wahrscheinlich dachte: «Warum stellt er mir diese Frage?»

Ich hatte mich in diese theologische Frage verrannt und trug zu der Spannung bei, indem ich sagte: «Ja, Tim, was würde die Kirche in einer Situation wie dieser sagen?» Und natürlich konnte oder wollte Tim immer noch nichts sagen. Ich erinnere mich, wie mir klar wurde, dass wir uns mit dem Problem konfrontiert sahen, ob das, was wir taten, gut oder böse war, oder sogar noch schlimmer, ob es ein Tabu war und ob wir deshalb verurteilt werden würden.

Dann begann Gunther Tim dafür anzugreifen, dass er sich auf eine New Yorker Drogenszene eingelassen hatte, von der Gunther wusste, dass sie finster und dekadent war. Er sagte: «Weißt du, Tim, dass es eine Zeit gab, in der du mein Idol warst; ich dachte, du wärest großartig. Aber jetzt weiß ich nicht mehr, was ich davon halten soll. Ich sehe, dass du dich auf diese schlechten Drogenszenen einlässt, und ich glaube, ich werde mich verabschieden.» Weiteres Schweigen von Tim und allen anderen. Dann sagte Gunther: «Weißt du, Tim, nur ein Jude und ein Katholik können ein Gespräch wie dieses führen.»

George Litwin meldete sich in eindringlichem Tonfall zu Wort: «Moment mal, Leute, ich bin weder Jude noch Katholik, also kann ich hier mit einer gewissen Unparteilichkeit sprechen. Es gibt diese alte Tradition, bestimmte Leute anzuklagen und sie dann umzubringen oder zu vernichten. Wir müssen das nicht mehr tun. Ihr wisst, das es eine andere Tradition gibt – die der Unabhängigkeitserklärung, die sagt, dass alle Wesen als gleich geschaffen sind und einander als ebenbürtig behandeln sollten.» Das war großartig. Bei allen gab es einen Seufzer der Erleichterung, Maynard und Flo jubelten, und es war, als hätte sich ein Nebel gelichtet. Ein Nebel religiöser Engstirnigkeit hatte sich durch die Behauptung von George im Raum ausgebreitet und war nun völlig aufgelöst.

RD Wahnsinn!

RM Tim sagte später, dass er während jener Szene einfach nicht wusste, was da ablief, und er hätte sich wie ein Hirngespinst von George Litwins Imagination gefühlt und dass er, Tim, nicht wirklich existierte. Ich glaube, dass uns diese Erfahrung alle sehr viel mehr für die Macht von Projektionen und Idealisierung sensibilisiert hat sowie dafür, dass sie in einer psychedelischen Sitzung ungemein aufgebläht werden können, sodass wir vorsichtiger damit umgehen mussten. Was Tim anging, verstärkte dies seine Ablehnung jeglicher Art von Rolle eines spirituellen Führers. Er war entschlossen, nicht das «Guru-Spiel» zu spielen. Er wurde immer ziemlich sauer, wenn er das Gefühl hatte, dass jemand diese Rolle auf ihn projizierte. Sein Modell war das eines Baseball-Teams, in dem er zeitweilig der Kapitän oder der Trainer wurde, aber das waren nur vorübergehende Rollen in dem Spiel.

RD Ich glaube, diese ganze Sitzung war ein Trip von Michael Kahn.

RM Ja, er hat die ganze Chose mit dem Gespräch über die Sünde gegen den Heiligen Geist während unserer Autofahrt in Gang gesetzt. Er hat in mehreren der Kleingruppen-Sitzungen mit Psilocybin, die wir gemacht haben, ähnliche Dinge veranstaltet. Ihr wisst ja, er war ein Schauspieler, bevor er Psychologe wurde, und er hatte diese laute, dröhnende Stimme und eine eindrucksvolle Erscheinung. So verkündete er zum Beispiel zu Beginn einer Sitzung, wir seien alle Charaktere in irgendeinem Schauspiel, sagen wir einmal T. S. Eliots *Die Cocktail Party*, und er teilte uns verschiedene Rollen zu, die er dann beschreiben musste, da keiner von uns das Stück kannte. Ich weiß noch, dass ich mich einmal wochenlang nach einer Sitzung in einer dieser Rollen feststecken fühlte. Er war sehr überzeugend.

RD Er liebte es, über Gut und Böse zu diskutieren. Er genoss solche Gespräche wirklich.

RM Ja, er hätte wahrscheinlich den Mephistopheles im *Faust* gespielt. Er war perfekt für diese Rolle. Und du (RD) hattest damals offenbar das Gefühl, dass du nicht besonders gern an diesem Spiel teilnehmen wolltest.

GB In seinen Schriften macht Tim einen großen Unterschied zwischen LSD und Psilocybin. Sein erster LSD-Trip ging offenbar sehr tief. Ich frage mich, ob ihr beide euch an euren ersten LSD-Trip erinnert, und was ihr über den Unterschied sagen könnt.

RD Als Tim zum ersten mal LSD eingenommen hatte, sprach er wochenlang nicht mehr. Ich lief herum und sagte: «Wir haben Timothy verloren, wir haben Timothy verloren.» Ich warnte jedermann davor, diese Droge einzunehmen, weil Tim nicht mehr redete und er irgendwie stumpfsinnig erschien. Da war dieser Engländer namens Michael Hollingshead, der mit einer großen Menge von LSD in flüssiger Form aus New York zu uns heraufgekommen war. Ich glaube, Tim machte seinen ersten LSD-Trip mit Michael Hollingshead und Maynard und Flo Ferguson. Ich schaute nur zu. Als ich LSD einnahm, hatte ich das Gefühl, dass die Sache weit über das Astrale, über die Form, auf die Ebene reiner Energie hinausging. Es zeigte mir, dass ich in meinen früheren psychedelischen Erfahrungen nur auf der astralen Ebene herumgehangen hatte. LSD war kein Schnickschnack. Wer nicht irgendwo gut geerdet war, der würde auf dieser Droge ausflippen.

RM Es ist auch sehr wichtig zu bedenken, dass die Wirkung von LSD sehr viel länger anhält, sechs bis acht Stunden, während die von Psilocybin gewöhnlich nur drei bis vier Stunden andauert. Und manchmal, das war unvorhersehbar, konnte LDS vierundzwanzig Stunden oder länger anhalten. Ich glaube, dass es zu vielen der schlechten Trips in den 60ern kam, weil die Leute nicht um die Möglichkeit einer so langen Wirkung wussten.

GB War es Hollingshead, der das LSD in die Harvard-Szene einführte?

RM John Beresford, ein Arzt aus New York, und Michael Hollingshead hatten eine ziemlich große Menge LSD von Sandoz erhalten, angeblich zur Forschung mit Amöben und Bakterien. Sie gingen dann jedoch dazu über, es selbst in sehr hohen Dosen einzunehmen. Michael kam ins Newton Center herauf und stellte Leary sich selbst und dann LSD vor. Tim hat gesagt, seine erste LSD-Erfahrung sei die «erschütterndste Erfahrung seines Lebens» gewesen. Weil Hollingshead der Initiator dieser Erfahrung gewesen war, betrachtete Tim ihn als eine Art «weisen außerirdischen Trixter», einen «Agenten einer höheren Intelligenz, der eine Million von Wirklichkeiten in einer Minute hervorbringen konnte».

Er lief Michael ständig hinterher und suchte nach Hinweisen auf seine Meisterschaft über Raum-Zeit-Szenarien. Dieses Verhalten von Tim machte dem Rest von uns Angst.

RD Ja, er bezeichnete seine Kinder und andere als Puppen.

RM Ich erinnere mich, dass ich in den Tagen, nachdem Tim LSD genommen hatte, mit Tim in seinem Auto fuhr und er mir von dieser Puppenwelt berichtete, dieser Vision, die er unter LSD gehabt hatte und in der er die mechanische Puppenspiel-Natur von allem gesehen hatte. Er kam nach Hause und sah seine Tochter Susan, wie sie das perfekte Teenager-Puppenspiel spielte. Im Rückblick verstehe ich das heute so, dass ein von Geistigkeit und wechselseitiger Verbundenheit abgelöstes menschliches Leben roboterhaft erscheint, wie ein Puppenspiel. Doch als ich Tim damals so reden hörte, machte mir das eine Heidenangst.

RD Was diese Puppenspiel-Vision angeht, sie erinnert mich an eine Geschichte von Neem Karoli Baba. Eines Tages befanden wir uns in den Bergen, und er sah plötzlich auf und sagte, eine indische Frau aus seiner Bekanntschaft sei gerade gestorben. Er sagte das mit einer fröhlichen Miene. Einer seiner Jünger fragte: «Wie können Sie fröhlich sein, wenn sie gerade gestorben ist?» Maharaj antwortete: «Möchtest du, dass ich mich verhalte wie eine dieser Puppen?» Das bedeutete, soll ich mich verhalten, wie es der ganze Rest von uns tut?

RM Ja, die Puppenspiel-Vision ist keine Abwertung oder Geringschätzung. Man sieht einfach die mechanische Konditionierung des menschlichen Verhaltens. Gurdjieff hat dasselbe gesagt: Solange sie nicht aufwachen, sind die Leute wie laufende Automaten. Sie schlafwandeln durch das Leben. Bewusstheit muss durch bewusste Praxis entwickelt oder verdient werden; man bekommt sie nicht einfach überreicht. Tim verstand dies als eine Ausweitung der Spieltheorie, das gesamte menschliche Verhalten als ein Spiel anzusehen.

Leary definiert ein Spiel folgendermaßen: *Ein Spiel ist eine zeitweilige soziale Übereinkunft über interaktives Verhalten mit klar definierten vereinbarten Zielen, Rollen, Regeln, Ritualen, Werten, Strategien und Raum-Zeit-Eigenschaften, die alle durch Übereinkunft verändert werden können.*
(Aus einem Prospekt für Workshops der Castalia Foundation.)

Nach einiger Zeit argumentierte Tim Leary folgendermaßen: Du spielst das Spiel, aber du versuchst, es bewusst zu spielen und dabei Spaß zu haben. Und vergiss nicht, dass du ein Spiel spielst. Nimm dir in meditativen oder psychedelischen Zuständen, die kein Spiel sind, eine Auszeit, um dich daran zu erinnern, dass du ein Spiel spielst und dich nicht darein verstrickst.

RD Aber manchmal können die Spiele, die man spielt, um in den Nicht-Spiel-Zustand zu gelangen, selbst ziemlich fesselnd werden.

RM Ich glaube, es ist das, was Chögyam Trungpa «spiritueller Materialismus» genannt hat, das heißt, in der Methodik der spirituellen Praxis hängen zu bleiben und das Gefühl zu haben, anderen überlegen zu sein, weil man meditiert.

GB Ralph, wie war das mit deiner ersten LSD-Erfahrung?

RM Zu meinem ersten Experiment mit LSD kam es erst, als wir uns im ersten Sommer (1962) in Zihuatanejo befanden und daran arbeiteten, das *Tibetische Totenbuch* zu einem Handbuch für psychedelische Erfahrungen umzuarbeiten. Wir wollten dieses Modell der Durchführung einer Sitzung testen. Aber ich würde sagen, dass einige unserer Sitzungen mit einer hohen Dosis von Psilocybin den gleichen Grad von Intensität hatten. Ich erinnere mich an eine besonders machtvolle Sitzung, in der ich psychotisch und suizidal wurde, aber auch ungemein viel über solch extreme Erfahrungen lernte.

Wir hatten beschlossen, eine sehr hohe Dosis Psilocybin zu nehmen. Ich nahm 60 Milligramm und George Litwin nahm 80 Milligramm. George Litwins Ehefrau Corky und Gunther Weil waren ebenfalls dabei. Wir wollten bis an die Grenze gehen, um zu sehen, was dann passiert. Wir hatten natürlich nicht die geringste Ahnung. Im Rückblick muss ich sagen, dass das ziemlich dämlich war. Aber so waren wir damals nun einmal. Die erste Wahrnehmungsveränderung, die mir auffiel, waren fließende Energie-Feldlinien, die ich schon aus früheren Sitzungen mit Psilocybin kannte. Filigrane fließende Linien, sehr schön und glitzernd. Doch dann begannen die Linien, wie ich es ebenfalls zuvor schon erfahren hatte, einzufrieren, wenn man wegen irgendetwas ängstlich oder verkrampft wurde. Sie wurden hässlich, und nicht mehr schön, hart und steif, und bewegten sich nicht mehr. Diese Energiebänder begannen sich zu verändern, weil ich mir wegen der hohen Dosis, die ich genommen hatte, Sorgen machte. Ich fürchtete mich vor dem, was mit mir geschehen könnte. So wurden die funkelnden Energielinien bösartig statt wohltuend umfangend. Sie wurden wie ein Käfig oder ein Netz in metallischem Grau oder rötlichem Grau. Sie froren um mich herum ein, sodass ich mich wie in einem tödlichen mechanischen Spinnennetz gefangen fühlte. Alle Bewegung hörte auf. Ich konnte mich anscheinend nicht mehr bewegen, oder denken, und ich fragte mich, ob ich tot oder lebendig sei?

RM Rückblickend kann ich sagen, dass ich diese Erfahrung erst viele Jahre später – in den 1970ern, als ich Stanislav Grofs Schriften über seine Arbeit mit LSD-Therapie las – im Sinne von Grofs Modell der vier Stadien des Geburtsprozesses verstanden habe. In dem Stadium, das er die Perinatale Grundmatrix Nummer Zwei (PGM II) nennt, haben die

Richard Alpert 1962

Wehen eingesetzt, aber der Muttermund hat sich noch nicht geöffnet, sodass es zu keiner Bewegung kommt. Grof sagt, dass die Erinnerung daran, dort festzustecken und mit enormer Kraft zusammengequetscht zu werden, in späteren psychedelischen Sitzungen in Erfahrungen des In-die-Enge-getrieben-Seins, des Feststeckens, des Gebundenseins, des Gefangenseins, des Eingesperrtseins, des Lebendig-begraben-Seins, der Ausweglosigkeit und so weiter übersetzt wird. Es können die (durchaus berechtigte) Angst vor dem Sterben oder Gefühle der Taubheit auftreten, die auf die Wirkung von Betäubungsmitteln auf den Fötus zurückgehen. Zu jener Zeit hatte ich von all dem natürlich noch keine Ahnung. Ich erinnere mich an das Gefühl – was ist wirklich? Psychiater nennen das «Derealisierung». Nicht zu wissen, wer oder was ich war – das wird «Depersonalisierung» genannt.

RD Das ist ja irre.

RM Die Erfahrung später in Begriffen von Grofs Modell zu verstehen, war etwas sehr Befreiendes. Nichts in der herkömmlichen Psychologie konnte dich darauf vorbereiten. Die Sprache des tibetischen Buddhismus ist für die meisten Westler zu fremd und zu seltsam, auch wenn die zu Grunde liegenden Lehren natürlich sehr hilfreich sind. Außerdem hatten wir zu jener Zeit noch nicht begonnen, dieses Modell zu verwenden.

GB Haben die anderen Teilnehmer dieser Sitzung dieselbe Energie gespürt?

RM Für mich sah es so aus, als seien auch alle anderen in demselben metallenen Spinnennetz gefangen. Aber was ihre subjektive Erfahrung angeht, konnte ich das nicht wissen. Ich war zu weggetreten.

RD Ich glaube, das war nicht der Fall, weil sie kamen und mir erzählten, Ralph sei ausgeflippt.

RM Nun ja, inmitten dieses höllischen Zustandes kam mir plötzlich die Idee, ich sollte Tim bitten, mir zu helfen, herauszufinden, was wirklich war und was nicht. Also sagte ich: «Ich muss gehen und Tim anrufen» (er war bei der Sitzung nicht dabei). Ich erinnere mich, dass Gunther Weil mit mir kam, um mir beim Telefonieren zu helfen. Er verstand meinen Drang, zu irgendetwas Wirklichem zu finden. Wir wählten Tims Nummer. Ich sagte zu ihm: «Tim, ich möchte dich etwas fragen», und er sagte, «Okay.» «Sage mir etwas, das real ist. Kannst du mir irgendetwas sagen, das wirklich ist?» Er verstand sofort, was los war, und sagte: «Ah okay. Wir sitzen hier in der Küche und Jack isst gerade einen Hamburger, Susan macht ihre Hausaufgaben und ich trinke gerade ein Bier.» Ich sagte: «Vielen Dank, das ist toll. Ich fühle mich schon besser. Es fühlt sich wirklich an. Könntest du vielleicht zu uns kommen?» Also sagte er: «Na klar, ich komme zu euch hinüber.» Ich hatte irgendwie das Gefühl, dass er mich aus diesem schrecklichen Kerker des Nichtwissens um die Wirklichkeit befreien konnte. Als er durch die Tür kam, ging er durch dieses statische faserige Netz hindurch, das alle gefangen hielt. Er kam herein und bewegte sich dort zuerst ganz frei, und ich dachte «Wunderbar!» Aber kurz darauf war auch er darin gefangen, eine weitere Fliege in dem klebrigen Spinnennetz. Meine Verzweiflung wurde noch tiefer. Wisst ihr, es gab kein Entkommen aus dieser höllischen Halluzination. Dann dachte ich: «Ich vermag nicht zu sagen, was meine sensorische Erfahrung ist. Wenn ich mir also etwas Schmerz zufüge, dann wird dies vielleicht dazu führen, dass ich mich wirklich fühle und wirklich bin.» Ich nahm eine Kerze und versuchte mein Bein damit zu verbrennen, um eine wirkliche Empfindung zu haben. Das war nicht gerade hilfreich. (Wenn ich heute wiederum darüber nachdenke, ist dies vielleicht die zu Grunde liegende Motivation von Leuten, die sich selbst Schnittwunden zufügen.) Die Sitzung fand in einem Haus statt, das in der Nähe von Bahngleisen stand. Ab und zu donnerte ein Zug vorbei und ließ das ganze Haus erbeben. Ich erinnere mich, dass ich dachte: «Ich wünschte, dieser Zug würde genau durch dieses Haus rasen und mich töten, dann wäre ich tot. Es wäre alles vorbei. Ich wäre dieser Hölle entronnen.» Ich sagte zu George Litwin: «Ich weiß nicht, warum ich weiterleben sollte; ich sollte mich einfach umbringen.» Er entgegnete: «Würdest du weiterleben, wenn ich dich darum bitte? Und ich sagte: «Ja.»

RD Lebe für den Rest von uns.

GB Du hast geschrieben, dass du in dieser Erfahrung dem Selbstmord so nahe gekommen bist, wie nie zuvor. Was, würdest du sagen, hat dir geholfen, das zu überwinden?

RM Der Wendepunkt war die Frage von George. Es war so, als ließe sie die Waage leicht in Richtung Leben ausschlagen. Als dann die Intensität abzunehmen begann, erinnerte ich mich auch daran, dass ich diese Droge eingenommen hatte. Viele (zwanzig) Jahre später befand ich mich in einer Situation, in der eine befreundete Frau in Deutschland auf einem DMT-Trip war; sie hörte eine einschläfernde Stimme in ihrem Kopf, die ihr sagte, sie brauche nicht zu atmen. Es machte mir Angst, dass sie aufhörte zu atmen. Als ich sie bat zu atmen, sagte sie, sie sähe keinen Grund dafür. Ich erinnerte mich an mein Gespräch mit George und sagte: «Wenn du es nicht für dich selbst tust, würdest du für mich atmen?» Sie sagte: «Na klar», und kam vom Rand des Abgrunds zurück. Ich war froh, dass ich mich an die magischen Worte erinnert hatte, die meinen Selbstmord-Bann durchbrochen hatten.

GB Wie hat diese Erfahrung deine darauf folgende Forschung, bei der du Versuchspersonen Psychedelika gegeben hast, beeinflusst?

RM Sie brachte mich und uns alle zu der Ansicht, dass wir uns der Notwendigkeit einer Art von Rahmen für das Verständnis dessen, was mit Menschen in diesen Erfahrungen geschieht, sehr viel bewusster sein mussten, damit wir ihnen helfen konnten, durch schwierige, quasi-psychotische Stadien zu navigieren.

RD So etwas wie Stan Grofs Modell?

RM Ja, aber wir erfuhren von diesem Modell erst etliche Jahre später. Damals hatte ich einfach das Bedürfnis, ein besseres Verständnis dieser Zustände zu gewinnen, dessen, was schief gehen kann, und wie man zu jemandem spricht, der verwirrt und verängstigt ist. Alles, was wir zu jener Zeit tun konnten, war, die Person auf ein Bett zu legen und ihr zu sagen, sie solle das Beste hoffen und sich entspannen. Bei ihr bleiben und sicherstellen, dass sie nichts Übereiltes tat. Das funktionierte die meiste Zeit. Ich hielt das für eine wunderbare Lektion, es war einfach schön. Ich bedauere keineswegs, durch diese Erfahrung gegangen zu sein. Ich habe sehr viel daraus gelernt, und sie hat mich motiviert, noch mehr zu lernen. Aber es war definitiv eine Erfahrung, die einen demütig werden lässt.

GB Wart ihr damals schon mit dem *Tibetischen Totenbuch* vertraut?

RD Ich glaube nicht, denn wir hatten schwierige Erfahrungen wie diese, bevor wir uns mit dem Tibetischen Totenbuch beschäftigt haben.

RM Das stimmt, die Erfahrungen mit hohen Dosen von Psilocybin konnten diese Art von Schreckenserfahrungen des Ego-Todes hervorrufen, zu denen es auch mit LSD kommen kann und die im Tibetischen Totenbuch angesprochen werden. Mit diesem Modell hat man zusätzliche Hilfsmittel. Die Tibeter berichten von Visionen von «rasenden Gottheiten» und «friedvollen Gottheiten», denen man in den Bardo-Zuständen nach dem Tod begegnen kann. Höllische und himmlische Visionen. Der Rat der Tibeter ist: Erinnere dich daran, dass sie alle aus deinem eigenen Inneren hervortreten, aus deinem eigenen Geist, und getrennt davon keine Wirklichkeit besitzen. Könnte man den Reisenden an diese Lehren erinnern, dann wäre man, wie Aldous Huxley gesagt hat, in der Lage, durch die schwierigen Abschnitte durchzugehen und sich nicht von den angenehmen Abschnitten ablenken und verblenden zu lassen.

Das Ende des Harvard-Psilocybin-Projekts

GB Was führte eurer Ansicht nach zum Ableben des Harvard-Projekts?

RM Ich glaube, ein Faktor war der Neid anderer Dozenten. Einige andere Dozenten am Center for Personality Research wurden neidisch, weil das Psilocybin-Projekt so viele gute Doktoranden anzog. Die Professoren hatten alle Doktoranden, die sie aus den Forschungsmitteln, die sie erhielten, als Forschungsassistenten bezahlten. Je mehr Forschungsgelder und Assistenten du hattest, umso wichtiger warst du offensichtlich. Und sie verloren Studenten als Forschungsassistenten und waren darüber sauer.

RD Brendan Maher und andere waren sauer, weil Tim und ich so viele Doktoranden hatten. Und die Wissenschaftler in unserer Umgebung beschwerten sich, weil wir als Teil unserer Experimente selbst Drogen einnahmen. Doch tatsächlich waren die Daten, die wir sammelten, unsere eigenen inneren Vorgänge.

RM Ja, aus der Sicht des Spieles der behavioristischen Wissenschaft ist die Einnahme einer Droge, die eine innere Erfahrung hervorruft, eine Verletzung des Paradigmas.

RD Wir fanden, dass das Feedback aus unseren eigenen Erfahrungen uns die Daten lieferte, die wir brauchten, um diese Drogen beschreiben zu können. Wir erkannten, wie sehr die Persönlichkeit, also das Set, sowie das Setting die Erfahrung beeinflusst. Wir sind beim Entwerfen unserer Studien mit sehr viel Bedacht vorgegangen.

GB Ihr machtet also systematische naturalistische Studien, indem ihr Dinge und Menschen in ihrer eigenen natürlichen Umgebung beobachtet habt. Aber das widersprach dem behavioristischen Paradigma der Psychologie jener Zeit. Auch wenn eure Kritiker wahrscheinlich das Gegenteil behauptet haben, nicht wahr? Dass eure Studien nicht systematisch, dass sie schlampig und unwissenschaftlich und nicht objektiv waren. Haben sie nicht genau das über euch gesagt?

RD Ja.

GB Dass es einfach nur Partys waren, bei denen Drogen verteilt wurden.

RD Wir gaben sie Künstlern, Musikern, Philosophen und anderen kreativen Menschen, die uns erzählen konnten, was diese Drogenexperimente für sie bedeuteten.

RM Die Studien von Harvard waren naturalistisch – sie fanden nicht in einem Laboratorium oder einer Klinik statt, sondern in der Wohnung eines Teilnehmers, in dem, was wir ein «unterstützendes Umfeld» nannten. Aber sie waren systematisch, da wir systematisch mit Fragebögen und Erfahrungsberichten Daten sammelten. Wir analysierten und publizierten die Resultate in den psychologischen und psychiatrischen Zeitschriften. Neben dem Gefängnisprojekt hatten wir eine Gruppe von Freunden, Doktoranden und deren Freunden sowie meine Freundin, und wir gingen an den Strand von Cape Cod und an andere Orte. Wir machten nächtliche Sitzungen unter den Sternen am Ufer des Ozeans, das war einfach erstaunlich. Natürlich machten wir auch Sitzungen im Haus, wo ich psychologische Experimente aus meinem Fachbereich durchführte, Experimente zur Veränderung der Zeitwahrnehmung. Ich ließ die Leute schätzen, wie viel Zeit vergangen war, um zu sehen, wie die Zeit sich dehnte und erweiterte. Zudem sammelten wir immer schriftliche Erfahrungsberichte von den Teilnehmern ein. Mein Bruder Ken, ein Physiker, der damals am MIT arbeitete, nahm auch an einigen dieser Experimente teil.

GB Was für eine Einstellung hatte David McClelland zu eurem Projekt?

RM McClelland, der Direktor des Zentrums, war ein puritanischer Quäker, dessen Forschungsarbeit hauptsächlich auf das Bedürfnis des Verlangens nach Erfolg ausgerichtet war sowie darauf, wie man dieses Bedürfnis entwickelt. Ich hatte den Eindruck, dass er ganz allgemein gegen bewusstseinsverändernde Drogen war, dass er glaubte, sie könnten keinerlei Nutzen für die Wissenschaft oder die Gesellschaft haben. Mit einem solchen Vorurteil hat er sie natürlich selbst niemals ausprobiert. Wir Doktoranden, die wir in dem Psilocybin-Projekt arbeiteten, Gunther Weil, George Litwin und ich selbst, bekamen von McClelland zu hören, dass man uns nicht gestatten werde, unsere Doktorarbeit über die Forschung mit Psilocybin zu machen.

RD Hat Dave McClelland das tatsächlich gesagt?

RM Ja, wusstest du das nicht? Walter Pahnke hat im folgenden Jahr seine Forschung mit Psilocybin gemacht, die Karfreitags-Studie, aber er gehörte nicht zu unserer Fakultät und unterstand deshalb nicht der Autorität von McClelland. Ich glaube, er hat seinen Dr. phil. in Vergleichender Religionswissenschaft gemacht. Außerdem besaß er bereits den Dr. med. und den Magistergrad in Theologie. Ich beschloss, mir für meine Arbeit ein leichtes Thema auszusuchen und die Arbeit so schnell wie möglich zu beenden, um dann zu der psychedelischen Forschung zurückkehren zu können, die mich am meisten interessierte. Ich hatte mit Walter Mischel bei seiner Forschung über Belohnungsaufschub zusammengearbeitet und machte die Studie für meine Doktorarbeit deshalb zu den Faktoren, die die erlernte Fähigkeit betreffen, Belohnung aufzuschieben. Das ist zweifellos symbolisch für meine Charakterneurose. Ich schloss die Arbeit im Juni 1962 ab, vor dem Retreat in Zihuatanejo in jenem Sommer.

Ich erinnere mich noch, das George, Gunther und ich später im Herbst 1962 ein Gespräch mit McClelland hatten, in dem wir uns über wissenschaftliche Methodologie stritten. Wir versuchten ihn davon zu überzeugen, dass man wissenschaftlich an innere Zustände herangehen könne. Er war einfach erbost. An einem Punkt war er über meine Art zu denken dermaßen frustriert, dass er tatsächlich sagte, wenn du so denkst, hätten wir dir den Doktorgrad nicht verleihen sollen. Ich sagte, nun ja, jetzt ist es zu spät, ihr habt es bereits getan. Er wollte das einfach nicht glauben. Er schien es für eine persönliche Beleidigung zu halten, dass wir nicht demselben Paradigma anhingen wie er – dem seiner Meinung nach einzig richtigen, der einzigen Weise, die Dinge zu betrachten.

RD Daraus erseht ihr, wie stark Tim Learys Einfluss war. Er inspirierte uns alle dazu, das vorherrschende Paradigma aufzugeben.

RM Ja, und eine unabhängige Sichtweise anzunehmen. Frank Barron würde dasselbe sagen. Seine Studien über die Entsprechungen von Persönlichkeit und Kreativität haben gezeigt, dass unabhängiges Denken einer der Schlüsselfaktoren ist. Sieh nichts als selbstverständlich an. Verliere nicht deinen eigenen Kopf. Hinterfrage deine Annahmen. Ich denke, das ist eine gute Strategie. Ich befürworte sie sehr. Je mehr Bewusstheit, desto besser. Denke für dich selbst.

GB Bist du bei deiner Forschung an der Harvard University die ganze Zeit bei Psilocybin geblieben?

RM Ja, in den von Harvard geförderten Forschungsprojekten. Wir benutzten Psilocybin, das uns die amerikanische Zweigstelle von Sandoz in New Jersey zu Forschungszwecken kostenlos zusandte. Nachdem die Harvard-Projekte von der Universitätsverwaltung abgebrochen worden waren, lebten wir noch etwa ein Jahr lang im Newton Center in kommunalen Wohnungen. Leary und Alpert lehrten noch, und ich hatte eine Postdoktorandenstelle an der Harvard Medical School. Zu jener Zeit begannen wir mit LSD, DMT und verschiedenen anderen Werkzeugen zu arbeiten. Aber es gab kein Psilocybin mehr.

Ich erinnere mich, dass es eine letzte, äußerst symbolische Konfrontation mit den akademischen Autoritäten von Harvard gab. Wir sollten eine letzte Lieferung von einem Karton von 20 Fläschchen Psilocybin mit Zwei-Milligramm-Tabletten erhalten, 50 Tabletten pro Fläschchen. Wir lebten damals im Newton Center. Die Sendung war an das Center for Research in Personality adressiert und ich sollte sie an einem Samstag abholen. Ich weiß noch, wie ich dort im Büro gewartet habe. Aber Brendan Maher, einer unserer stärksten Kritiker und Feinde, hatte herausgefunden, dass wir diese letzte Lieferung erhalten sollten, und er hatte beschlossen, sie von einem seiner Assistenten konfiszieren zu lassen. Der andere Forschungsassistent und ich legten beide Hand an das Paket. Ich ergriff es und er ergriff es. Wir sahen einander an – er war verängstigt, ich war entschlossen. Er sagte: «Wir sollen es behalten.» Ich sagte: «Ihr habt kein Recht darauf, es ist an uns adressiert.» Also ließ er es los. Aber das war die letzte Lieferung. Seit jenen Harvard-Studien vor mehr als 40 Jahren habe ich kein Psilocybin mehr eingenommen. Pilze ja, viele Male, aber kein Psilocybin. Ich glaube, den anderen erging es genauso.

Der Hochsitz am Strand von Zihuatanejo, Mexiko

Zweiter Teil

Vom ersten Zihuatanejo-Retreat im Sommer 1962 bis zum Psychedelic Training Program im Sommer 1963

Sommer 1962

Sechswöchiges Retreat im Hotel Catalina in Zihuatanejo, Guerrero, Mexiko. Neben Leary, Alpert und Metzner gehören zu den Teilnehmern etwa ein Dutzend Doktoranden und andere Leute, die bei dem Projekt mitarbeiteten, sowie deren Eheleute oder Partner. Die Arbeit an der Umarbeitung des *Tibetischen Totenbuches* zu einem Handbuch für psychedelische Sitzungen beginnt; das Modell wird getestet und die besten Praktiken zur Durchführung von LSD-Sitzungen mit hohen Dosen werden entwickelt.

PSYCHEDELIC REVIEW

Issue Number 1
SUMMER 1963
$1.50

Psychedelic Review Nr. 1, 1963

Herbst 1962

Ralph erhält vom National Institute of Mental Health (NIMH) ein Postdoktoranden-Stipendium für das Studium der Psychopharmakologie an der Harvard Medical School. Dies führt schließlich zu einem längeren Übersichtsartikel über chemische und biochemische Forschungsstudien mit Psychedelika, der in der ersten Ausgabe des *Psychedelic Review* erschien.

Eine Kerngruppe entschließt sich, als eine Kommune in einem großen Haus im Newton Center zusammenzuleben. Zu der Gruppe gehören Leary mit seinen beiden Kindern im Teenageralter, Susan und Jack; Peggy Hitchcock; Richard Alpert; Ralph Metzner und seine Verlobte Susan Homer; Frank Ferguson, ein Doktorand von der Wesleyan University und Learys Assistent; der frühere Harvard-Student Foster Dunlap, seine Ehefrau Barbara und ihr Sohn Alexander; Michael Hollingshead und, zu einem späteren Zeitpunkt, seine Freundin; und ein afroamerikanischer Musiker und Unternehmer aus der Gegend von Boston namens Buster. Der Künstler Bruce Connor, der für seine experimentelle Arbeit mit Collagen, Assemblagen und Filmen bekannt wurde, lebt hier ebenfalls für eine Weile. Doktoranden, die in unterschiedlichem Maße in die psychedelischen Projekte involviert sind (darunter Gunther Weil, George Litwin, Rolf von Eckartsberg und Paul Lee) sind regelmäßige Besucher, während sie ihre Doktorarbeiten an der Harvard University abschließen. George und Corky Litwin gründen zusammen mit Gunther und Karen Weil, Richard und Max Katz, Alan Cohen und Dave Kolb eine zweite Kommune in der Greycliff Road im Newton Center.

Ralph und Susan heiraten. Houston Smith führt die Hochzeitszeremonie durch.

Das jungvermählte Paar Susan und Ralph Metzner

Das Haus im Newton Center wird umgebaut, um einen nur aus dem Keller zugänglichen Raum zu schaffen, der für Meditationen und psychedelische Erkundungen benutzt wird. Die Forschung mit DMT, einem injizierbaren, kurzzeitig wirksamen Psychedelikum, beginnt. Mithilfe des behavioristischen Psychologen Ogden Lindsley entwirft Leary eine erfahrungsbezogene Schreibmaschine, ein Gerät, mit dem sich fortlaufend unterschiedliche innere Erfahrungen kodieren lassen. Dieses Gerät wird bei Experimenten mit DMT eingesetzt.

Winter 1963

Zu den Besuchern im Haus des Newton Center gehören der Philosoph Alan Watts; der Dichter Allen Ginsberg; der Schriftsteller William Burroughs; der Psychologe und Traumforscher Stanley Krippner; die Philosophin und Anthropologin Jean Houston; der Jazzmusiker Charles Mingus; der Hypnoseforscher Martin Orne; der kanadische Unternehmer und Pionier der Therapie von Alkoholismus mit LSD Al Hubbard; und Robert Thurman, ein Harvard-Doktorand, der später in ein Kloster des mongolischen Buddhismus in New Jersey eintritt, um sich unter Geshe Wangyal zu schulen.

Eine Gruppe von Nachbarn im Newton Center verklagt die Gruppe wegen gesetzeswidriger Nutzung eines Einfamilienhauses durch mehrere Familien. George Alpert, Richards Vater, der ein Rechtsanwalt und Unternehmer ist, verteidigt die Gruppe erfolgreich mit dem Argument, dass sie «als eine Familie» zusammenlebt.

Die International Federation for Internal Freedom (IFIF) wird als eine gemeinnützige, der psychedelischen Forschung gewidmete Organisation für Erziehung und Forschung gegründet, die von der Harvard University unabhängig ist. Zum Aufsichtsgremium gehören Leary, Alpert, Metzner, Walter Clark, Huston Smith, Rolf von Eckartsberg, Paul Lee, George Litwin, Gunther Weil und Alan Watts. Die IFIF gründet die Zeitschrift *Psychedelic Review* mit den Herausgebern Ralph Metzner, Paul Lee, George Litwin, Rolf von Eckartsberg und später auch Gunther Weil. IFIF plant, ein Netzwerk unabhängiger Forschungsgruppen zu etablieren, die mit der (zu jener Zeit) legalen Substanz LSD arbeiten, und Anleitungen für den optimalen Gebrauch dieser Substanz herauszugeben. Der Versuch, eine Million Dosen LSD von dem Pharmakonzern Sandoz in Basel in der Schweiz zu kaufen, scheitert, als Harvard Wind von dem Plan bekommt und sich dagegen ausspricht; außerdem platzt der an Sandoz geschickte Scheck von $ 10.000, weil die finanziellen Mittel der Organisation nicht ausreichen.

Frühjahr 1963

Leary wird aus dem Harvard-Lehrkörper entlassen, weil er bei seinen Vorlesungen nicht anwesend ist – er war bereits nach Mexiko umgezogen. Kurz danach wird auch Alpert aus dem Lehrkörper ausgeschlossen, weil er gegen die Vereinbarung, nicht-graduierten Studenten keine psychedelischen Drogen zu geben, verstoßen hat. In Zeitungen und Zeitschriften erscheinen immer mehr sensationslüsterne Artikel über Psychedelika, das Harvard-Projekt und andere Aktivitäten, bei denen Drogen eingenommen werden.

Sommer 1963

Im Hotel Catalina in Zihuatanejo wird ein vierwöchiges Trainingsprogramm zum verantwortungsvollen Gebrauch von LSD und anderen Psychedelika gestartet; mehr als 100 Personen schreiben sich dafür ein. Während Leary, Ralph und Susan Metzner und andere beginnen, die Sitzungen zu leiten, bleibt Alpert in dem Haus im Newton Center, um sich um die Verwaltung des Projekts zu kümmern, Bewerber einzuschreiben und die Publikation der *Psychedelic Review* vorzubereiten. Nach zwei Wochen wird das Trainingsprogramm von der mexikanischen Bundespolizei verboten und die Belegschaft sowie die Teilnehmer werden unter chaotischen Umständen aus Mexiko ausgewiesen. Versuche werden unternommen, das Trainingsprogramm zu retten, indem es auf karibischen Inseln angesiedelt wird, zuerst auf Dominica, dann auf Antigua. Beide Versuche scheitern am Widerstand der lokalen Autoritäten. Die finanziell und emotional angeschlagene Gruppe zieht sich wieder in die USA zurück, auf einen Privatbesitz in Millbrook, New York.

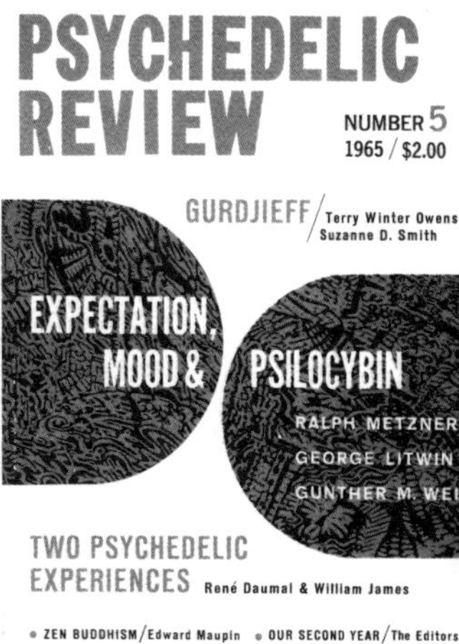

Psychedelic Review Nr. 5, 1965

Tim Leary, Richard Alpert & Peggy Hitchcock, Zihuatanejo 1962

Tim Leary, Zihuatanejo 1962

Das erste Zihuatanejo-Retreat – Sommer 1962

RM Die mexikanischen LSD-Sitzungen unterschieden sich drastisch von den Psilocybin-Psychodramas von Harvard. Zihuatanejo war zu jener Zeit noch ein kleines, verschlafenes Fischerdorf mit wundervollen Stränden an einer geschwungenen Bucht des pazifischen Ozeans. Das Setting war hier die wuchernde Üppigkeit des Dschungels, das unablässige rhythmische Rauschen der Brandung, Sonnenuntergänge von extravaganter Schönheit, stilles Wetterleuchten über dem pazifischen Ozean, tropische Hitze und linde Lüfte, die geheimnisvollen Geräusche nächtlicher Insekten und der süße Duft exotischer Blüten. Die Frauen verwandelten sich oft in mythische Nymphen oder Meerjungfrauen; die Männer in Häuptlinge aztekischer Krieger oder Dschungelschamanen.

Auf den Vorschlag von Aldous Huxley und Gerald Heard hin begannen wir, das Bardo Thödol *(Das Tibetische Totenbuch)* als einen Führer für psychedelische Sitzungen zu gebrauchen. Die tibetischen Buddhisten sprechen von drei Phasen der Erfahrung in den «Zwischenzuständen» (Bardos) zwischen Tod und Wiedergeburt. Wir übertrugen dies auf Tod und Wiedergeburt des Egos oder der gewöhnlichen Persönlichkeit. Von der komplizierten tibetischen Symbolik befreit und in Konzepte der westlichen Psychologie übertragen, beschrieb der Text visionäre Abläufe, die erstaunliche Parallelen zu unseren Erfahrungen aufwiesen.

Das *Bardo Thödol* beschreibt die erste Phase, den ersten Bardo, als einen Zustand vollkommener Transzendenz, des reinen gleißenden Lichts, der unmittelbar nach dem Tod auftritt. Sie sagen uns, dass dieser Zustand nur von jenen aufrechterhalten werden kann, die eine tiefgehende yogische Schulung genossen haben und die in der Lage sind, unabgelenkt zu bleiben. Diese erste Phase löst sich gewöhnlich schnell in den zweiten Bardo auf, die längste Phase, in der Halluzinationen und Visionen von friedfertigen und rasenden Gottheiten, himmlische oder höllische Erfahrungen auftreten. Der dritte Bardo ist die Phase der Wiedergeburt oder, wie wir es nannten, des Wiedereintritts, in der man zu seiner gewöhnlichen Persönlichkeit zurückkehrte. Es wurde schnell offensichtlich, dass man diese Abfolge nicht als eine wörtliche Beschreibung einer typischen LSD-Sitzung ansehen kann. Aber das Buch lieferte doch einen allgemeinen Rahmen zum Verständnis des inneren Raumes und der Navigation in ihm.

Der grundlegende Rat der tibetischen Yogis war immer der gleiche: Bleibe losgelöst und in dir selbst zentriert; lass dich nicht von den angenehmen Visionen anziehen oder von den schmerzlichen Visionen abstoßen. Erinnere dich daran, dass sie alle in deinem Geist stattfinden. Nimm sie an und fließe mit ihrer Strömung mit. Habe es während des Wiedereintritts nicht eilig, bleibe ausgeglichen und bewahre das Licht so lange wie möglich. Dieser alte Text – der uns vor unserer Erfahrung mit Psychedelika als das reinste Kauderwelsch erschienen wäre – enthielt viele Aspekte der Reisen, die wir unternommen hatten, in verblüffend detaillierter Beschreibung. Las man ihn über die Details der Ikonographie des tibetischen Buddhismus hinausgehend, so erkannte man darin lebhafte Beschreibungen innerer Zustände. Die Texte machten deutlich, dass diese wiedererkennbare und reale Bereiche waren, ganz gleich, mit welcher Methode man sie erreichte. Plötzlich waren wir kein verrückter Haufen von Psychologen mehr, die sich leichtsinnig in vollkommen unerforschte Bereiche hineinstürzten. Es hatte zuvor schon solche Erkundungen gegeben. Es gab eine Geschichte, eine Tradition. Es gab Landkarten und Handbücher. Leary fühlte sich (wie, glaube ich, wir alle) durch die Entdeckung dieser alten Schriften in unserer spirituellen Herangehensweise an psychedelische Erfahrungen bestätigt. Leary begann mit der Umarbeitung des Totenbuchs in Mexiko, und später teilte er dessen einzelne Teile unter uns auf. Unsere anfängliche Arbeit mit diesem Text wurde später weiterentwickelt und als das Buch *The Psychedelic Experience – A Manual Based on the Tibetan Book of the Dead* veröffentlicht.

RD Ihr, Tim und Ralph, habt das Handbuch auf der Grundlage des Tibetischen Totenbuchs geschrieben. Ich war nicht dabei. Ich kümmerte mich um die Kinder und habe gekocht.

RM Aber du kanntest das *Tibetische Totenbuch* und hast mit seinen Lehren übereingestimmt, nicht wahr?

RD Ja, aber ich befand mich in der falschen Kategorie. Ich bin niemand, den man über Forschung oder ähnliche Dinge befragen sollte.

RM Hast du dich deswegen schlecht gefühlt? Dass du nicht stärker daran teilgenommen hast?

Richard Alpert im Newton Center 1962

RD Nein, ich hatte das Gefühl, die richtige Rolle zu spielen. Ich kümmerte mich um die Kinder. Ich kümmerte mich um das Budget. Ich kümmerte mich um die Beziehungen zur Harvard University. Ich war eine Art Mr. Charisma. Ich war nett und ich war ein Team-Spieler. Ich war in der Küche und backte das Brot.

RM Ich hatte immer das Gefühl, dass du gleichberechtigten Anteil an dem schriftstellerischen Prozess hattest, auch wenn du nicht so direkt involviert warst. So wie ich ebenfalls ein Teil der Situation von Harvard war, auch wenn ich weniger an vorderster Front stand als du. Ich bin sicher, dass Tim aus diesem Grund gesagt hat, unsere drei Namen sollten als Koautoren auf dem Buch stehen, und ich hatte niemals den geringsten Vorbehalt dagegen. Wir unternahmen dieses Projekt zusammen, als eine Gruppe; es ging niemals um die Anerkennung als Autor oder irgendeine andere Art von Anerkennung. Ich denke auch, dass uns allen klar war, dass die Wirkung des Buches viel größer sein würde, wenn drei Doktoren der Philosophie als Autoren genannt wurden und nicht nur einer oder zwei.

GB Ralph, erinnerst du dich an deinen ersten LSD-Trip? War das in Zihuatanejo?

RM Nun ja, ich hörte Tim über seinen ersten LSD-Trip mit Michael Hollingshead sprechen, und ich fand das wirklich gruselig – all das Gerede über die «Plastikpuppen-Welt». Das hörte sich total verrückt an, und ich war mir nicht sicher, ob ich mich darauf einlassen wollte. Es war jenseits von allem, was ich an den Psilocybin-Sitzungen wirklich schätzte – die Offenheit, die liebevolle Verbindung mit anderen. Doch dann in Zihuatanejo, einem sehr viel friedlicheren und entspannteren Setting als in Massachusetts, und nachdem ich das Modell des tibetischen Buddhismus ein wenig studiert hatte, bat ich ihn, mich in einer LSD-Sitzung zu führen. Wir beschlossen, das Modell und das Handbuch zu testen. Wir benutzten unseren «Sitzungsraum», von dessen Balkon man in den Dschungel hinaussah und in dem man das Rauschen der Brandung hörte. Wir einigten uns darauf, dass ich dann, wenn ich Angst bekam, das sagen würde, statt mit mir selbst zu kämpfen.

Ralph misst Dosierungen ab, Zihuatanejo 1963

Zu Anfang schwiegen wir einfach. Tim las einige Passagen aus dem neuen «Handbuch» vor. Etwa eine Stunde lang geschah gar nichts. Ich war ruhelos und ärgerlich über mich selbst, weil ich nicht loslassen konnte. Ich dachte zu viel und zu intensiv. Tim sagte, er habe herausgefunden, dass die Konzentration auf Sinneswahrnehmung ihm geholfen habe, sich von obsessivem Denken zu befreien. Er zündete eine Kerze an, öffnete eine kühle Flasche Bier (die ich einfach nur berührte) und ermutigte mich, mich einfach nur auf reine Sinneswahrnehmung zu fokussieren. Dies schien durch die exzessive mentale Aktivität hindurchzuschneiden wie ein Messer durch Butter. Ich fühlte mich plötzlich von einem dichten Nebel ruhelosen und sinnlosen Denkens befreit.

Ich betrachtete Tims Gesicht, und zu meinem Erstaunen wurde es zum Gesicht eines göttergleichen Wesens, strahlend von Licht. Als ich es weiter anstarrte, veränderte es sich, und eine Hälfte seines Gesichts sah hässlich und dämonisch aus. Gleichzeitig mit dieser visuellen äußeren Wahrnehmung fühlte ich mich subjektiv wie ein Klumpen von protoplastischem Schleim, der an einem Felsen festklebte. Der Teil von mir, der frei im Ozean schwebte, sah Tims Gesicht als strahlend und göttlich; der Teil von mir, der noch an dem Felsen klebte, sah es als hässlich und kalt. Zeitweilig fühlte sich mein Geist an, als werde er in einem wunderschönen, klaren, leeren Raum gewiegt, aber dann rutschte ich wieder in Angst und Bedrängnis ab.

Tim stand auf und setzte sich neben die Tür. Ich legte mich auf den Boden, schloss die Augen und versuchte, wieder diesen Zustand ekstatischer Gewichtslosigkeit zu erreichen, indem ich meinen Geist leerte. Es entmutigte mich, dass mir das nicht gelang. Ich dachte, ich könne ihn nur mit der Hilfe von jemand anderem erreichen. Ich begann zu halluzinieren – die friedlichen und rasenden Visionen der zweiten Bardo-Phase. Als ich die furchterregenden Bilder sah, erinnerte ich mich an die Mahnung des *Bardo Thödol*, dass sie nur in meinem Geist existierten; also sagte ich ihnen, sie sollten verschwinden. Zu meiner enormen Überraschung taten sie das auch.

Mit einem elektrisierenden Schock der Einsicht wurde mir klar, dass ich dies nicht nur mit diesen relativ trivialen Dämonen tun konnte, sondern mit all meinen Ängsten. Ich dachte an einen Freund, es war genau genommen Foster Dunlap, dessen unerhörtes Verhalten ich manchmal fürchtete. Dann dachte ich, wie absurd es doch sei, Gefühle der Furcht, die in mir selbst waren, die Beziehung zu jemandem außerhalb von mir selbst beeinträchtigen zu lassen. Das war die Botschaft des Tibetischen Totenbuchs – erkenne, dass alles innerhalb von dir selbst ist. In dem Augenblick erkannte ich, dass nicht nur meine Furcht vor ihm, sondern alle meine positiven und negativen emotionalen Reaktionen ihm und anderen Menschen oder anderen Dingen gegenüber alle in mir waren. Im selben Moment öffnete sich mein ganzer Kopf kugelsymmetrisch in alle Richtungen gleichzeitig, 360 Grad, und ich fühlte mich zugleich ruhig-heiter und beschwingt wie nie zuvor in meinem Leben. Es war unglaublich befreiend.

RD Das ist ein tolles Bild.

RM Dann setzte ich mich auf und sah Tim an. Er blickte mir nur einmal ins Gesicht und sagte: «Du hast es geschafft.» Ich erzählte ihm von der Einsicht in meine Furcht, und er fügt hinzu: «Nicht nur die Furcht vor dieser Person, sondern auch die Liebe für sie ist in dir. Worum es geht, ist, deine eigenen mentalen Mechanismen zu kennen, sonst können sie dir einen Mordsschrecken einjagen.» Wir sprachen eine Weile darüber, wie man diesen Zustand möglicherweise aufrechterhalten kann, in dem alles, was man anschaut, von einem göttlichen Strahlen pulsiert, und über die Schwierigkeit, ständig auf dieser Ebene des Bewusstseins zu leben. Schließlich einigten wir uns auf die Aussage: «Um auf dieser Ebene zu leben ... musst du auf dieser Ebene leben.» Für etwa zwei bis drei Stunden fiel es mir nicht schwer, diesen Zustand kugelsymmetrischer Offenheit beizubehalten. Es war mühelos. Ich wusste, dass ich in meinem Körper war, aber ich besaß darin keine Identität. Meine Identität und Bewusstheit schien sich über den ganzen Raum zu erstrecken und sogar darüber hinaus in den Wald vor dem Haus. Dies bedeutete, wenn jemand in den Raum kam, war es, als träte er in «mich» ein. Ich fühlte mich freier, als ich mich jemals zuvor gefühlt hatte. Allmählich und ganz sanft, über einen längeren Zeitraum, kehrte «ich» zu meiner gewöhnlichen Persönlichkeit und meinem Körper-Ich zurück. Die Erinnerung an den Bewusstseinszustand, den ich erfahren hatte, blieb jedoch mit äußerster Klarheit.

GB Ram Dass, du hast erwähnt, dass du in Zihuatanejo einen Horrortrip mit LSD gehabt hast.

RD Ja, der ganz, ganz Große. Ich fragte mich dabei, ob ich lebte oder dabei war zu sterben. Was mich angeht, machte ich die erschreckenden Erfahrungen in Zihuatanejo – wegen des Dschungels.

RM War das im ersten Jahr? Es gab doch zwei Jahre. Im ersten Sommer war es nur eine Gruppe von etwa 20 oder 25 Menschen, die einfach die Erfahrung suchten. Im zweiten Sommer war es dann ein ganzes Programm für die Öffentlichkeit.

RD Ja, wir machten einen Trip und hatten immer einen Beobachter oder Fluglotsen, jemanden, der immer auf dich aufpasste. Ich war auf einem High im Ozean und konnte meinen Fluglotsen nicht mehr sehen. Ich hatte das Gefühl, dass sie mich vergessen hatten. Dort im Ozean kam mir folgendes Bild: Alle Sterne waren zu sehen und der Ozean war voller leuchtender Funken. Ich konnte nicht mehr unterscheiden, was oben war und was unten. Und die Wellen rollten auf mich zu. Ich hatte Angst. Ich hatte Angst zu sterben. Ich funktionierte nicht mehr und hatte das Gefühl, ich werde ertrinken. Ich würde im Ozean ertrinken, und der Widerhall davon füllte das gesamte Universum aus. Ich würde aufhören zu existieren. Dann tauchte die Vision eines kleinen Mädchens auf, weit zurückliegend in der Zeit, das ihrer Mutter ein Foto von mir zeigte und fragte: «Mama, wer ist dieser Mann?» Und Mama sagte: «Habe ich vergessen.» Und niemand würde um mich wissen. Ich war dabei, aus dem Gedächtnis der Leute zu verschwinden.

RM Das war eine klassische Nahtod-Vision, in der du überzeugt bist, tot zu sein. Du konntest die Fluglotsen nicht mehr sehen, und das bestätigte dich in dem Gedanken, dass du dabei warst, zu sterben.

RD Nun ja, dann lag ich da, keuchend am Strand und zwei Leute fanden mich und hoben mich am Strand, und dem Seetang auf. Ich sagte ihnen eindringlich, wie schlimm und wie unverantwortlich wir seien, mit diesem Zeug herumzuspielen. Ich meine, ich war gerade gestorben, wisst ihr, und wir spielten herum. Tim kam vorbei und ich rannte, ganz weiß im Gesicht, zu ihm hinüber und schüttelte ihn. Ich sagte: «Dies ist gefährlich, wir müssen etwas tun.» Ich war total wütend darüber, dass niemand mich ernst nehmen wollte. Tim sagte: «Du bist einfach nur paranoid, sei jetzt ruhig», und er holte mir eine Tasse Tee.

GB Wie hast du dich mit dem gefühlt, was Tim sagte?

RD Wisst ihr, ich war wirklich paranoid. Es war der Schrecken vor dem Ende meiner Existenz. Ich würde eine Schande für die gesamte psychedelische Bewegung sein, weil ich zu weit gegangen war. Ich befürchtete immer, dass wir zu weit gingen.

GB Eine Gemeinsamkeit, die ich sowohl aus deiner Horrortrip-Geschichte als auch aus der von Ralph heraushöre, ist, dass ihr Tim Leary als den Führer, den Erretter und den Stabilen angesehen habt.

RD Den Stabilen? Ha, ha, ha.

GB Denjenigen, der die Dinge in diesen abgefahrenen Zuständen zusammenhalten konnte?

RM Wir wussten, dass er auch Horrortrips gehabt hat, denn das hat er uns erzählt. Aber damals, als wir ausgeflippt sind, hatte er nichts eingenommen, sodass er besser geerdet war.

RD Er war der Stabile, weil er da war, wenn wir Angst bekamen. So könnte man Tim als Stabilität betrachten, aber es war spirituelle Stabilität. In diesem Sinne war er unser Guru. Ich betrachtete ihn als meinen Guru, meinen *Upaguru.**

RM Würdest du das auch heute noch so sagen, wenn du auf jene Zeit zurückblickst? Würdest du ihn sogar jetzt noch als deinen Guru betrachten?

RD Upaguru. Man hat auf dem Weg eine Reihe von Upagurus, bis man seinem Sadguru** begegnet. Trungpa Rinpoche und Muktananda waren ebenfalls Upagurus für mich. Neem Karoli Baba ist mein Sadguru.

** Ein Upaguru ist ein Guru, der den Schüler nicht unbedingt zur Verwirklichung der letzten, absoluten Wahrheit zu führen vermag, aber der ihm geeignete Hilfsmittel auf seinem Weg der Erforschung seines eigenen Geistes vermitteln kann. (Anm. d. Übers.)*

*** «Sadguru ist derjenige, der die höchste Einheit verwirklicht hat. Sadguru, der Guru, in dessen Tradition du lernst. In einer Tradition bezieht man sich so lange auf den früheren Meister, bis man zu jemandem kommt, von dem man ganz sicher ist, dass er die höchste Wahrheit verwirklicht hat - das ist dann der Sadguru. Die Lehrer dazwischen sind einfache Gurus [Upagurus].» (Sukadev über den Sadguru; Quelle Wikipedia, Anm. d. Übers.)*

RM Die anderen Lehrer konnten dich also etwas auf deinem spirituellen Pfad lehren, aber nicht unbedingt für den Rest deines Lebens, einfach für diese Periode in deinem Leben? Ihr wisst natürlich, dass Tim das Konzept des Gurus gehasst hat. Er wurde ziemlich ungehalten, wenn ihn jemand Guru genannt hat oder so etwas nur angedeutet hat, wie in der Psilocybin-Sitzung mit Michael Kahn, Gunther Weil und George Litwin. Sein bevorzugtes Modell war das des Teamkapitäns oder des Führers auf einer Expedition oder des Baseballtrainers – des Coaches im Spiel des Lebens.

Die Newton-Center-Kommune und die IFIF

RM Wenn ich mir all diese Geschichten anhöre, Ram Dass, dann wird mein Verhältnis zu dir nur noch herzlicher. Ich erinnere mich gern daran. Wer lebte im Newton Center, nachdem wir aus Zihuatanejo zurückgekehrt waren?

Frank Ferguson (Mitte) und Barbara Dunlap (rechts) im Newton Center

RD Vor Zihuatanejo lebte Tim in der Grant Avenue im Newton Center und ich wohnte in der Harvard Street in Cambridge. Dann übernahm ich das große grüne Haus im Newton Center, in das Tim, seine Kinder und du und Susan so wie andere einzogen. Foster und Barbara Dunlap und ihr Sohn, sowie Buster lebten dort.

RM Buster Brown, ein lokaler Pot-Dealer von der anderen Seite des Flusses. Ein Afroamerikaner. Er war sehr cool. Er konnte einen Joint rollen, während er seinen Wagen durch den Verkehr steuerte. Er kam zu dem ersten Retreat in Zihuatanejo.

GB Es waren also nicht nur Akademiker?

RM Ganz und gar nicht. Michael Hollingshead war dort. Er half mit dem Haus und den Kindern. Ein total verrückter Typ, aber ein guter Babysitter. Er kümmerte sich wirklich sehr gut um die Kinder und brachte sie nie in Gefahr. Er war freundlich zu ihnen und half ihnen. Später zog seine blonde schwedische Freundin Brita ebenfalls ein; außerdem Frank Ferguson, ein brillanter Absolvent der Wesleyan University, der begonnen hatte, Tim mit der Korrespondenz, dem Telefon und allen möglichen Arbeiten in seinem Büro an der Harvard University zu helfen. Du und Tim, ihr wart damals noch Dozenten an der Universität. Ich hatte meine postdoktorale Arbeit in Pharmakologie begonnen.

GB Ralph, du und Susan, ihr habt in diesem Herbst geheiratet?

RM Ja, Susan Homer war vorzeitig aus dem Reed College ausgeschieden, und ich traf sie in der Harvard University. Sie kam mit mir nach Zihuatanejo. Sie und ich und Rolf von Eckartsberg fuhren von Massachusetts in einem Land Rover nach Mexiko. Ich machte ihr in dem ersten Sommer in Zihuatanejo auf einem Meskalin-Trip einen Heiratsantrag. Wir beschlossen, dass wir für einander bestimmt waren. Später, als Schwierigkeiten auftauchten, versuchte ich mich daran zu erinnern, dass die Vereinbarung in einem Zustand erweiterten Bewusstseins geschlossen worden war. Wir setzten ein Datum im Herbst fest, und Houston Smith stimmte zu, die Hochzeitszeremonie abzuhalten, die im Landhaus ihrer Familie in Massachusetts stattfand. Eine Woche vor dem vereinbarten Termin wurde sie total depressiv und katatonisch. Sie weigerte sich, ihr Bett zu verlassen. Also bat ich dich, Richard, sie davon zu überzeugen, den schicksalsschweren Schritt zu machen. Was hätte ich sonst tun können? Ich war das Skript von irgend jemand anderem und folgte dem, so gut ich es vermochte. Du hattest Erfolg. Was hast du ihr gesagt, das sie dazu gebracht hat, ihre Meinung zu ändern?

RD Er ist kein schlechter Typ.

RM Ich glaube nicht, dass das großen Eindruck auf sie gemacht hat. Diese Aussicht konnte langweiliger sein, als in der Depression zu verweilen.

Barbara & Foster Dunlap, Mexiko 1962

RD Sie brauchte einfach emotionale Unterstützung.

RM Richtig, es kam nicht wirklich darauf an, was du gesagt hast. Die Tatsache, dass du bereit warst, bei ihr zu sitzen, ihre Hand zu halten und ihr zu sagen, dass alles in Ordnung sein würde.

GB Ihr habt also geheiratet?

RM Wir haben geheiratet. Ich kaufte mir dann ein neues rotes Auto, ein Triumph-Kabriolet, und wir fuhren für unsere Flitterwochen nach Maine. Nach unserer Hochzeitsnacht war ich daran, depressiv zu werden. Es war die klassische Geschichte: Was habe ich nur getan, wer ist diese Person? Aber schließlich wurden wir gute Freunde und Partner. Sie und ich leiteten viele der Sitzungen in dem psychedelischen Trainingsprogramm im Sommer 1963, und sie zog mit uns nach Millbrook um.

GB Und wer war Foster Dunlap?

RM Foster Dunlap war ein Student von Harvard, dem Richard zuerst begegnet ist und den ich dann auch traf; ein höchst ungewöhnlicher junger Mann. Er hat mich auf Pot angetörnt und mich in die Drogenszene im Untergrund von Boston eingeführt.

RD Er war ein Hippie-Student, von denen es an der Harvard University nicht viele gab. Und er war ein sehr kluger Kopf. Er war mit Barbara verheiratet. Sie war etwas älter als er, und sie hatten einen drei- oder vierjährigen Sohn namens Alexander.

RM Aus einer früheren Ehe hatte sie auch eine siebenjährige Tochter namens Lisa. Sie war eine psychiatrische Hilfskraft.

RD Er war ein psychiatrischer Patient gewesen.

RM Wussten wir das zu jener Zeit?

RD Nein.

RM Aber du hast später herausgefunden, dass er in einer psychiatrischen Klinik gewesen war? Ich habe das bis jetzt nicht gewusst. Warum wurde er eingewiesen?

RD Ich glaube, es war Schizophrenie.

RM Er war eine erstaunliche Person, einer der ungewöhnlichsten Köpfe, denen ich je begegnet bin. Im Vergleich zu uns war es so, als funktionierte er auf einer Gehirnhälfte und wir auf einer anderen. Er nahm verschiedene Rollen an, er war ein Imitator. Er übernahm die Identität von jemand anderem und verhielt sich dann wie diese Person. Er erzeugte mit seinen Gesten und seiner Stimme eine Karikatur von dir. Wirklich gruseliges Zeug, mit einer solch unglaublichen Brillanz ausgeführt, dass ich verblüfft war. Er war wie ein Zauberer. Er pflegte zu sagen, das sei völlig unbewusst, er habe keine Idee von dem, was er da tat. Und Barbara war eine wirklich lustige, warme, liebevolle Person, die beide Seiten des psychiatrischen Systems kennengelernt hatte und die große Einsicht und viel Mitgefühl besaß. Ein wirklich erstaunliches Paar.

Viele Jahre später, in den 1970er-Jahren, als ich meinen Sohn Ari hatte und in Kalifornien lebte, hatten sie und Foster sich getrennt, und sie zog mit ihrem Sohn Alexander für eine Weile als Haushälterin und Kinderbetreuerin bei mir ein.

RD Ich hatte Foster aufgetan und ihm einen Job gegeben. Tim mochte ihn überhaupt nicht, weil er sich nicht auf Tims Trip eingelassen hat. Foster war mein Assistent. Es gab ein Treffen einer Abteilung der American Psychological Association, organisiert von Henry Murray und mir. Foster sollte der APA das Ablaufprogramm zustellen, aber sie haben es nie bekommen. Einer von Murrays Freunden und Kollegen, eine wichtiger Typ, der Vorstand irgendeiner Regierungsabteilung war und der normalerweise ein großes Publikum anzog, stand auf, um einen Vortrag zu halten, und es waren nur drei oder vier Personen anwesend. Foster hatte seine Aufgabe nicht erfüllt, und ich hatte das Gefühl, dass dies mein Fehler war. Henry Murray und ich haben nie wieder ein Wort miteinander geredet.

RM Hast du Foster gefeuert?

RD Nein.

RM Du standest ihm sehr nahe. Du mochtest ihn sehr.

RD Ich mochte ihn sehr.

RM Vielleicht warst du in ihn verliebt.

RD Vielleicht.

GB Was also passierte im Newton Center mit Foster?

Susan Homer, Richard, Tim und Peggy im Newton Center 1963

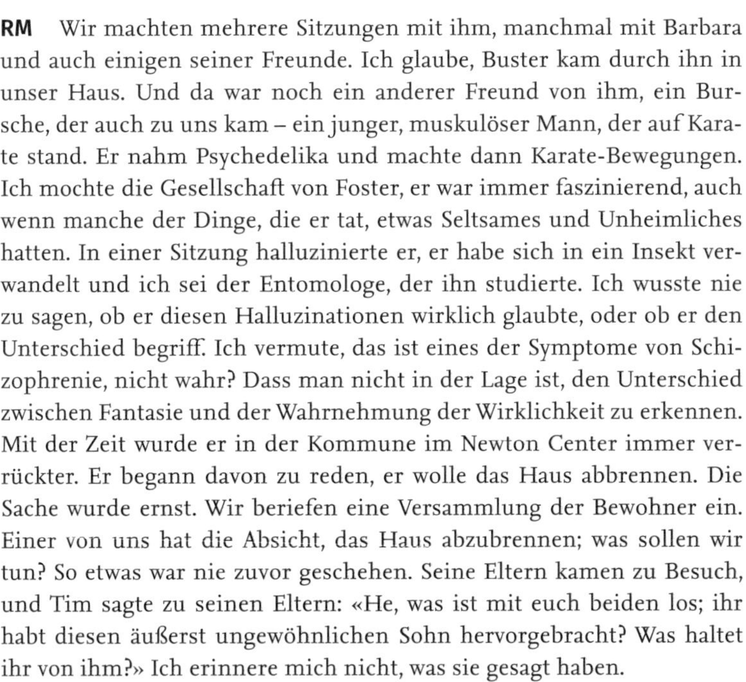

RM Wir machten mehrere Sitzungen mit ihm, manchmal mit Barbara und auch einigen seiner Freunde. Ich glaube, Buster kam durch ihn in unser Haus. Und da war noch ein anderer Freund von ihm, ein Bursche, der auch zu uns kam – ein junger, muskulöser Mann, der auf Karate stand. Er nahm Psychedelika und machte dann Karate-Bewegungen. Ich mochte die Gesellschaft von Foster, er war immer faszinierend, auch wenn manche der Dinge, die er tat, etwas Seltsames und Unheimliches hatten. In einer Sitzung halluzinierte er, er habe sich in ein Insekt verwandelt und ich sei der Entomologe, der ihn studierte. Ich wusste nie zu sagen, ob er diesen Halluzinationen wirklich glaubte, oder ob er den Unterschied begriff. Ich vermute, das ist eines der Symptome von Schizophrenie, nicht wahr? Dass man nicht in der Lage ist, den Unterschied zwischen Fantasie und der Wahrnehmung der Wirklichkeit zu erkennen. Mit der Zeit wurde er in der Kommune im Newton Center immer verrückter. Er begann davon zu reden, er wolle das Haus abbrennen. Die Sache wurde ernst. Wir beriefen eine Versammlung der Bewohner ein. Einer von uns hat die Absicht, das Haus abzubrennen; was sollen wir tun? So etwas war nie zuvor geschehen. Seine Eltern kamen zu Besuch, und Tim sagte zu seinen Eltern: «He, was ist mit euch beiden los; ihr habt diesen äußerst ungewöhnlichen Sohn hervorgebracht? Was haltet ihr von ihm?» Ich erinnere mich nicht, was sie gesagt haben.

RD Ich kann mich nicht an sie erinnern.

RM Aber du erinnerst dich an die Krise, als er das Haus abbrennen wollte?

RD Ja.

RM Also, wie wurde die Situation gelöst? Ich war damals gerade dabei, an der Seitenlinie auszuflippen.

RD Ich erinnere mich, ihm gesagt zu haben, er solle es nicht tun.

RM Das war ein guter Rat. Er nahm ihn auch an. Er tat es tatsächlich nicht. Aber er drohte, es zu tun. Das machte alle Leute für eine ganze Weile ziemlich nervös. Er erfand diese Geschichte, um die ganze Situation zu manipulieren. Sodass alle Leute auf ihn schauten – was wird er wohl als nächstes tun? Was für verrückte Sachen erwarten uns da noch? Er hatte eine phänomenale Begabung; zu schade, dass sie so verschwendet wurde. Er wäre ein großartiger Schauspieler gewesen. Er sah auch ungewöhnlich aus: sein Gesicht war von einer klassischen Schönheit, kantige Gesichtszüge, und sein Kopf war enorm, anscheinend größer als normal.

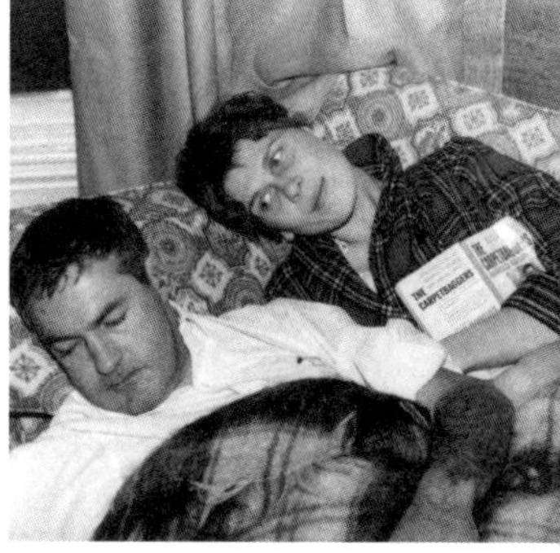

Tim und Barbara Dunlap erholen sich, Newton Center 1963

RD Wir hatten in dem Haus eine ähnliche Situation wie die, die Ronald D. Laing in England etabliert hatte, wo Psychiater und ihre Patienten in einem Haus lebten, sodass das Ganze zu einer Art therapeutischer Gemeinschaft wurde.

RM Ja, aber ursprünglich war unsere Situation nicht so geplant; wir hatten das nicht beabsichtigt. Wir wollten spirituelle Forscher auf einer gemeinsamen Reise sein. Tim und ich schrieben einen Artikel über Hermann Hesses Bücher (*Die Morgenlandfahrt* und *Der Steppenwolf*) für die *Psychedelic Review*. Wir interpretierten sie als verschlüsselte Berichte psychedelischer Erkundungen. Foster passte nicht in das Paradigma – er passte tatsächlich in kein Paradigma. Auch wenn er oft ziemlich normal und freundlich und liebenswert erschien. Ich habe nie erlebt, dass er irgendjemandem oder irgend etwas Gewalt angetan hat. Ich bin mir nicht mehr sicher, aber nachdem die Sache mit dem Feuer vorbei war, haben wir ihn wohl hinauskomplimentiert.

GB Was ist mit Foster Dunlap geschehen?

RM Während wir an den letzten Druckfahnen für dieses Buch arbeiteten, hörte ich zufällig über Facebook von Alexander Dunlap, Barbaras und Fosters Sohn. Er ist jetzt in seinen Vierzigern, lebt mit seiner Familie an der Ostküste und arbeitet als psychiatrischer Pfleger. Seine Mutter Barbara lebt noch und es geht ihr gut, aber sein Vater Foster starb vor vierzehn Jahren in einem Heim für Geisteskranke. «Nach vielen Jahren auf der Straße, während derer er die wohlmeinenden Bemühungen des psychiatrischen Systems der Gemeinde, ihn zu behandeln, ablehnte, gab er schließlich nach. Warum Foster sich letztlich dafür entschied, Medikamente einzunehmen und an diesem Programm für ambulante Patienten teilzunehmen, weiß ich nicht, aber genau das hat er getan. Nach einiger Zeit begann er freiwillig in der Bibliothek zu arbeiten, und er begann, sich zunehmend in seiner Gemeinde zu engagieren. Foster schien zumindest teilweise von dem befreit zu sein, was ihn so viele Jahre lang geplagt hatte. Der Anflug von Angst, der den Eindruck von so vielen Menschen in der Vergangenheit geprägt hatte, war verschwunden. Am Ende gab es eine gewisse mönchsartige Lebensqualität in dem Asketentum und der schlichten Lebensfreude, die er anscheinend gewonnen hatte.» Ein schönes Ende der Geschichte eines erstaunlich begabten und geplagten Mannes.

GB Gibt es noch etwas anderes, über euer Leben in der Kommune im Newton Center, worüber einer von euch sprechen möchte?

Ralph mit Alexander Dunlap, Newton Center 1963

RM Ich glaube, zu dieser Situation kam es nach dem ersten Sommer in Mexiko. Wir verbrachten so viel Zeit miteinander, sprachen über unsere Erfahrungen und planten weitere Sitzungen; also erschien es ganz natürlich, dass wir zusammenleben wollten, statt so viel Zeit und Energie darauf zu verschwenden, zwischen unseren Wohnungen hin und her zu fahren.

RD Wir hatten unser Haus, und weil unser Haus so erfolgreich war, gründete George Litwin mit einigen seiner Freunde eine andere Kommune in einem Haus in Cambridge. Unser Haus war ein Einfamilienhaus in einem Viertel mit Einfamilienhäusern. Weil ein Schwarzer bei uns lebte und Foster sich seltsam verhielt, begannen die Nachbarn nach einigen Monaten sich Gedanken zu machen. Sie beriefen eine Versammlung mit anderen Nachbarn ein und wandten sich an den Gemeinderat, um uns zu vertreiben. Mein Vater George Alpert, ein prominenter Anwalt in Boston und außerdem der Präsident der New York–New Haven Eisenbahn, übernahm unseren Fall. Mein Vater ist ein Showman – er hatte eine Weste mit einer Goldkette und er sah aus wie Clarence Darrow.* Er sagte, wir seien die «menschliche Familie». Wir waren eine einzige Familie; wir waren die menschliche Familie.

RM Er argumentierte, eine «Familie» sei nicht durch Blutsverwandtschaft definiert, sondern durch einen gemeinsamen Haushalt. Und er gewann den Prozess. Die Newton Center Kommune war die Szene vieler neuer und unterschiedliche Arten psychedelischer Forschung. Wir führten Experimente durch, in denen wir absichtlich Problemsituationen für ein Individuum hervorriefen, das in dem erweiterten Bewusstseinszustand versuchen sollte, seine eigenen blinden Flecken zu durchschauen.

** Clarence Seward Darrow (* 18. April 1857 in Kinsman, Ohio; † 13. März 1938 in Chicago, Illinois) war ein US-amerikanischer Rechtsanwalt. Darrow wurde durch einige Aufsehen erregende Prozesse bekannt. Darrow war bekannt für seinen scharfen Verstand, sein Mitgefühl und auch für seinen Agnostizismus. Er gilt als einer der berühmtesten amerikanischen Anwälte und Bürgerrechtler. (Anm. d. Übers.; Quelle Wikipedia)*

Wir machten auch Experimente zum Erlernen von Sprachen, bei denen eine Person unter dem Einfluss eines Psychedelikums sich Aufnahmen anhörte, die in einer fremden Sprache gesprochen wurden, um in seinem Gehirn Eindrücke von dem Klang und den Flexionen dieser Sprache zu hinterlassen. Ein Raum in dem Haus wurde als Raum für die Meditation und die Sitzungen eingerichtet. Er war ein umgewandeltes Geheimzimmer, das wir so umgebaut hatten, dass man es nur aus dem Keller erreichen konnte. Man musste in den Keller hinuntergehen und dann eine Leiter hinaufsteigen. Im Inneren waren die Wände und die Decke mit bedruckten indischen Tüchern bedeckt, und auf dem Boden lagen gemütliche farbige Kissen.

Jack Leary und Susan Homer, Newton Center 1962

RD Es war ein geheimer Raum im Untergeschoss.

RM Man kam nur von unten in ihn hinein, indem man eine Leiter aus dem Keller hinaufstieg.

RD So konnte jemand in das Haus kommen, ohne zu wissen, dass dieser Raum existierte. Ich habe eine Geschichte über diesen Raum. Ich hatte LSD genommen. Man musste in den Keller hinabgehen und dann hinaufsteigen, um in die Küche zu gelangen.

In der Küche befand sich eine Frau, die erst am Tag zuvor in dem Haus angekommen war. Sie war mit dem Bus aus dem Süden gekommen, um im Norden Arbeit zu finden. Sie hatte unser Haus aufgesucht und wollte dort arbeiten. Sie saß gerade in der Küche und trank eine Tasse Kaffee, als ich aus dem Keller auftauchte. Sie warf einen Blick auf mich, und was immer sie gesehen hat, muss sie umgehauen haben, denn sie ließ die Tasse Kaffee fallen, sprang auf, rannte zu mir herüber und warf sich zu meinen Füßen nieder. Ich war total von den Socken – ich meine, da war diese Frau in ihren Fünfzigern, sehr robust, normal, konservativ aussehend, die zu meinen Füßen kniete; ich rannte nur noch aus dem Raum. Später erzählte sie mir, dass alles, was sie gesehen hatte, als ich aus dem Keller auftauchte, ein strahlendes goldenes Licht gewesen war.
(Aus Ram Dass *Pathways to God: Living the Bhagavad Gita*, S. 100)

RM Wir benutzten diesen Raum für intensive Forschungssitzungen mit DMT (Dimethyltryptamin) und anderen Substanzen.

GB Wie kam es, dass ihr begonnen habt, mit DMT zu arbeiten?

RD Tim und ich bekamen es von einer Forschungsgruppe in Los Angeles. Als Harvard-Professoren, die Forschungsarbeiten durchführten, hatten wir es angefordert. Ich trug den Stoff, als wir die Straße überquerten, und Tim sagte: «Wenn du das fallen lässt, werde ich sehr ärgerlich.»

RM Ich ging zu Arthur D. Little, einem Unternehmen für wissenschaftliche Beratung, und bat sie, den kristallinen Puder in eine injizierbare Form umzuwandeln. Nimmt man das DMT oral zu sich, so ist es nicht wirksam, also muss es intramuskulär injiziert werden. Das war etwas Neues für uns, aber wir lernten, es zu tun. Mir war stets nicht wohl dabei.

GB Wie unterschied sich die Wirkung von der Wirkung von LSD oder Psilocybin?

RM Zuerst einmal wirkte es nur vierzig Minuten, im Vergleich zu vier Stunden bei Psilocybin und sechs bis acht Stunden bei LSD. Aber bei einer Dosis von 60 Milligramm konnte es für vierzig Minuten eine unglaublich intensive Erfahrung hervorrufen. Später, in Millbrook, hatten einige von uns Erfahrungen mit DMT in rauchbarer Form. Wenn du es rauchst, ist alles in wenigen Minuten vorbei. Das ist ein Vorteil für den Fall, dass du Mist baust und in einem Höllenbereich landest – du musst nicht vierzig Minuten lang in der Hölle bleiben. Ich fürchtete mich immer davor, es war für mich einfach zu intensiv. Aber Tim und offensichtlich auch du, euch schien es immer zu gefallen.

RD Ja, ich habe es geliebt. Man konnte ihm auch Fragen stellen und Antworten erhalten.

Richard Alpert und Ralph Metzner experimentieren mit dem "Experiential Typewriter" im Newton Center

RM Tim, der (zu dieser Zeit seines Lebens) noch immer der erfinderische Forschungspsychologe war, initiierte ein Projekt in Zusammenarbeit mit Ogden Lindsley, einem Behavioristen, der ein Mitarbeiter von B. F. Skinner war. Lindsley leistete Pionierarbeit auf dem Gebiet der fortlaufenden Aufzeichnung des körperlichen Verhaltens von Psychotikern in einer psychiatrischen Anstalt. Auf Bitte von Tim hin entwarf er ein Gerät, das aussah wie eine Schreibmaschine mit zwei Tastaturen. Es hatte zehn Tasten für jede Hand, die einen Streifenschreiber aktivierten; jede Taste repräsentierte eine Erfahrungskategorie. Tim nannte das Gerät die

«Erfahrungsschreibmaschine». Die Idee dahinter war, dass während einer Sitzung die Person, die vielleicht nicht schnell genug reden konnte, um ihre sich ständig verändernden Erfahrungen beschreiben zu können, sie mit einem Knopfdruck in eine Reihe grundlegender Kategorien einordnen konnte. Die Kategorien konnten Dinge sein wie «Körperempfindungen», «zelluläre Erinnerungen», «Gedankenmuster».

Wir benutzten dieses Gerät bei Experimenten mit DMT. In einem Experiment, das in *High Priest* beschrieben wird, war Tim die Versuchsperson und Susan und ich waren die Guides. Alle zwei Minuten bat einer von uns Tim, anzuzeigen, welche der 20 Tasten der Schreibmaschine seinen gegenwärtigen Bewusstseinszustand am besten beschrieb. Ich hatte das Gefühl, dass das Gerät ein bemerkenswert effektives Hilfsmittel dafür war, innere Zustände zu objektivieren. Hier ist eine Passage aus *High Priest*, die das Experiment aus der Perspektive des Reisenden beschreibt und zeigt, wie die Situation der Programmierung in sein halluzinatorisches Universum inkorporiert wurde:

Minute zwei. Tim, wo bist du jetzt? Ralphs Stimme, getragen, präzise, wissenschaftlich, freundlich ... Was? Wo? Du? ... Offene Augen ... da hocken zwei wundervolle Insekten neben mir ... polierte Haut, metallisch glänzend, mit gehämmerten Juwelen als Intarsien ... prächtig kostümierte Forscher, die mich zärtlich ansahen ... liebe, strahlende, venerische Grillen ... Einer hat einen Notizblock auf seinem Schoß und hält mir einen mit Edelsteinen besetzten Kasten mit wogenden trapezförmigen leuchtenden Abteilungen entgegen ... fragender Blick ... unglaublich ... Und neben ihm gleitet Madame Diamantgrille sanft in ein Gitter von Schwingungen hinein ... Dr. Rubin-Smaragd-Grille lächelt ... Tim, wo bist du jetzt ... schiebt den Kasten näher an mich heran ... ach ja ... versuchen, ihnen zu sagen ... wo ... Körper ... ich schwimme in Wattenmeeren aus Stoff ... Körperbewusstsein ...
Kopf benutzen ... erklären ... schaue hinab auf wogende Kästen ... ringe darum zu fokussieren ...
(Timothy Leary, *High Priest*, World Publishing, 1968, S. 270)

GB Könnt ihr mehr über Michael Hollingshead und seine Rolle in der Newton-Center-Kommune erzählen? Er schrieb später seine Memoiren unter dem Titel *The Man Who Turned On the World.*

RM Seit der Beendigung des von Harvard geförderten Forschungsprojekts im Frühling 1962 hatten wir keinen Zugang mehr zu Psilocybin, und wir begannen, mit LSD, Meskalin, DMT und verschiedenen anderen psychedelischen Substanzen (zum Beispiel den Samen einer bestimmten Winden-Art [Morning Glory], die LSD-ähnliche Alkaloide enthielt) zu arbeiten. Wir wurden durch Michael Hollingshead, einen exzentrischen Engländer, mit dem LSD bekannt gemacht. Er war eines Tages beim Harvard-Projekt aufgetaucht, pleite, deprimiert und suizidal. Er hat sich aufgrund seines Wissens um die LSD-Welten bei Tim eingeschmeichelt und lebte als eine Art «Mädchen für alles» in Newton Center. Er hatte einen außergewöhnlichen Sinn für Humor, konnte wunderbar Geschichten erzählen und war ein genialer, gutmütiger Typ.

Tim hatte scherzhaft eine Skala der moralischen Verderbtheit mit drei oder vier Punkten entwickelt, die von Schlitzohr über Halunke zu Schurke und darüber hinaus reichte. Er und Michael pflegten in spöttischem Geplänkel darüber zu diskutieren, wo er auf dieser Skala einzuordnen war. Ich fand Michaels Beschreibungen seiner psychedelischen Erfahrungen immer überaus verblüffend. Ich wusste mit dem, was er beschrieb, einfach nichts anzufangen. Er zerschmetterte all unsere Annahmen und Prämissen ganz und gar. Statt unseres Kodexes der Offenheit, des Vertrauens, der Gemeinsamkeit und der Aufrichtigkeit bediente Michael sich der fantastischen Suggestibilität des LSD-Zustandes, um unser Bewusstsein und unsere Wahrnehmung zu verwirren, in die Irre zu führen, zu erstaunen und zu manipulieren. Doch wurde er damit konfrontiert, so leugnete er das standhaft und beteuerte seine Unschuld auf eine dermaßen unschuldsvolle, humorvolle und freundliche Art und Weise, dass es unmöglich war, diesen Mann nicht zu lieben.

Michael nahm gewöhnlich jeden Tag ziemlich große, nicht quantifizierbare Dosen von LSD, solange er noch seinen Vorrat besaß. Er hatte eine Art von Paste von einer Konsistenz wie Erdnussbutter daraus gemacht und löffelte sie aus seinem großen Marmeladenglas. Für ihn war das so etwas wie eine tägliche Gabe von Vitamin für sein Bewusstsein. Während er auf dem Trip war, mixte er sich oft noch einen Drink, etwa mit Scotch, und sah dann fern. Ich erinnere mich, wie ich einmal in die Küche kam, während er in diesem Zustand dort saß, und er sagte: «Du siehst dir das für ein paar Minuten an, und dann erscheint etwas völlig Unglaubliches auf dem Fernseher.» Und ich muss zugeben, er hatte Recht – es war unglaublich.

Michaels Umgang mit Psychedelika war eher so, wie der der späteren «Acid Freaks» unter den Hippies, Ken Kesey und seine Merry Pranksters. Es ging nicht um Wachstum, nicht um spirituelle Erfahrung, nicht um Einsichten oder Lernen, einfach nur darum, auszuflippen, so weit wie möglich an die äußersten Grenzen des bisher Erfahrenen und darüber hinaus vorzudringen, sich um den Verstand zu bringen und dabei doch cool und in Kontrolle zu bleiben und das Spiel weiter zu spielen.

GB Irgendwelche weiteren Eindrücke von Michael Hollingshead, Ram Dass?

RD Er lebte später in Millbrook mit uns und war Teil des «ununterbrochen-high-bleiben»-Experiments, das ich mit Arnie und anderen begonnen hatte, während Tim und Ralph in Indien waren.

RM Ja, Michael Hollingshead war da, als wir nach Indien aufbrachen, und auch seine kleine neunjährige Tochter. Er war ein seltsamer Mann, in mancher Hinsicht unheimlich, aber auch liebenswert – ich jedenfalls mochte ihn.

RD Sehr seltsam.

RM Ich schwankte die ganze Zeit dazwischen, von ihm fasziniert zu sein und über seine unglaublichen Geschichten und verschrobenen Kommentare zu lachen und von manchem, was er tat, erschreckt zu sein.

RD Er war ein Soziopath.

RD Ich bin sonst niemals jemanden wie ihm begegnet. Einmal beschrieb ich, wie ich in der Schweiz gewesen und mit meiner Familie Weihnachten gefeiert hatte. Und er sagte: «Na klar, ich war dort (in dem winzigen Dorf), ich kenne diesen Ort.» Und ich sagte: «Nun mach mal halblang, Michael, verschone mich mit deinem Gerede.» Aber er insistierte darauf, so lange, bis ich etwas ärgerlich wurde. Dann später, als wir LSD nahmen und ich sehr beeinflussbar war, kam er darauf zurück und begann sehr detailliert bestimmte Eigenschaften des Ortes zu beschreiben und zu wiederholen, dass er dort gewesen sei. Plötzlich dachte ich, er sage die Wahrheit, und das ließ mich an meiner eigenen Rationalität zweifeln – wie das Platzen so einer mentalen Blase bei einem Zen-Koan. Ich bin tatsächlich ausgeflippt und war nur noch halbbewusst. Als ich wieder «zu mir kam», saß er einfach da und grinste wie die Cheshire Cat («Grinsekatze») aus Alice im Wunderland. Es war wie eine Art mentales Jiu-Jitsu-Manöver.

RD Er war ein sehr fesselnder Typ.

RM Ich meine «Hirnfick» wäre der treffende Ausdruck für diese Art von Verhalten. Dein Freund Arnie war auch so. Aber verglichen mit Michael war Arnie ein Anfänger und Michael war ein Meister. Er hatte etwas von einem Trickster, ein völlig amoralisches Element. Andererseits war er wirklich freundlich und ich habe nie etwas Grausames bei ihm gesehen. Er kümmerte sich um die Kinder. In dieser Hinsicht war er sehr verantwortungsvoll. Und er konnte Autoritäten und Intellektuelle total für sich einnehmen.

GB Ihr hattet nicht den Eindruck, dass er ein Lehrer der Verrückten Weisheit war?

RD Nein, nein.

RM Eher verrückt als weise. Manchmal bewies er Einsicht, fantastisches sprachliches Geschick und Klugheit.

RD Ich hielt ihn nicht für besonders klug.

Die International Federation for Internal Freedom

GB Kannst du von der IFIF erzählen, dieser Organisation, die ihr damals gegründet habt?

RM Als deutlich wurde, dass die Harvard University keine weitere psychedelische Forschung von der Art, an der wir interessiert waren, fördern wollte, kam Tim mit der Idee einer unabhängigen gemeinnützigen Forschungsorganisation, die eine Art Schirminstitution für unsere Arbeit sein sollte. Damals waren wir noch an der Harvard University, du und Tim hattet noch Lehrstellen, und ich hatte das postdoktorale Stipendium. Die Organisation wurde im Januar 1963 gegründet.

RD Wir hatten ein Büro und eine Büroleiterin, Lisa Bieberman. Zuerst ein kleines Büro am Harvard Square, und dann zogen wir in ein medizinisches Gebäude in Boston, jenseits des Charles River, um.

RM Lisa brachte einen Newsletter heraus. Wir mussten unser Büro wechseln, sobald die Vermieter herausfanden, was wir dort tun wollten – die Forschung mit psychedelischen Drogen fördern –, und sie weigerten sich, an uns zu vermieten. Wir mussten immer wieder umziehen.

Rolf von Eckartsberg 1962

GB Wer waren die Direktoren und was war der Zweck der IFIF?

RM Die Gründungsdirektoren waren Timothy Leary, Richard Alpert, Walter Clark, Ralph Metzner, Huston Smith, Rolf von Eckartsberg, George Litwin, Paul Lee und Gunther Weil. Fünf davon besaßen schon den Dr. phil. Alan Watts war Ehrendirektor; Frank Ferguson war Geschäftsführer. Die Zweckerklärung sprach von einer historischen Tradition von Mystikern und Visionären, die die vorherrschende Sicht der Wirklichkeit in Frage gestellt hatten und die unterschiedliche Methoden zur Erweiterung des Bewusstseins benutzt hatten. Jetzt waren neue chemische Mittel zur Bewusstseinserweiterung verfügbar, und es ließe sich viel über Set und Setting lernen und darüber, wie man diese Hilfsmittel einsetzen könne.

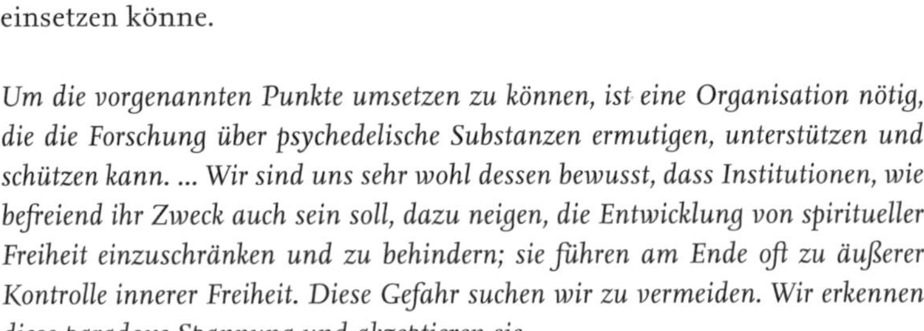

Um die vorgenannten Punkte umsetzen zu können, ist eine Organisation nötig, die die Forschung über psychedelische Substanzen ermutigen, unterstützen und schützen kann. ... Wir sind uns sehr wohl dessen bewusst, dass Institutionen, wie befreiend ihr Zweck auch sein soll, dazu neigen, die Entwicklung von spiritueller Freiheit einzuschränken und zu behindern; sie führen am Ende oft zu äußerer Kontrolle innerer Freiheit. Diese Gefahr suchen wir zu vermeiden. Wir erkennen diese paradoxe Spannung und akzeptieren sie.
(Aus der Zweckerklärung der IFIF)

Die ursprüngliche Idee war, dass kleine Forschungsgruppen von sechs bis zu zehn Personen entstehen sollten, die sich zum Zweck der

Bewusstseinserweiterung zusammentun würden. Die IFIF sollte sie mit Bewusstseinsdrogen versorgen und mit Anleitungen dafür, wie man sie am besten verwendet. Bedenkt, dass es daran nichts Illegales gab. LSD war zu jener Zeit keine «kontrollierte Substanz». Und in der Vorstellung der IFIF wurde darauf hingewiesen, dass die Verteilung von Drogen «in Übereinstimmung mit den existierenden Gesetzen» stehen würde.

Der erste Teil dieses Zwecks hat sich nie realisiert. Eine Bestellung von 100 Gramm LSD, was genug war für eine Million Dosen (jede von 100 Mikrogramm), ging mit einem Briefkopf der Harvard University und einem Scheck über 10.000 $ an den Pharmakonzern Sandoz in Basel in der Schweiz. Als Sandoz bei der Harvard-Verwaltung wegen der Bestellung nachfragte, lehnte diese sie ab. Außerdem war das Geld für die Deckung des Schecks sowieso nicht vorhanden, sodass dieser Teil des Plans nicht funktionierte. Panikmache in den Medien und eine prohibitionistische Ideologie machten unsere Pläne zunichte. Doch die IFIF initiierte ein Informationszentrum und förderte das Sommer-Trainingsprogramm in Mexiko im folgenden Sommer.

GB Könntet ihr etwas über den religiösen Aspekt der psychedelischen Erfahrung sagen?

RM Wenn man LSD nahm, wurde man unausweichlich mit den religiösen Dimensionen der psychedelischen Erfahrung konfrontiert. Man tauchte in Bereiche ein, in denen alle bisher akzeptierten Glaubenssysteme und Identitätsstrukturen aufgehoben waren, während alles, was du «ich» nanntest, sich in eine Perlenkette flüssiger Farben oder in pulsierende Wellen ekstatischer Empfindungen auflöste. Kehrte man aus diesen Erfahrungen einer inhaltslosen Energie zurück, dann erschien die Welt der Bilder und Kategorien, in der wir unser normales Leben verbringen, in der Tat wie eine «Welt der Plastikpuppen». Die Leute kamen in einem Taumel von Ehrfurcht aus diesen Sitzungen zurück, überwältigt von Erfahrungen der Einheit mit Gott und allen anderen Wesen, bis in die Tiefe ihres Wesens von der Großartigkeit und Macht der Prozesse göttlicher Lebensenergie erschüttert, die sich in ihrem eigenen Bewusstsein abspielten.

Wir hatten Profis auf dem Gebiet der Religion um Hilfe gebeten. Huston Smith, ein Professor für Psychologie am MIT und Autor des Bestsellers *The Religions of Man* (dt.: *Eine Wahrheit – viele Wege: die großen Religionen der Welt*), ein Freund von Aldous Huxley, war einer der ersten, der sich unserem Projekt anschloss. Er sagte, seine Erfahrungen hätten das bestätigt, worüber er bereits seit Jahren schrieb. Im Jahr 2000 publizierte er ein Buch mit dem Titel *Cleansing the Doors of Perception – The Religious Significance of Ethnogenic Plants and Chemicals*. Seine Ansichten über deren Bedeutsamkeit sind also im Verlauf von vierzig Jahren unverändert geblieben, hauptsächlich auf der Basis dieser wenigen Erfahrungen in den

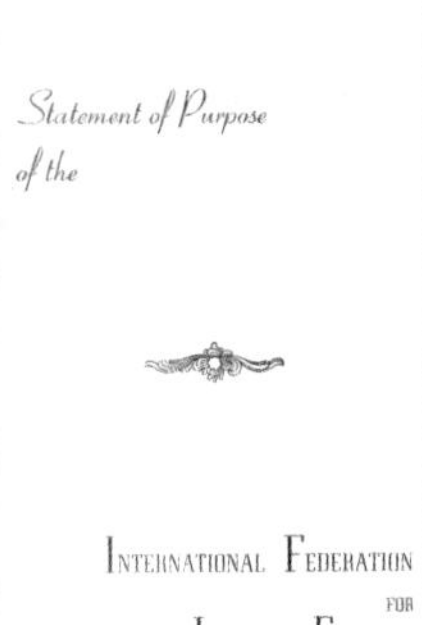

Statement of Purpose of the

INTERNATIONAL FEDERATION FOR INTERNAL FREEDOM

I. The Situation

As long as men have reflected about their world — which is to say, for about 3000 years — a basic issue has divided them. There have been those who regard man's normal conceptual models as straightforward mirror reflections of the way things actually are. Over against them have been men who suspect that these models are more like reducing-valves imposed by finite consciousness upon an infinite, evolving reality to reduce it to manageable proportions. The issue is whether the world of normal sense is unqualifiedly real and, indeed, the only reality, or whether reality is far more than mind and sense disclose — not only quantitatively, but qualitatively as well. That things are what they seem, and that they aren't — this has been the great divide that has separated men since they first became philosophers.

What induced those in the second group to fly in the face of sense evidence and assert that things are in truth dramatically different from the way they appear? Reason doubtless played a part, but its speculations must have appeared pale compared with the full-bodied testament of direct experience. For as far back as men have left records, there have been some who reported visions and theophanies in which the veils were lowered, the masks of God removed, and reality disclosed with startling force.

It may be that all these telltale rents in the fabric of normal awareness involved alterations in brain chemistry, however effected. What we know is that experiences strikingly like those reported by mystics, seers, and visionaries of the past can be induced by chemical means. This puts us in the position of being able for the first time to explore experimentally the momentous question of the absoluteness versus the relativity of our sense perceptions and the prevailing conceptual schemes which order our experience.

Another prospect emerges if we approach the mind psychologically rather than epistemologically. Until the last century the West has equated the mind with its conscious manifestations. With Freud, Jung, and their immediate forerunners, there broke upon the West the realization that not only the mind but also much of what within it is most important for our lives, lies below the level of self-awareness. Our ability to change the chemistry

Broschüre der International Federation for Internal Freedom

of the brain gives us a device for reaching this unexplored material dramatically faster and more fully than was possible before.

The issue arises in a third form, namely socially. Some accept prevailing institutions as God-given and inviolable. Others see them as conventions which can block freedom, stifle creativity, and stunt lives as readily as they can support these and make them possible. One need think only of current patterns of racial discrimination, and prejudice against the mentally ill, for examples. Insofar as our prevailing institutions and attitudes do inhibit the full release of man's potentials, the added awareness that indole substances engender is likely to make this fact more evident. Concern to reform the debilitating institutions should naturally follow, as should attempts to develop new ones.

For the past two and a half years a group of Harvard University research psychologists has been studying these issues. Five research projects on the effects of consciousness-changing drugs have been completed. Their results, supplmented by study of other available data, have led the researchers in question to the following provisional conclusions:

1. Man at present may be using only a fraction (perhaps less than one percent) of his available brain capacity.

2. The politics of the nervous system — psychophysical processes involving censoring, alerting, discriminating, selecting, and evaluating — may be responsible for this restricted use of brain potential.

3. Prevailing patterns of stimulus censorship can be relaxed, thereby admitting to consciousness stimuli otherwise debarred. As a result of this admission, consciousness is expanded — possibly in an absolute sense, but at least in the sense that the mind becomes aware of factors heretofore unknown. Indole substances (LSD, mescaline, psilocybin, etc.) are the most powerful agents yet discovered for opening the mind to new data.

4. *Set* and *setting* control what data are admitted and how they are experienced. *Set* denotes the personality structure of the individual, including his beliefs and mood at the time. *Setting* is physical (weather, feel of the room), social (feelings of persons present toward one another) and cultural (prevailing views as to what is real).

5. Insights gained through the new indole substances appear likely to require innovations in at least the following areas:

a. *Language.* A new vocabulary is needed to describe experiences which are not only new but different in kind. Beyond this, to experience in areas where vocabulary is lacking and syntax inapposite is to gain new perspective on the role and function of language generally.

b. *Self-understanding.* What does it mean to be a self, a person, a human being?

c. *Metaphysics.* What is real, what unreal?

6. New social institutions are indicated. In particular, it may be important that experimental communities based on new perspectives which indole substances produce be established both to provide support for these perspectives and to test their validity.

7. There is special need to see if indole substances can alter the self-and-reality models of those who are receiving minimum returns from those models they currently possess: criminals, psychotics, delinquents, and the like. Those who see the limitations of their present models — mystics, artists, housewives, the rebellious young — would, for their part, seem to be exceptionally promising candidates for breakthroughs into new outlooks.

8. It is vitally important that responsible research on consciousness-change proceed vigorously; that research institutions not be panicked by unfounded rumors and fears which always seem to spring up around the word "drug"; and that, in view of the importance of *setting* on experience in this area (see point 4 above), research not become the monopoly of a single school of thought on the ultimate significance of the substances in question.

II. ORGANIZATION

To implement the preceding points, there is need for an organization to encourage, support and protect research on psychedelic substances and which will be willing and able to take responsibility for serious studies in the area.

We are fully aware that institutions, however libertarian their purpose, tend to restrict and inhibit the development of spiritual freedom. They often end in external control of internal freedom. This danger we seek to avoid. This paradoxical tension we recognize and accept. It can be a stimulating and fruitful force.

We have formed a Massachusetts non-profit corporation, the *International Federation for Internal Freedom* (IFIF). Its present Board of Directors consist of:

Richard Alpert, Ph.D.
Walter Clark, Ph.D.
Rolf von Eckartsberg
Timothy Leary, Ph.D.
Paul A. Lee
George Litwin
Ralph Metzner, Ph.D.
Huston Smith, Ph.D.
Gunther Weil
Alan Watts, D.D., S.T.M. (Honorary Director)

The basic units of IFIF are small research groups — assemblages of six to ten persons who share the general goal of consciousness exploration and who are involved in a common research project.

Broschüre der International Federation for Internal Freedom

The immediate functions of IFIF are:

1. To encourage persons to band together in such research groups for systematic exploration of consciousness.
   The specific research goals are determined by the members of the individual research group. It is understood that the goals of such subgroups would not contradict principles of IFIF. Among those who have already applied for affiliation are groups made up of ministers, educators, psychologists, and persons involved in the field of behavior change and rehabilitation.
2. To act as a local research center, collecting and disseminating the knowledge gained by each research group.
3. To maintain offices to be used as research centers.
4. To offer advice, medical and legal services, and financial and other support to the research groups.
5. To raise funds necessary to support the research, publication and educational programs of the Federation.
6. To obtain drugs and to make them available (*in conformance with existing laws*) to the research groups. This may mean the purchase and development of actual plant facilities to produce consciousness-expanding drugs and to sponsor needed pharmacological and biochemical research.
7. To establish and support two new journals which will publish scientific and literary articles about consciousness-expansion. A detailed description of this project is available on request. (The first issue of *The Psychedelic Review* appears in June, 1963. Address: P.O. Box 9, Cambridge 40, Mass.)
8. To sponsor the publication of instruction manuals which present a very wide variety of methods and objectives for consciousness-expanding experience.
9. To encourage and assist the development of centers for research in internal freedom in other cities and countries.

The IFIF headquarters office is located at 14 Story Street, Cambridge 38, Massachusetts. (Phone: 617: 547-7244. Cable: IFIFREE — Cambridge.) The Executive Secretary of IFIF is Mr. Frank Ferguson. You are invited to write or visit the IFIF office.

This statement was prepared and distributed by the Chartered Board of Directors of IFIF.

January 24, 1963

1960er-Jahren. Einige seiner Schüler kamen und schlossen sich unserem Projekt an. Walter Huston Clark, der Dekan des theologischen Seminars der Andover Newton Theological School, ein freundlicher, distinguierter alterer Herr, wurde zu unserer großen Überraschung ein enthusiastischer Befürworter des Potenzials von Psychedelika.

Wir machten eine Reihe von Sitzungen für Pfarrer, Priester, Rabbis und Theologiestudenten. Einige dieser Sitzungen waren heftiger und dramatischer als alles, was wir im Gefängnis jemals mit hartgesottenen Kriminellen erfahren hatten. Einige verstrickten sich in Visionen vom Höllenfeuer und dem Jüngsten Gericht; andere wollten sofort alle Menschen in ihrem Umfeld zwingen, sich zu bekehren, zu beichten und sich Jesus zuzuwenden; einige wollten nichts mehr mit Gott zu tun haben und suchten Trost bei ihren Ehefrauen; einige verließen das Pfarramt und einige fühlten sich in ihrer Berufung zutiefst bestätigt.

Ein Theologiestudent, ein großer, rothaariger Bär von einem Mann, rang in seinem Unbewussten stundenlang mit irgendwelchen namenlosen Ungeheuern, schwitzend und stöhnend, bis er endlich Befreiung und Frieden fand. Am nächsten Tag verkündete er jedoch, dass er dieser Erfahrung keinerlei Wert beimesse, dass sie ihm nicht helfen würde, seine Doktorarbeit zu schreiben, oder Amerika helfen würde, die Russen zu besiegen, und deshalb wolle er nichts mehr damit zu tun haben – eine Einstellung, die ich wirklich bizarr fand.

Walter Pahnke kam und initiierte seine berühmte «Karfreitags-Studie», die erste (und bis auf den heutigen Tag einzige) kontrollierte, doppelblinde, authentisch wissenschaftliche Studie mystischer Erfahrung. Walter war ein Dr. med. von der Midwest University und ein ordinierter Geistlicher, der gerade seinen Dr. phil. in Religionsgeschichte an der Harvard University machte. Seine Idee war, einer Gruppe von Theologiestudenten während eines Gottesdienstes am Karfreitag in einer Kapelle Psilocybin zu verabreichen. Er verstand die Hypothese von Set und Setting und wollte alle Faktoren, die religiöse Erfahrungen hervorrufen können, maximieren. Eine Kontrollgruppe sollte zur gleichen Zeit und am gleichen Ort ein Placebo erhalten, und weder die Versuchspersonen noch der Leiter des Experiments würden wissen, wer die Droge und wer das Placebo erhalten hatte. Howard Thurman, der Dekan der theologischen Fakultät der Boston University, war damit einverstanden, dass man deren Marsh Chapel für den Gottesdienst benutzte. Das Andower-Newton-Seminar stellte durch Vermittlung von Walter Clark freiwillige Versuchspersonen zur Verfügung, die hoch motiviert, vorgetestet und ausgewählt waren. Die Harvard University brachte über unser Psilocybin-Projekt geschulte Führer ein, die mit den zwanzig Versuchspersonen in kleinen Gruppen arbeiten sollten. Houston Smith vom MIT war in Pahnkes Doktoratsgremium. Sowohl Houston als auch ich fungierten in den Kleingruppen als Assistenzbeobachter.

Das Experiment war ein voller Erfolg. Walter hatte aus der Literatur über religiöse Erfahrungen neun Kriterien ausgewählt. In Hinsicht auf diese Kriterien erfuhren die Psilocybin-Versuchspersonen Zustände und Ebenen des Bewusstseins, die von klassischen mystischen Erfahrungen nicht unterscheidbar waren, während das bei der Kontrollgruppe nicht der Fall war. Die Studie wurde in psychologischen und religiösen Kreisen berühmt und es wurde in den Medien viel darüber berichtet. Walter erhielt seinen Dr. phil.

Trotz solcher Erfolge wie Walter Pahnkes Experiment nahm der politische Druck der Harvard University zu. Professor McClelland kündigte an, dass Studenten, die an der Arbeit mit Drogen teilnahmen, aus dem Programm für den Dr. phil. ausgeschlossen werden würden. Die Zeitungen spielten die sensationellen Aspekte genüsslich hoch: «Harvard isst den Heiligen Pilz. Religiöse Visionen werden von gefährlichen Gehirndrogen hervorgerufen. Neue Superdrogen können Gehirne in Brand setzen.»

Die zunehmende Ablösung von Harvard

GB Wie habt ihr auf den zunehmend schlechten Ruf des Projekts und der Drogen an der Harvard University und in all den Schlagzeilen reagiert?

RM Ich hielt mir diese Sachen vom Leibe, besonders in den frühen Tagen. Wir hatten zu viel Spaß mit der Erkundung, den Sitzungen und dem Lernen. Der Sensationshunger der Zeitungen amüsierte uns. Der äußere Aufruhr in der Gesellschaft wurde uns immer weniger wichtig, je weiter wir in die Erkundung des inneren Raumes vordrangen. Besonders, da ein so großer Anteil der Gegnerschaft auf Vorurteilen beruhte, die durch bloße Angst motiviert waren, ohne dass irgendeine direkte Erfahrung dahinter stand. Leary sagte manchmal: «LSD ist eine seltsame Droge, die Angst bei Menschen hervorruft, die sie nicht einnehmen.»

RD Ich glaube, das stimmt. Wir haben uns nicht um den politischen Aufruhr gekümmert. Was wir bemerkten, waren unsere eigenen inneren Prozesse und unsere eigenen psychologischen Wirkungen aufeinander. Wir waren ein nach innen gewandter Kult.

GB Ihr wurdet zu jener Zeit eines sektiererischen Verhaltens bezichtigt, von verschiedenen Leuten, zu denen auch David McClelland gehörte.

RM Ja, und Tim pflegte darauf zu antworten: Schlägt man die Definition von einer Sekte nach, so ist das eine Gruppe von Menschen, die sich stark für eine Sache oder ein Prinzip engagieren oder sich ihr widmen. Und das trifft auf uns zu, sagte er. Es gibt eine andere Definition einer Sekte, die deren Exklusivität, die strengen Grenzen zwischen den Insidern und den Outsidern betont. Ich kenne diese Art von Sekte von meiner späteren Beteiligung an einer Meditationsschule in den 1970er-Jahren, der School of Actualism, die zu einer Sekte wurde, obwohl sie anfangs keine war. Doch unsere Gruppe von psychedelischen Suchern und Forschern schloss niemanden aus. Jedermann konnte sich uns anschließen, wenn er das wollte. Seltsamerweise wurden wir von Menschen angegriffen, die selbst nicht an bewusstseinsverändernden Drogenexperimenten teilnehmen wollten, und die wollten, dass wir sie ebenso nicht machten. Für ein solches Verhalten sollte es einen anderen Namen geben als die Ausgrenzung als Kult oder Sekte. ich denke, man könnte so etwas «Prohibition» nennen. Und es war keineswegs so, dass wir versuchten, alle Welt anzutörnen. Wir wollten einfach nur in Ruhe gelassen werden, um diese Dinge mit unseren Freunden und Kollegen zu erkunden, sodass wir voneinander lernen konnten. Gleichzeitig, besonders in den frühen Jahren, kamen wir unseren akademischen Verpflichtungen als Psychologen nach: Wir schrieben Forschungsberichte, ließen sie publizieren, publizierten selbst eine Zeitschrift, sprachen auf Konferenzen, gaben Vorlesungen und so weiter – wir spielten das Spiel der Gelehrten und Wissenschaftler, so wie man es spielen muss, um ernst genommen zu werden. Es war so, dass andere Menschen unsere Entdeckungen interessant fanden. Was soll man davon halten?

GB Gleichzeitig saht ihr euch selbst als etwas, das über die wissenschaftliche Forschung hinausging, als eine Gruppe von Suchenden auf einer Art von spiritueller «Morgenlandfahrt».

RM Suchende, ja, Suchende und Entdecker. Wir suchten ständig nach neuen Möglichkeiten eines menschlichen Zusammenlebens, das fürsorglich und gegenseitig unterstützend und nicht ausbeuterisch oder auf materiellen Konsum und egoistischen Erfolg ausgerichtet war. Das ist die Vision, die ich immer aufregend fand und noch finde, und ich würde wetten, dass sie für die meisten Menschen, wenn nicht für alle, mit denen wir in Kontakt kamen, ebenso galt. Dies würde weit über die Entdeckung eines neuen Werkzeugs für die Psychotherapie hinausgehen, obwohl allein schon das eine gute Sache wäre.

RD Es hat mich immer überrascht, dass die Harvard University so etwas nicht vorantrieb. Hier hatten wir einen kleinen Teil der Gesellschaft, der sich aufmachte, neue Möglichkeiten zu erkunden.

RM Es hat dich wirklich überrascht, dass Harvard uns nicht mehr unterstützt hat? Tim sagte immer: «Ich mache Harvard keinen Vorwurf, dass sie uns ausgeschlossen haben. Universitäten sind die Bewahrer von Traditionen, besonders von Traditionen des Wissens und von Prinzipien;

das ist ihr Job. Man erwartet von ihnen, dass sie das traditionelle akademische System aufrechterhalten.» Er pflegte zu sagen: «Wisst ihr, von Harvard zu erwarten, dass sie Forschung über bewusstseinserweiternde Drogen finanzieren und fördern, ist so, als erwarte man vom Vatikan, die Erforschung von Aphrodisiaka zu finanzieren. Ihre Funktion ist das genaue Gegenteil: Statt nach Bewusstseinserweiterung, streben sie nach Bewahrung des Verstandes. Und trotzdem hattest du das Gefühl, Sie hätten uns mehr unterstützen sollen?»

RD Ja, ich war überrascht. Ich dachte, sie würden als Institution mehr Größe beweisen.

RM Du dachtest, sie hätten mehr Mut haben sollen. War es das?

RD Ja, als Wissenschaftler. Ich brachte das auch auf einer Sitzung der Fakultät zum Ausdruck, auf der man uns beschuldigt, keine Wissenschaftler zu sein. Tim hatte gesagt, dass unsere Methoden, Zustände erweiterten Bewusstseins zu bewerten, wissenschaftlich und objektiv waren, in der Tradition von William James und der Schule der introspektiven Methode. Und ich sagte: Wenn ich es bedenke, dann solltet ihr mich nicht als Wissenschaftler ansehen, sondern als die Information.

GB Könntest du das erklären?

RD Nun, ich war die Information, weil ich ein ordentlicher junger Forscher war und diese Droge einnahm. Sie konnten mich studieren und dabei einige gute Forschungsarbeit leisten. Ich wollte nicht in der Rolle des Forschers verharren; ich wollte sein, wer immer ich war. Aber ich war einfach naiv.

GB Du hast nicht versucht, sie vorzuführen, du hast einfach eine Tatsache ausgesprochen.

RD Ja, ich bin einfach aus dem Wissenschaftsspiel ausgebrochen.

RM Und du hast das auf der Sitzung mit der Harvard-Fakultät gesagt!

GB Gab es irgendwelche Dozenten an der Harvard University, die dich unterstützt oder die sich zu deinen Gunsten ausgesprochen haben?

RM Die frühen Unterstützer waren gegen Ende des ersten Jahres ausgeschieden. Henry Murray war in den Ruhestand getreten. Frank Barron hatte geheiratet und war zurück nach Kalifornien gegangen, an die Universität von Kalifornien in Berkeley. Andere waren bestenfalls neutral.

RD David McClelland war unschlüssig. Er hatte uns nach Harvard geholt und uns einen Job gegeben.

RM Ihr wart beide seine Schützlinge. Seine Reputation stand auf dem Spiel. Tim schreibt in *Flashbacks*, mit ihm sympathisierende Mitglieder des Lehrkörpers hätten ihn wissen lassen, die Sitzung mit den Vorwürfen gegen das Projekt sei ein Machtspiel von Maher und Kelman gewesen, die McClelland bloßstellen und wie einen stümperhaften Verwalter aussehen lassen wollten. Es würde sich schlecht anhören, wenn in der Presse stand: «*Drogenprofessoren von Kollegen angegriffen.*» Gleichzeitig war die ganze Kritik ideologisch. Niemand hatte auch nur angedeutet, dass irgend jemand durch unsere Experimente zu Schaden gekommen war, niemand hatte sich über einen schlechten Trip beklagt oder darüber, missbraucht worden zu sein oder irgendetwas ähnliches.

RD David McClelland mochte Tim nicht, und ich nahm ihm das übel. Ich reagierte auf Dave und sagte: «Bleib mir nur vom Leibe. Du verletzt meinen Freund Timothy.»

GB Aber hat David Tim nicht angeheuert, damit er an der Harvard University innovative Forschung betriebe?

RM Ja, aber Tims Drogenforschung war für McClelland eine allzu radikale Neuerung. Ihm war die ganze Sache ziemlich unheimlich. Vielleicht stand er wegen der Drogenforschung auch unter Druck vonseinen seiner Vorgesetzten in der Verwaltung von Harvard.

RD Es gab eine Feier zum zwanzigjährigen Jahrestag unseres Rauswurfs aus Harvard. Und Dave war der Moderator, das war ziemlich bizarr. Er saß auf der Bühne mit uns und war freundlich und kongenial.

RM Hat er sich dafür entschuldigt, dass er euch rausgeworfen hat?

RD Nein. Er hatte seine Meinung geändert, und das ist doch eine Art von Entschuldigung.

RM Inwiefern hat er seine Meinung geändert?

RD McClelland fand in der Schweiz einen spirituellen Lehrer. Ich glaube, es war irgendetwas Östliches. Dave ging ursprünglich nach Indien, um herauszufinden, wie man die Inder dazu motivieren könnte, Unternehmen aufzubauen, dem westlichen Modell nachzustreben.

RM Ja, er entwickelte Trainingsprogramme, um den Grad des Bedürfnisses nach Leistungsmotivation zu steigern, da seine Forschung in Sozialpsychologie gezeigt hatte, dass dies in unterschiedlichen Kulturen historisch mit wirtschaftlicher Entwicklung und Wachstum verbunden war. Ich mochte McClelland und bewunderte seine Fertigkeiten und sein Wissen als Forscher in diesem Bereich. Seine Arbeit über das Bedürfnis nach Erfolg, die protestantische Ethik, und wie das mit kulturellem

Wandel und wirtschaftlichem Wachstum zusammenhängt, ist sehr interessant. Er machte auch faszinierende Studien über verschiedene Arten des Strebens nach Macht und Zugehörigkeit, und welche Wirkung der Konsum von Alkohol darauf hat. Es war allerdings nicht leicht, mit ihm warm zu werden. Aber ihr hattet eine ziemlich enge Beziehung zu ihm, sehr eng.

RD Ja, an der Wesleyan Universität war ich sein Doktorand und Forschungsassistent gewesen. Viel später begann er sich durch das, was ich dort entdeckt hatte, für Indien zu interessieren, und er begann kleine Dosen von indischer Philosophie zu sich zu nehmen.

RM Das war also eine wirklich große Meinungsänderung für McClelland. Denn ursprünglich, in den frühen Tagen des Harvard-Psilocybin-Projekts, hatte er ein Memo in Umlauf gebracht, in dem er die Meinung vertrat, dass Indien, wo so viel Cannabis konsumiert wurde, eine Art von dekadenter Gesellschaft war, die nicht viel erreichen konnte. Als wir uns dann damals wieder trafen, war seine Einstellung deutlich positiver geworden.

RM Ram Dass, wir haben darüber gesprochen, wie ihr von Harvard gefeuert wurdet. Leary und du, ihr wart die ersten Mitglieder des Lehrkörpers, die jemals gefeuert wurden, nicht wahr? Hat es so etwas vorher schon einmal gegeben?

RD Noch nie.

RM Naja, Tim hat etwas nachgeforscht und herausgefunden, dass Ralph Waldo Emerson etwa 100 Jahre zuvor wegen seiner unkonventionellen Ansichten von Harvard gefeuert worden war.

GB Was war deine emotionale Reaktion, Ram Dass?

RD Ich befand mich im Zustand eines existenziellen Schocks. Ich hatte das Gefühl, nichts Falsches getan zu haben. Es war einfach das Spiel von Energie. Ich hatte keinerlei Reaktion. Meine Mutter zeigte eine Reaktion, aber ich nicht. Es war alles bloß: «Diese Spießbürger.» Ich war von den Drogen begeistert. Sie waren dabei, mich etwas zu lehren, was ich zuvor nicht gewusst hatte, und ich befand mich auf einer heiligen Suche.

RM Tim hat etwas ähnliches gesagt: Von Harvard gefeuert zu werden ärgerte ihn nur, weil es seine Mutter beunruhigte.

RD Ich ging hinüber in das Büro von Nathan Pusey, dem Präsidenten von Harvard, und bei ihm befand sich gerade Kennedys Staatssekretär, der Professor an der Harvard University war. Pusey wollte nur eine Frage stellen: «Haben Sie einem Studenten der frühen Semester Drogen gegeben?» Ich sagte: «Ja», und er sagte: «Sie haben ein Versprechen gebrochen, das sie dem Dekan gegeben haben, und so etwas können wir nicht dulden.» Vielleicht wusste ich damals einfach nichts zu entgegnen, ich weiß es nicht mehr. Ich hielt es zu jener Zeit nicht für sehr ernst.

GB Du führst in deinen Schriften aus, dass es damals dein Lebenssinn war, ein Professor an der Harvard University und ein Erfolgsmensch zu sein.

RD Ja, bis zu diesem Zeitpunkt. Ich war damals der Meinung, dass ich mich einer heiligen Suche angeschlossen hatte. Wir wollten Harvard zeigen, worum es in der Psychologie wirklich ging. Wir gingen mit Bewusstseinszuständen um, von denen sie bisher keine Ahnung hatten.

RM Ganz genauso fühlte ich mich auch. Wir erkundeten einige Bereiche, die für die Psychologie und das Verständnis des menschlichen Geistes unglaublich relevant waren. Harvard wollte nichts davon wissen, also war es uns recht, auszuscheiden und mit der Forschung weiterzumachen, wie es uns gefiel. Keinerlei Vorwürfe.

GB Wenn ihr heute von dem Standpunkt, den ihr vierzig Jahre später habt, auf die Sache zurückblickt, war das wirklich so eine kleine Sache in eurem Leben, oder habt ihr vielleicht das Gefühl, dass ihr von der Strömung mitgerissen wurdet und dass da auch eine Ego-Inflation, eine Art von Größenwahn im Spiel war?

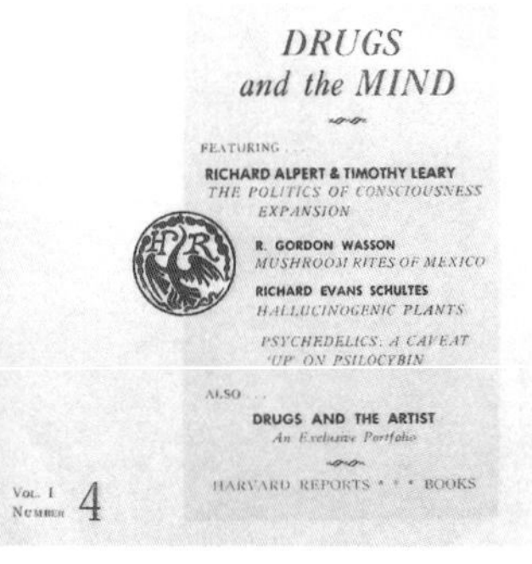

Vol. 1, Nummer 4, Sommer 1963

RD Weißt du, wenn ich auf mein Leben zurückblicke – hätte ich die Drogen nicht genommen, dann wäre ich nicht nach Indien gegangen, Pünktchen, Pünktchen, Pünktchen. Von meinem heutigen Standpunkt aus sehe ich also, dass dieses Ereignis sehr positiv war, weil es mich mit dem Geistigen verbunden hat, und das war bei mir zuvor nicht der Fall gewesen. Ich war ein Psychologe, ich redete mit Psychologen und die Welt bestand aus Psychologie. In dem Zustand, in dem ich mich befand, bevor ich die Psychedelika nahm, wäre ich sicherlich entsetzt gewesen, wenn man mich gefeuert hätte. Aber die Psychedelika eröffneten mir neue Horizonte, und Harvard erschien im Vergleich dazu sehr klein. Wir erkundeten etwas ganz Neues, und Harvard sagte: «Nein, das dürft ihr nicht.» Was meinen Größenwahn angeht – ich war total genervt davon, dass Harvard uns das nicht erlaubte. Denn Harvard war liberal und sie gingen weise mit ihren Professoren um. Und hier waren wir, ihre Professoren, die etwas Brandneues unternahmen, und sie fürchteten sich. Der Mensch, der ich vor der Erfahrung mit diesen Drogen gewesen war, hätte sich sicherlich gefürchtet.

GB Kannst du mehr über das spezielle Ereignis erzählen, das zu deiner Entlassung führte?

RD Es gab da einen Studenten, Ronnie Winston, der an der Harvard University im Hauptfach Englisch studierte und der auch am MIT in die Forschung über Raketentreibstoffe involviert war. Ein wirklich brillanter Typ aus einer sehr reichen Familie. Und er fühlte sich von unserem Projekt angezogen. Er war ein Freund von Andrew Weil, der zu den Herausgebern der Studentenzeitung *The Harvard Crimson* gehörte. Ich habe Winston angetörnt und nicht Andy, und das musste ich teuer bezahlen. Andy Weil schrieb einen Artikel im *Harvard Crimson*, in dem er mich beschuldigte, Studenten der frühen Semester Drogen zu geben.

RM Weil er nicht die Psilocybin-Sitzung von dir erhielt, die er sich wünschte?

RD Er hat sie nicht bekommen.

RM Du hast sie ihm nicht gegeben?

RD Nein.

RM Aber er wusste, dass du sie Ronnie Winston gegeben hattest.

GB In dem Buch *Timothy Leary: Outside Looking In* interviewt Bob Forte, dessen Herausgeber, Andrew Weil, der sagt:

Richard Alpert wurde gefeuert, und die investigative Berichterstattung, die ich in der Zeitschrift für die frühen Semester herausbrachte, hat sicherlich mitgeholfen, das zu erreichen. ... Die Universität wollte Leary und Alpert aus verschiedenen Gründen loswerden. ... Die Zeitung sah eine tolle Gelegenheit für investigative Berichterstattung und machte einen Deal mit der Verwaltung der Universität: Würden wir an Informationen kommen, die der Verwaltung halfen, die beiden loszuwerden, dann würde die Universität entsprechend handeln und The Crimson *exklusive neue Rechte einräumen. ...* The Crimson *hat dies initiiert ... Die Universität meinte, nicht aktiv werden zu können, sie besäßen keine Gründe, die beiden zu entlassen.* (S. 307)

RM Ich habe das Gerücht gehört, dass es der Vater des Studenten, ein reicher und einflussreicher Mann, war, der zusammen mit R. Gordon Wasson, dem New Yorker Bankier, der den mexikanischen Pilzkult wiederentdeckte, Druck auf die Universität ausübte, uns rauszuwerfen. Wasson mochte Leary nicht.

RD Und Andy Weil hatte zu jener Zeit Übergewicht. Er sagte: «Ich wäre gern Ihr Student.» Ich sagte: «Wenn du mein Student werden willst, dann musst du etwas abnehmen.» Das tat er dann auch. Schließlich machte er auf eigene Faust psychedelische Sitzungen.

RM Es ist doch interessant, nicht wahr, dass Andrew Weil später ein Vertreter des Modells einer gesunden Ernährung und eines gesunden Lebensstils sowie eines holistischen und integrativen Ansatzes in der Medizin geworden ist.

RD Nachdem *The Crimson* den Artikel darüber, dass ich einem nicht-graduierten Studenten ein Psychedelikum gegeben hatte, veröffentlicht hatte, wurde die Geschichte auch vom *Boston Globe* und dann von der *New York* Times und so weiter aufgegriffen.

RM Andrew Weil schreibt in diesem Interview, er habe das Gefühl gehabt, «dass in ihrem Kreis (dem von Leary und Alpert) eine Menge wüste und fragwürdige Dinge vorgingen, ob sie nun selbst darin involviert waren oder nicht. Und ihre Anwesenheit an der Universität erzeuge ein gewisses Maß an Spannung.» Er meint, es wäre «so oder so» zu der Entlassung gekommen.

RD Ja, Jahre später, glaube ich, hat Andy an die medizinische Fakultät der Harvard University gewechselt, und er rief mich aus Washington an. Er wollte eine Drogenstudie unternehmen und die Universität erlaubte es ihm nicht. Er rief mich an und sagte: «Ich befinde mich in derselben Situation, in der ihr an der Harvard University wart.»

RM Ja, er hatte dasselbe erkannt wie Tim und du, nämlich, dass sich Universitäten und Regierungen von unseren bewusstseinsverändernden Substanzen zutiefst bedroht fühlen und Forschungen darüber immer sehr ungern unterstützen, solange sie nicht negativ ausfallen. Er erzählte mir, man habe ihm, als er beantragte, psychoaktive Substanzen zu erforschen und dies abgelehnt wurde, Folgendes gesagt: Wenn er seine Forschung allein darauf ausrichten würde, die negative Seite von Psychedelika herauszustellen, dann würde er so viele Forschungsgelder bekommen, wie er wollte. So wird nun einmal das Wissenschaftsspiel von Seiten der Regierung gespielt: Wir bezahlen dich, wenn du uns die Ergebnisse lieferst, die wir für unsere Politik wollen und brauchen. In Hinsicht auf bewusstseinsverändernde Drogen ist die Politik im Grunde Prohibition.

GB Ist diese Sache mit Ronnie Winston passiert, nachdem man dir verboten hatte, nicht-graduierten Studenten Drogen zu geben?

RD O ja. Und sie wussten um meine Homosexualität und meinen Drogenkonsum.

RM Sie wussten um deine Homosexualität? Hattest du dich deinen Kollegen gegenüber geoutet?

RD Ja, gegenüber einigen von ihnen. Ich will dir eine komische Geschichte aus der Zeit erzählen, in der ich Therapeut beim Harvard

Student Health Service (HSHS) war. Ich besaß einen Mercedes Benz, den ein Freund meiner Eltern aus Deutschland mitgebracht hatte. Ich hatte einen großen Judenstern auf die Stoßstange geklebt und auch das Siegel des HSHS. Ich lieh das Auto einem meiner Liebhaber, einem ziemlich jungen Typen aus New Hampshire. Er versuchte sich in dem Auto einem der Psychiater des Health Service anzunähern. Also bestellte mich Dana Farnsworth, der Direktor des HSHS, zu sich und sagte mir: «Richard, einer deiner Patienten fährt dein Auto.» Und ich sagte: «Es war nicht einer meiner Patienten, es war einer meiner Liebhaber.» Das war alles vor dem Drogenskandal. Ich hätte sagen können, er sei ein Patient, aber das tat ich nicht.

GB Du hast Dana Farnsworth also gesagt, dass du schwul bist.

RD Ja, er wusste es.

RM Das ist eine lustige Geschichte. Ich habe jedenfalls erst sehr viel später von deiner Homosexualität erfahren.

RD Bevor ich mit Tim zu tun bekam, führte ich ein Doppelleben. Ich war Professor und ich war gleichzeitig in Parks und Männertoiletten unterwegs. Das war meine wilde Seite. Und diese wilde Seite bekehrte sich zu den Drogen. Ich war kein völlig aufrichtiger College-Professor. Meine sexuelle Orientierung war irgendwie mit dieser ganzen Sache verwoben. Ich bin dafür berühmt, dass ich aus Harvard hinausgeworfen wurde. Es heißt immer, das sei wegen der Drogen geschehen, aber es ging dabei nicht nur um die Drogen, sondern auch um meine Homosexualität. Ich hätte diese nicht-graduierten Studenten nämlich nicht angetörnt, wenn es nicht zu meinem sexuellen Vorteil gewesen wäre; es tut mir leid, das sagen zu müssen.

GB Macht es dir etwas aus, wenn dies jetzt alles ans Licht kommt?

RD Nein, es macht mir nichts aus. Aber was sage ich jetzt, wo ich ein großer spiritueller Führer bin?

GB War es in den Universitäten damals ein großes Problem, wenn ein Dozent mit Studenten Sex hatte?

RD Das war definitiv ein Tabu.

RM Ich habe meiner Freundin Idalia, einem hübschen Mädchen aus Puerto Rico vom Radcliffe College, Drogen gegeben. Sie nahm an einigen der frühen Psilocybin-Experimente teil. Du wurdest gefeuert, weil du Nicht-Graduierten Drogen gegeben hast. Auch ich habe Nicht-Graduierten Drogen gegeben, und ich wurde nicht gefeuert.

GB Du bist nicht erwischt worden. Warst du unbescholten, als du deinen Abschluss gemacht hast? Du hattest deine Doktorarbeit und dein postdoktorales Jahr doch abgeschlossen?

RM Nun, zum einen hatte ich nicht wirklich einen Job, den man mir hätte kündigen können. Ich war einfach nur ein Doktorand und Forschungsassistent. Zum anderen war dies eine Regel, die Harvard für Mitglieder des Lehrkörpers aufgestellt hatte. Ich war keine Lehrkraft. Alle Leute in unserem Projekt, die die Studien durchführten, waren Doktoranden, und die Leute, die teilnahmen, waren ihre Freunde oder Verwandten. So hat zum Beispiel mein Bruder, der damals ein Doktorand in Physik am MIT war, ebenfalls teilgenommen. Und natürlich hatten die Studenten der Harvard University ihre eigenen Quellen für Psychedelika, völlig unabhängig von unserem Projekt, auch wenn sie zweifellos davon inspiriert waren.

So war zum Beispiel für diejenigen, die wussten, wo sie suchen sollten, Meskalin legal erhältlich. Nicht-Graduierte gaben mir Drogen – Foster Dunlap törnte mich auf Marihuana an. Und vor allem wurden wir nicht bestraft, weil die Studenten sich über schlechte Trips beschwert hatten oder sich geschädigt fühlten. Ganz im Gegenteil; sie hatten alle gute Trips und wollten mehr machen.

RD Ja, das weiß ich. Präsident Pusey hat Ronnie Winston gefragt: «Hat Dr. Alpert dir diese Droge gegeben?» Und der Junge sagte: «Ja, und es war die tiefste Erfahrung, die ich je in einem Kurs an dieser Universität gemacht habe.»

GB Harvard wollte nichts davon wissen, dass Studenten großartige Erfahrungen gemacht hatten, weil sie die ganze Sache stoppen wollten.

RM Niemand hat mir gesagt, ich dürfe das nicht tun. Ich törnte einfach einen Kommilitonen an. Also fühlte ich mich gerechtfertigt. Es war nicht so, dass wir Leute dazu drängten oder mit einem Trick dazu brachten, Drogenerfahrungen zu machen, um die sie nicht gebeten hatten. Es war immer einvernehmlich und gegenseitig, wie man in Hinsicht auf sexuelle Beziehungen sagt.

RD Ich fühlte mich auch gerechtfertigt.

RM Ja, aber du hast die Regel gebrochen, die Vereinbarung, die du getroffen hattest. Ich hatte einfach Glück.

RD Ich habe unseren Vertrag gebrochen. Auf der ersten Seite der New York Times hieß es an dem Tag, nach dem ich gefeuert wurde: «Harvard-Professor lügt.» Aber ich habe weder gelogen noch geleugnet; ich habe einen Vertrag gebrochen. Für meine Familie war das alles nur

Politik in Hinsicht auf Drogen. Sie ließen mich wissen, dass sie nicht glücklich darüber waren. Aber ihre Freunde, die Freunde meiner Mutter, sagten: «Was tust du deiner Mutter nur an?» Mein Vater war dermaßen mit seinen Machtspielen beschäftigt, dass er es kaum mitbekam.

RM Ich erinnere mich an einen tollen Spruch meines Vaters: «Ich möchte mein Bewusstsein nicht erweitern. Ich habe bereits genug Schwierigkeiten mit meinem Bewusstsein, so wie es ist. Es zu erweitern, würde mir nur noch mehr Probleme bringen.» Er war wie dein Vater ein Geschäftsmann, im Verlagswesen. Seine Weise, sich über das zu informieren, was ich tat, bestand darin, Bücher, Artikel und alles andere, was er darüber finden konnte, zu lesen.

RD Er ging auf diese Weise an seine Grenze.

RM Ja, er lernte alles über psychoaktive Pilze. Er liebte bereits essbare Feinschmeckerpilze. Er sammelte Informationen. Er pflegte mir deutschsprachige Zeitungsartikel zu senden. Aus seiner Sicht war er also damit einverstanden. Dies war seine Weise, das Thema zu erforschen.

RD Was die Reaktion meiner Eltern auf meine Entlassung angeht ... Naja, in Boston ist Harvard einfach *die* große Sache. Aus der Harvard University hinausgeworfen zu werden, ist wirklich ein Hammer. Andererseits war für meinen Vater Geld die große Sache. Einmal kamen Papa und meine Mutter an dem Tag in die Universität, an dem ich in der feierlichen Abschlussprozession marschierte. Und mein Vater fragte mich: «Was, meinst du, machen diese habilitierten Professoren da?» Und ich sagte: «Ehrlich gesagt, ich weiß es nicht.» Und er sagte: «Du möchtest nicht in diesem Geschäft bleiben.» (Gelächter)

Was den schlechten Ruf anging, so kamen die Freunde meiner Mutter später zu mir und sagten: «Du warst eine wirkliche Plage für deine Mutter.» Mir ist so etwas nie aufgefallen. Sie war immer wunderbar darin, mich zu unterstützen. Es war immer ein «Go, baby go», wenn ich tat, was ich wollte. Ich glaube, sie hat einfach nicht gewusst, wie weit ich gehen würde. (Gelächter)

GB Du hast erzählt, dass es einen Artikel in der *New York Times* über dich gab, der sehr negativ war und den dein Vater eingerahmt an die Wand hängte.

RD Ja, das war Jahre später, als ich Ram Dass war. Es gab darin ein sehr schönes Foto von mir. Ich weiß gar nicht, ob er den Artikel überhaupt gelesen hat. Aber ihm gefielen der Ruhm und die Berühmtheit.

Ralph Metzner und Gary Fisher in Zihuatanejo, Mexiko, 1963

Das psychedelische Trainingsprogramm in Mexiko – Sommer 1963

RM Tim wurde nicht dafür gefeuert, dass er irgendwelche Regeln gebrochen hatte. Er verließ einfach die Universität, da er beschlossen hatte, die vorgesehenen Kurse abgeschlossen zu haben, und die Universität entließ ihn oder verlängerte seinen Vertrag nicht. Deren Verwaltung wollte uns alle ganz offensichtlich aus der Universität oder nach der IFIF-Erfahrung sogar aus deren Umgebung entfernt sehen. Tim nahm es ihnen offenbar nicht übel. Er sagte, man könne von Universitäten nicht erwarten, dass sie etwas unterstützen, was die konventionellen und traditionellen Weltanschauungen in Frage stellte. Also ging er nach Zihuatanejo, um an der Anpassung des *Tibetischen Totenbuchs* zu arbeiten und das Trainingsprogramm, das wir für den Sommer planten, vorzubereiten.

GB Jack Downing, ein Psychiater, der zu dieser Zeit der Direktor des San Mateo County Mental Health Department war, kam als beobachtender Teilnehmer nach Zihuatanejo und schrieb einen positiven Zeitungsartikel über das Programm in Zihuatanejo. Er schrieb über eine psychotische Frau, die uneingeladen dorthin gekommen war und die man aufgenommen hatte, um die man sich gekümmert hatte und die sich dort ohne jegliche anti-psychotische Medikation beruhigt hatte.

RM Ja, und sie hatte auch keine Psychedelika erhalten. Sie war bereits auf ihrem eigenen selbstinduzierten psychotischen Trip. Das war die Art von Situationen, die Ronald D. Laing und John Perry sich vorgestellt hatten, in der Psychotiker in Sicherheit verrückt werden konnten. Zihuatanejo war vielleicht die ideale Umgebung, um das zu tun. Ich erinnere mich, dass wir uns abwechselnd um sie kümmerten. Wenn sie in den Ozean gehen wollte, ging ich mit ihr in den Ozean. Wir hörten uns alles an, was sie zu sagen hatte; wir haben sie nicht beurteilt.

RD Wir haben das zweite Zihuatanejo Retreat sehr ernst genommen. Wir wollten unsere gesamte Tätigkeit dorthin verlagern.

RD Es war deutlich geworden, dass es nicht möglich war, der Öffentlichkeit in den Vereinigten Staaten ein solches Programm anzubieten, während es in Mexiko eine Tradition der verschiedensten alternativen Gesundheitsprogramme gab. Also mieteten wir wieder das Hotel Catalina und sandten Broschüren an die Leute aus unserer IFIF-Adressenliste.

RM Ich meine gelesen zu haben, dass du das Hotel für zwei Jahre gebucht hattest?

RD Ja, wir hatten das Hotel Catalina jedoch nur für das Sommerprogramm.

RM Ich erinnere mich an die Balkenüberschrift im *San Francisco Chronicle:* $ 200 FÜR EINEN MONAT IN EINEM TROPISCHEN PARADIES, EINSCHLIESSLICH DREI ODER VIER GEFÜHRTER LSD-SITZUNGEN. Wir bekamen mehr Anmeldungen, als wir bewältigen konnten. An dir (RD) blieb es hängen, mit all den Anmeldungen umzugehen, die Antragsteller auszusieben und die erste Ausgabe der *Psychedelic Review* in Druck zu geben, während wir am Strand herumtoben konnten.

Tim, Zihuatanejo, Mexiko, 1963

RD Ich habe auch herumgetobt.

RM In Zihuatanejo haben wir eine der Hütten in einen Sitzungsraum umgewandelt. Er war mit indischen bedruckten Vorhängen geschmückt, mit Kissen, Kerzen und Räucherwerk ausgestattet. Oft verbrachten wir jedoch einen großen Teil einer Sitzung am Strand oder im Wasser. Wir fanden heraus, dass die Brandung in der geschützten Bucht sich als ein hervorragendes Mittel erwies, jemanden durch die schwierige Phase eines Trips zu führen. Einfach am Rand des Wassers zu liegen, sich von den Wellen überspülen zu lassen, mit dem Körper über den Sand zu rollen und mit den ewigen Strömungen von Luft, Ozean, Sonne und Erde zu verschmelzen, schien sehr viel Angst, Misstrauen, Frustration und anderes emotionales Gepäck zu beseitigen. Es gab gewöhnlich drei oder vier Personen in einer Sitzung mit einem erfahrenen Führer. Ein großer Teil der Führung fiel meiner Frau Susan und mir zu. Wir hatten einen ziemlich vollen Stundenplan: Sitzungen begannen jeden Morgen und jeden Abend. Damit der Toleranzeffekt sich abschwächen konnte, mussten bei allen Teilnehmern mindestens drei bis vier Tage zwischen den einzelnen Sitzungen vergehen. So gab es immer Gruppen, die entweder eine Sitzung begannen oder beendeten oder sich mittendrin befanden. Manchmal waren Susan und ich mehrere Tage und Nächte ohne Unterlass aktiv, bloß mit kurzen Nickerchen «im Fluge». Tim hat auch einige der Sitzungen geleitet, aber die meiste Zeit war er in Mexiko City mit der politischen und diplomatischen Arbeit beschäftigt, die nötig war, um unsere Operation in Gang zu halten.

Eine von Tims kreativen Inspirationen war, eine drei Meter hohe Hochsitzplattform am Strand zu bauen, die zum Meer hin offen war. Hier war ständig irgend jemand auf dem Trip. Wir betrachteten ihn oder sie als eine Art Leuchtturm im inneren Raum, ein Leuchtfeuer, das den höchsten Bewusstseinszustand repräsentierte. Man konnte sich auf diesen «hohen Zeugen» einstimmen, um wieder Orientierung zu finden, wenn man sich zu sehr in das Weltliche verstrickte oder sich in die höllischen Bardos verlor. Jeden Morgen und jeden Abend übernahm jemand anderer diesen Posten, und wir machten jedes Mal eine kleine Zeremonie, eine Wachablösung des himmlischen Wächters, des kosmischen Beobachters von Tag oder Nacht. Ich verbrachte eine unvergessliche Nacht auf dem Hochsitz. Ich sah den Mond aufgehen und über die Bucht ziehen, wobei sein silberner Glanz von der murmelnden Brandung reflektiert wurde.

Der Hochsitz am Strand war eine Art Leuchtturm der inneren Räume

Als die Sonne hinter den Bergen aufging, durchflutete das rosa-orangene Licht den gesamten Himmel. Ging man in der Nacht schwimmen, dann konnte man seine Hände durch das Wasser bewegen und zusehen, wie Ketten perlend phosphoreszierender Partikel aus allen Fingerspitzen ausströmten. Stundenlanges lautloses Wetterleuchten zersplitterte den Himmel in Scherben von Gelb, Türkis und Violett.

RD Später in Millbrook, wenn jemand für eine Woche im Tennishaus blieb, stand dieselbe Idee dahinter.

GB Ram Dass, warst du zurück in Boston, während die anderen in jenem zweiten Sommer in Zihuatanejo waren?

RD Ich war an der Harvard University. Ich hatte Tim Geld gegeben, damit er Regierungsbeamte bestechen konnte. Er kaufte stattdessen ein Schnellboot. Es war dasselbe Geld.

RM Während wir dort waren, fuhr Tim mehrmals in der Woche nach Mexico City, um mit Beamten und Psychiatern zu sprechen. Ich glaube, unsere Vertreibung wurde durch Dr. Nieto, einen Psychiater, ausgelöst. Tim hatte bei einem Treffen mexikanischer Psychiater einen Aufsatz über unsere Arbeit vorgestellt. Die Reaktion war frostig feindselig, und Dr. Nieto startete eine Kampagne, um unserer Arbeit ein Ende zu setzen. Wir hatten ihn nicht ausreichend zu Rate gezogen. Wir hätten ihn als Assistenzpsychiater anheuern sollen. Ein Psychiater aus Mexiko hätte diese Stelle bekleiden müssen. Er war sehr kritisch, feindselig und fühlte sich von der ganzen Sache bedroht.

RD Dieser Dr. Nieto hatte einen schlechten Meskalin-Trip gehabt.

RM Sie informierten also das Gesundheitsministerium der Regierung. Journalistische Verzerrungen und Erfindungen trugen zu dem Problem bei: So wurde zum Beispiel ein Axtmord, der sich kurz vor unserer Ankunft in der Gegend ereignet hatte, von einem übereifrigen lokalen Polizisten, der scharf auf eine Beförderung war, den *Gringos* und ihren *Hongos alucinantes* in die Schuhe geschoben. Sind anonyme Anklagen erst einmal in einer Zeitung erschienen, dann sind sie schwer wieder aus der Welt zu schaffen. Außerdem zog unser Projekt unbeabsichtigt eine beträchtliche Anzahl uneingeladener amerikanischer Marihuana-Raucher an, die in unserer Nähe kampierten, was dem Misstrauen uns gegenüber und unserem schlechten Ruf noch eine weitere Schicht hinzufügte. Einer der uneingeladenen Besucher war Leary zufolge Carlos Castaneda, der später durch seine Bücher über lateinamerikanische Zauberei berühmt wurde.

Die Bundespolizisten waren höflich und freundlich; zwei Männer in Anzügen und weißen Hemden. Sie sagten uns, wir würden wegen all der schlechten Publicity ausgewiesen. Persönlich sagten sie uns, sie würden diesen Gerüchten nicht glauben und hätten das Gefühl, wir seien gute Menschen. Einer von ihnen sagte sogar, er sei daran interessiert, LSD zu nehmen. Aber sie teilten uns auch mit, wir hätten 24 Stunden Zeit, um zu verschwinden: Die technische Begründung war, dass wir Touristen-Visa besaßen und dort ein Geschäft betrieben. Es gelang Tim, uns einige zusätzliche Tage zu erkaufen, während er zurück nach Mexico City fuhr und dort seinen Rechtsanwalt traf, in dem Versuch, unsere Ausweisung zu verhindern. Doch offensichtlich hatten Anrufe von amerikanischen Autoritäten – dem Botschafter, der CIA und des Justizministeriums – die Entscheidung, uns auszuweisen, unterstützt. Tim behauptete in *Flashbacks* (S. 129-30, 162), dass wiederholte Anrufe und Botschaften seiner geheimen Freundin Mary Pinchot Meyer (ich hatte zu jener Zeit nie von ihr gehört oder sie getroffen), die über eine längere Zeit eine Geliebte und Vertraute von J. F. Kennedy gewesen sei, ihn wiederholte Male gewarnt hatten, dass Individuen und Gruppen in hohen Positionen in der amerikanischen Regierung mit seinen Drogenexperimenten einverstanden waren, dass sie ihn jedoch zerstören würden, wenn er zu viel öffentliche Aufmerksamkeit erregte. Sie selbst wurde ein Jahr nach JFK unter mysteriösen Umständen, die bis heute nicht aufgeklärt wurden, in Washington, DC, ermordet.

Tim spricht mit mexikanischen Beamten über die bevorstehende Ausweisung

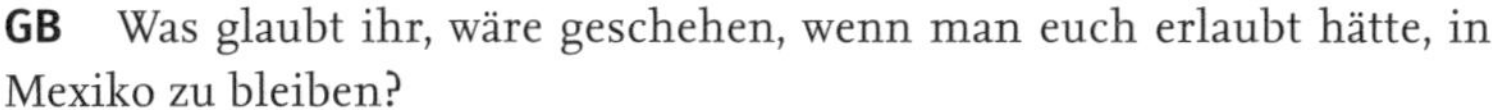

GB Was glaubt ihr, wäre geschehen, wenn man euch erlaubt hätte, in Mexiko zu bleiben?

RM Potenziell hätte das eine wunderbare Sache werden können. Wir lernten, Sitzungen so abzuhalten, dass sie für die Leute optimal produktiv waren. Das Setting war einfach großartig. Wir bekamen fantastische Rückmeldungen von unseren Teilnehmern, von denen viele länger bleiben und mehr Sitzungen machen wollten. Wir bekamen exzellente Berichte von Beobachtern wie Dr. Jack Downing, der später ein sehr guter Freund von mir wurde und der einer der wegweisenden Psychiater für die therapeutische Nutzung von MDMA war.

RD Aber wir waren nicht stabil genug, um eine stabile Institution zu leiten.

GB Warum sagst du, die Gruppe sei nicht stabil genug gewesen, um den Ferienort zu managen?

RM Es war die Tatsache, dass wir keine Genehmigung dafür erhalten hatten. Wir wurden ausgewiesen. Ich glaube, wir haben in Mexiko territoriale Instinkte verletzt. Vielleicht hatten die Mexikaner das Gefühl, dass wir dort waren, um etwas zu tun, das man bei uns zu Hause für verrückt gehalten hätte – und in einem gewissen Sinne hatten sie Recht. Die Regierungsämter in den USA verdammten das, was wir taten, und brachten, so schnell es ihnen möglich war, Gesetze durch, um es gesetzeswidrig zu machen. Man muss mit Leuten reden, alles planen und organisieren. Tim tanzte in mancher Hinsicht einfach herum. Entweder unterschätzte er die Opposition, die er hervorrief, oder er kümmerte sich nicht darum. Meiner Meinung nach wusste er, dass das Ganze eine gewagte Sache war, aber er war entschlossen, es trotzdem zu riskieren. Das Leben ist ein Risiko und er mochte Risikos. Warum der Sache keine Chance geben, vielleicht werden wir scheitern, aber wir werden auf jeden Fall unseren Spaß haben.

RD Als unsere Aktien in Harvard fielen, erschienen diese Phantasien sehr real.

RM Als sich die Nachricht über unsere Ausweisung unter den etwa vierzig amerikanischen Gästen, die sich für unser Programm eingeschrieben hatten, verbreitete, waren diese sehr enttäuscht, und etliche von ihnen baten uns inständig, während der drei Tage, die uns verblieben, noch eine weitere LSD-Sitzung für sie durchzuführen, für die sie bereits bezahlt hatten. Tim und wir anderen waren total erschöpft. Wären wir einigermaßen bei Sinnen gewesen, hätten wir uns geweigert. Set und Setting hätten nicht schlechter sein können – wir standen unter Anklage und der Drohung von Ausweisung. Aber ich denke, wir fühlten uns schuldig und stimmten deshalb zu, die Sitzungen zu machen. Zwei von ihnen erwiesen sich als größere psychotische Katastrophen, auch wenn niemand gestorben ist. Da die ganze Atmosphäre vergiftet war, waren die meisten dieser Sitzungen schlecht; einige von ihnen sehr schlecht. Einer der Männer entwickelte eine religiöse Manie und schrie das *Vater Unser* so laut er konnte über die Bucht von Zihuatanejo hinaus. Später fiel er eine Steintreppe hinab und brach sich den Unterkiefer. Er rempelte Tim an, sodass Tim einige Steinstufen hinabfiel und sich die Rippen quetschte. Vier Männer mussten den Typen festhalten, während Jack Downing ihm eine antipsychotische Medikation verpasste (die wir normalerweise nie verwendeten).

Ein anderer Mann, dessen Führung ich widerwillig übernommen hatte, beschloss an dem Tag nach seiner Sitzung, zu Fuß nach Boston zurückzukehren, und er marschierte in seiner Unterwäsche in Richtung auf das Dorf los. Während alle anderen dabei waren, ihre Sachen zu packen, mussten wir von Zeit zu Zeit jemanden losschicken, um ihn von seiner langen Wanderung nach Hause zurückzuholen. Er war für jegliche rationalen Argumente unzugänglich. Als wir am späten Abend endlich am Flughafen von Mexico City ankamen, fuhr unser ruheloser Reisender fort, hin und her zu laufen, immer verfolgt von erschöpften Mitarbeitern. Er ging zum Beispiel zum Ticketschalter und verlangte ein Ticket zur «Unendlichkeit». Die Angestellten baten ihn höflich, am nächsten Morgen wiederzukommen. Mit Glück und einigen Tricks schafften wir es schließlich, ihn in ein Taxi zu verfrachten und zu unserem Hotel zu bringen. Aber unsere Schwierigkeiten waren noch nicht vorbei.

Angetrieben von manischer Energie, während alle anderen todmüde waren, wanderte er durch die Straßen und verlangte von einem Taxifahrer, ihn nach Boston zu fahren. Wir haben ihn dann letztlich in das amerikanische Hospital gebracht, wo er zu meiner Überraschung, nach einem letzten manischen Aufbegehren, widerstandslos den Anordnungen der Krankenschwester Folge leistete, sich auszuziehen und zu Bett zu gehen.

Dies war das erste Mal, dass ich etwas begriff, was ich auch persönlich erfahren und etliche Male beobachten sollte: Unter gewissen Bedingungen, wenn sämtliche inneren Strukturen, die unsere Sicht der Wirklichkeit aufrechterhalten, unterminiert worden sind, kann eine Person durchaus bereit sein, irgendeine verfügbare äußere Struktur als besser zu akzeptieren, als überhaupt keine Struktur. Wir hörten später, dass dieser Mann zwei Wochen lang in dem Hospital blieb. Er schrieb uns und teilte uns mit, diese Erfahrung sei zu jener Zeit zwar schmerzlich gewesen, sie habe ihn aber etwas Wertvolles gelehrt. Wie wir herausfanden, war ein Teil des Grundes für seine exzessive Paranoia, dass er gegen den Wunsch seines Arbeitgebers nach Zihuatanejo gekommen war. Er war in irgendwelche Arbeit involviert, die mit der nationalen Sicherheit zu tun hatte, und fürchtete, die Droge könnte ihn dazu bringen, geheime Informationen auszuplaudern. Seine Angst wurde dadurch noch enorm verstärkt, dass die Bundespolizei kam, um uns auszuweisen. Wir formierten unsere zerstreuten und angeschlagenen Kräfte im Haus eines Freundes in Mexico City neu. Tim kam an, bandagiert und hinkend von seinem Zusammenstoß mit dem religiösen Fanatiker. Dick Alpert und Peggy Hitchcock flogen von Boston ein. Wir vergruben unsere restlichen Vorräte von Drogen in der Nähe des Hotels, weil wir damit nicht durch die Zollkontrolle gehen wollten. Wir sahen sie nie wieder.

RD Ich flog hinab, um sie in Mexiko City zu treffen, und nahm ein Fläschchen mit flüssigem LSD mit, weil ich wusste, dass sie alle als Verdächtige überwacht wurden. Ein Geschäftsmann aus der Müllentsorgungsbranche bezahlte mein Ticket. Er lebte in der Nähe von Boston, und er rief mich an und sagte: «Ich finde es schrecklich, was sie da mit Tim anstellen.» Ich erzählte ihm, dass ich dorthin fliegen wollte, um auszuhelfen. Und er sagte: «Ich gebe Ihnen das Geld für das Flugticket; kann ich mitkommen?» Also reisten er und ich gemeinsam, obwohl ich nicht wusste, wer er war. Ich hatte das Fläschchen mit LSD in meinem Koffer und wir flogen mit Eastern Airlines in eine der südlichen Städte. Er war die ganze Zeit bei mir. Wir schauten aus dem Flugzeug, als das Gepäck entladen wurde. Wir konnten sehen, wie der Bedienstete gegen die Taschen trat. Die nächste Tasche, die heruntergeworfen wurde, war meine, aber ich sagte nichts. Später sah ich dann, dass das Fläschchen mit flüssigem LSD zerbrochen, die Flüssigkeit ausgelaufen und von meinem weißen Seidenanzug aufgesaugt worden war. Wir haben den weißen Anzug danach in kleine Stücke geschnitten, um die Dosen zu retten.

RM Hast du je herausgefunden, wer der Mann war?

RD Nein.

RM Bei unserem Treffen in Mexico City hatten wir eine lange Diskussion über das, was geschehen war, und sprachen darüber, was wir als nächstes tun sollten. Mehrere hundert Menschen hatten sich für das Training eingeschrieben und Anzahlungen eingesandt. Angesichts der positiven Resultate, die wir mit den etwa vierzig Personen erzielt hatten, die wir vor dem abschließenden Fiasko durch das Programm geführt hatten, wollten wir die Unternehmung irgendwie retten. Also entschlossen wir uns, sofort einen neuen Ort dafür zu finden.

Tim und Richard beim psychedelischen Trainingsprogramm in Antigua 1963

Die meisten von uns kehrten nach Massachusetts in unser Haus im Newton Center zurück. Eine Erkundungsgruppe, bestehend aus Gunther Weil, David Levin und Frank Ferguson, wurde in die Karibik ausgesandt. Wir hatten eine Einladung von einem Amerikaner erhalten, der auf der Insel Dominica lebte, die zu den British West Indies gehörte. Die ersten Berichte von unserer Erkundungsgruppe hörten sich positiv an, sodass Tim mit einer größeren Gruppe aufbrach. Die Telegramme, die der Rest von uns dann sehr bald erhielt, hörten sich sehr positiv an, geradezu enthusiastisch. Dies ist der Ort, telegrafierte Tim. Wir bereiteten uns auf die Abreise vor. Wenige Tage später kam ein weiteres Telegramm: Etwas war geschehen, die Gruppe verließ Dominica. Aber sie gingen auf die Nachbarinsel Antigua, die sowieso viel besser war, wir sollten also dorthin kommen.

GB In seinem Buch *Flashbacks* (S. 181-82) erzählt Tim, er habe Mitglieder der Oppositionspartei auf Dominica getroffen, die glaubten, sie würden bald bei einer Wahl an die Macht kommen, und sie wollten das Geschäft mit dem Tourismus fördern. Sie dachten, das Trainingsprogramm sei ein gutes Mittel dazu, und sie boten ihm alles an. Aber dann beschloss die konservative Partei plötzlich, ihn zu verhaften, angestachelt von Berichten und Anrufen von amerikanischen Autoritäten, und ihn des Heroinschmuggels anzuklagen. Er musste sofort abreisen, und deshalb gingen sie alle nach Antigua.

RD Ralph, du bist zusammen mit mir zu den Inseln gereist.

RM Ja, du und ich, wir waren die Letzten, die dort ankamen, mit dem Land Rover, und wir verschifften damit einen Sack mit 45 Kilogramm Morning-Glory-Samen, die unser Ersatz für das LSD-Seminarprogramm sein sollten, das wir immer noch retten wollten. (Die Samen funktionierten nie wirklich gut für diesen Zweck – und sie schmeckten schrecklich.) Ein zusammengewürfelter Haufen von 15 Leuten hatte sich dort versammelt. Dazu gehörten Gary Fisher, ein Psychologe aus Los Angeles, der Pionierarbeit auf dem Gebiet der Behandlung autistischer Kinder mit LSD geleistet hatte, zusammen mit seiner Frau und zwei jungen Kindern. Barbara Dunlap und ihr Sohn kamen, dazu Gunther und Karen Weil und ihre Tochter sowie Tims Kinder. Es herrschte eine familiäre Atmosphäre mit enthusiastischen Spekulationen und Geschichten über Piratenabenteuer. Tim hatte die Gebäude eines leerstehenden Nachtklubs am Strand gemietet, der den ominösen Namen «The Bucket of Blood» (Der Eimer voll Blut) trug. Jemand hatte diesen Namen als Anspielung auf marodierende Piraten offenbar für witzig gehalten, aber der Ort hatte merkwürdige Schwingungen. Die Atmosphäre zwischen euch beiden war ziemlich angespannt.

GB Leary schreibt in *Flashbacks* (S. 183): «Als er (Richard) uns auf dem Sand herumtollen sah, bekam er einen Wutanfall. Armer Richard, der Sommer hatte seiner Hoffnung, respektabel zu werden, übel mitgespielt. Er beschimpfte mich bitterlich dafür, die $ 20.000, die Peggy (Hitchcock) uns geschenkt hatte, verschwendet zu haben. Wir waren innerhalb von zwei Wochen aus zwei Ländern ausgewiesen worden. Es brauchte nicht lange, bis drei daraus wurden.

RM Ja, denn wir wurden schließlich auch aus Antigua ausgewiesen.

RD Das war, als Tim und ich uns in Antigua im «Bucket of Blood» stritten. Ich war dabei, den Land Rover nach Dominica zu bringen und hatte unterwegs in Antigua einen Stopp eingelegt. Ich war am Strand schwimmen gegangen, als mir überraschenderweise Tim und die Gruppe über den Sand entgegenkamen.

RM Ja, weil sie bereits auch aus Antigua ausgewiesen worden waren und du das nicht wusstest.

RD Ich war stocksauer. Er kann nirgends hingehen, ohne uns in politische Schwierigkeiten zu bringen. Und ich hatte den Land Rover und den Sack mit Morning-Glory-Samen mitgebracht. Tim war gerade aus noch einem weiteren Land hinausgeworfen worden. Wir machten eine Sitzung, und Tim und ich begannen uns zu streiten. Die anderen sahen uns zu.

GB Verbal?

RD Nein.

GB Körperlich?

RD Ja. Tim war unverantwortlich. Tatsächlich war jeder von uns dann und wann unverantwortlich. Ich hielt Tim für den Unverantwortlichen und sah mich als die arme Person inmitten des ganzen Chaos. Aber ich habe die Situation inzwischen neu bewertet. Ich war genauso unverantwortlich wie er.

RM Nichtsdestoweniger entwickelten wir Strategien, wie wir das psychedelische Trainingsprogramm wieder in Gang bringen konnten. Wir schrieben Teile des Handbuchs der tibetischen Buddhisten neu. In dem Versuch, ihre Unterstützung für unser Unternehmen zu gewinnen, sprachen wir mit allen sechs Ärzten auf der Insel, bekamen aber bestenfalls lauwarme Antworten. Wir machten einige LSD-Sitzungen, um Einsicht in unsere Probleme zu erlangen. Aber Set und Setting waren nicht gut. Die meisten der Sitzungen, die wir machten, waren «Flops», manche waren schrecklich. Unser Ansatz zu jeder Art von Problemlösung war, erneut LSD zu nehmen. Wenn man im Rückblick darüber nachdenkt, war das ziemlich blöd, da wir ja schließlich um die Bedeutung von Set und Setting wussten. Ich weiß noch, dass du und Tim zusammen auf einen Trip gingt, und am Schluss wart ihr beide stocksauer aufeinander. Ich habe eine vage Erinnerung daran, dass ihr eine Art Ringkampf machtet, der beinahe etwas Sexuelles hatte. Du warst, wir alle waren in diesem ausgeflippten Zustand, in dem wir uns unwohl fühlten, bloß herumzustehen und darüber nachzudenken, was wir jetzt tun sollten. Ich konnte mich gerade noch so zusammenreißen. Dann flippte auch noch Frank Ferguson aus, was ihm nie zuvor passiert war. Er war super cool, wie von einem anderen Planeten – eine völlig unbeteiligte Superintelligenz. Ich dachte, er sei immun.

RD Sein Bewusstseinszustand schien so rein zu sein.

RM Mehrere Tage lang fanden wir nicht heraus, was mit ihm los war. Er saß stundenlang mürrisch schweigend da und traute offenbar niemandem mehr, außer seiner Freundin Lora. Schließlich reimten wir uns zusammen (oder vielmehr ich dachte und schrieb in meinem Kapitel in dem Buch von Bob Forte), dass Frank in seiner Verrücktheit entschieden hatte, der Hauptgegner unseres Unternehmens auf Antigua sei ein bestimmter schwarzer Psychiater, der ein Spezialist für Lobotomie und sehr konservativ war. Frank wollte sich selbst opfern, indem er anbot, sich lobotomisieren zu lassen – im Austausch gegen die Erlaubnis für uns, dort zu bleiben und zu arbeiten. Eines Tages machte er sich tatsächlich in die Hauptstadt auf, um dieses wahnsinnige Martyrium auf sich zu nehmen.

RD Meine Wahrnehmung oder Erinnerung sieht etwas anders aus: Frank dachte, wir wollten einen Pakt mit dem Teufel schließen, und er meinte, uns davon abhalten zu müssen. Das war seine Halluzination, sein LSD-Trip. So ging er in seinem Badeanzug in die Praxis dieses Arztes und stellte sich freiwillig für eine Lobotomie zur Verfügung. Er wollte sich selbst opfern, um uns zu retten – ein wirklich sehr schönes Drama.

RM Ich dachte ursprünglich, seine Halluzination bestehe darin, dass der Arzt uns mögen und die Erlaubnis geben würde, dort zu bleiben, wenn er sich lobotomisieren ließe. Wir (du und ich) hatten kürzlich Gelegenheit, mit ihm zu sprechen, vierzig Jahre (!) später, und ihn nach dieser Geschichte zu fragen. Sein Bericht stimmt mehr mit dem überein, was du sagst. Er sagte, dass er versuchen wollte, uns vor uns selbst zu retten. Indem er sich lobotomisieren ließ, wollte er das ganze Projekt stoppen und sagen können: Wir müssen einpacken, das ist es gewesen, wir müssen nach Hause gehen. In gewisser Hinsicht funktionierte sein Plan; wir sind danach nach Hause gegangen, wenn auch glücklicherweise ohne dass er lobotomisiert wurde. Seine Freundin Lora blieb ständig bei ihm und pflegte ihn während der nächsten Wochen, bis er wieder gesund war. Er bekehrte sich wieder zur katholischen Kirche, aus der er gekommen war. Das erinnerte mich an den Typen, den ich in das amerikanische Hospital gebracht habe, nachdem wir aus Zihuatanejo ausgewiesen wurden: Er brauchte irgendeine Struktur. Wenn all deine Realitätsstrukturen zusammenbrechen, dann neigst du dazu, dich an irgendwelchen bekannten Gewissheiten festzuhalten. Frank hat jedoch einige Jahre lang mit keinem von uns mehr kommuniziert. Und soweit ich weiß, hat er sich niemals mehr auch nur im Geringsten auf Psychedelika eingelassen. Diese Ereignisse versetzten unserem Aufenthalt im unseligen «Bucket of Blood» auf Antigua und in der Karibik den Todesstoß. Gary Fisher und Susan erkundeten noch kurze Zeit die Option, das Projekt auf die von Frankreich kontrollierte Insel Guadeloupe zu verlegen, aber nach einer Woche ging uns das Geld aus. Alle kehrten in die Staaten zurück. Es sah in der Tat so aus, als habe das Schicksal unseren Versuchen, ein psychedelisches Trainingszentrum aufzubauen, für immer ein Ende gesetzt. Zunehmende politische Sanktionen und juristische Verbote hatten das offene Experimentieren mit Psychedelika inzwischen praktisch unmöglich gemacht.

Leary, Alpert und ich zogen zusammen mit einigen anderen in ein großes Haus in Millbrook, New York, ein, das den Hitchcock-Brüdern gehörte. Wir etablierten dort ein Forschungs- und Schulungszentrum für Bewusstseinserweiterung ohne Drogen. Das Millbrook Center, Castalia Foundation genannt, wurde zu einer Art inoffiziellem nationalem Hauptquartier für die Informationen über Psychedelika und deren Befürwortung. Es war auch ein Zentrum einer sich ständig verändernden Szene von Magie und Kreativität. Andere Mitglieder unserer kleinen Gruppe von Abenteurern zerstreuten sich in verschiedene Teile des Landes, um dort Karrieren und ein normales Familienleben aufzubauen. Kinder aufzuziehen und eine Hypothek abzahlen zu müssen, tut Wunder und machte aus uns allen Pragmatiker.

Das Große Haus des Millbrook-Anwesens

Dritter Teil

Erstes Jahr in Millbrook, New York, Herbst 1963 bis zur Castalia Foundation und den Reisen nach Indien im Winter 1964

Herbst 1963

Umzug in das «Große Haus» in Millbrook: Tim Leary und seine beiden Kinder Jack und Susan; Dick Alpert; Ralph und Susan Metzner; Peggy Hitchcock (teilzeitig); Gary Fisher, seine Frau und seine zwei Töchter (die sich nach einigen Monaten wieder verabschieden). Später schließen sich der Jazz-Trompeter Maynard Ferguson, seine Frau Flo und ihre vier kleinen Kinder der Gruppe an. Frank und Lola Ferguson bleiben für kurze Zeit, ebenso wie Foster und Barbara Dunlap und ihre beiden Kinder.

Tim Leary und Freunde in der Millbrook-Villa

Die Gruppe beginnt mit einer Serie von Experimenten zum Gruppenleben, die darauf ausgerichtet sind, die psychedelische Erfahrung von Einheit auf die weltlichen Details der Beziehungen zwischen Menschen und in der Gruppe zu übertragen. In dem Gebäude und auf dem Land werden mehrere restaurative Projekte in Gärtnerei und Umbauprojekte unternommen. Leary und Alpert halten häufig Vorträge über Psychedelika im universitären Umfeld (manchmal zusammen mit Metzner), bei Konferenzen und bei Anhörungen im Kongress. Leary und Metzner arbeiten weiter an der Umarbeitung des Tibetischen Totenbuches für psychedelische Sitzungen. Leary schreibt einen wichtigen Artikel über die Erzeugung und Interpretation religiöser Erfahrungen. Metzner gibt weiter die vierteljährliche Zeitschrift *Psychedelic Review* heraus und kehrt zu diesem Zweck gelegentlich nach Cambridge zurück. Zu den häufigen Besuchern gehören Hochschulabsolventen aus dem Harvard-Projekt – Rolf von Eckartsberg, Gunther Weil, Michael Kahn, George Litwin, die alle inzwischen an anderen Universitäten akademische Positionen erhalten haben. Die Millbrook-Kommune wird auch von den Jazz-Musikern Charles Mingus und Allen Eager besucht, von dem Schriftsteller Robert Anton Wilson, dem visionären Künstler Allen Atwell, dem Journalisten und Herausgeber (von *The Realist*) Paul Krassner, dem Verleger und Präsidenten von University Books sowie von zahlreichen anderen professionellen Kollegen, darunter der bekannte schottische Psychiater Ronald D. Laing und Willem Nyland, einem Lehrer in der Linie von G. I. Gurdjieff. Ein anderer Besucher und späterer Teilzeit-Mitbewohner ist Art Kleps, der ein Buch über seine Millbrook-Erfahrungen geschrieben hat. Am 22. November 1963, am selben Tag, an dem der hochverehrte Weise psychedelischer Erkundung, Aldous Huxley, an Krebs stirbt, nachdem er zu seinem Übergang eine geringe Dosis LSD genommen hat, wird Präsident John F. Kennedy in Dallas, Texas, erschossen.

Ralph und Tim, Millbrook 1963

Frühjahr 1964

Die Castalia Foundation, benannt nach einer esoterisch-spirituellen Gemeinschaft in Hermann Hesses Roman *Das Glasperlenspiel*, wird gegründet, teilweise um eine Quelle von Einkünften für die Gruppe zu liefern. Erfahrungsorientierte Wochenendseminare, bei denen Methoden der Bewusstseinserweiterung ohne Drogen wie Meditation und Yoga angeboten werden, finden großen Zuspruch.

Sommer 1964

Im Juli 1964 besuchen Ken Kesey und die Merry Pranksters die Gemeinschaft in Millbrook in ihrem bemalten Bus, ein Besuch, der von dem Schriftsteller Tom Wolfe in *The Electric Kool-Aid Acid Test* beschrieben wird. *The Psychedelic Experience – A Manual Based on the Tibetan Book of the Dead* von Leary, Metzner und Alpert wird von University Books (New Hyde Park, NY) veröffentlicht. Das Buch wird zu einem Untergrund-Bestseller und erscheint in vielen Sprachen und Ausgaben (manche davon Raubdrucke) und ist immer noch lieferbar.

Herbst 1964

Susan Metzner begegnet einem schwarzen Fotografen und verliebt sich in ihn, verbringt Zeit in New York City mit ihm und zieht im Herbst 1964 ganz zu ihm um. Zwei Mannequins, Nena und Katy, tauchen in Millbrook auf. Timothy und Nena verlieben sich, ebenso Ralph und Katy. In Zusammenarbeit mit einer Reihe von visionären Multimedia-Künstlern, darunter die USCO-Gruppe mit Gerd Stern, wird in Theatern in New York eine Reihe von psychedelischen Theatervorführungen präsentiert. Ralph reist nach Indien ab; er begleitet Gayatri Devi und ihr Gefolge aus einem Vedanta Ashram. Tim und Nena von Schlebrügge heiraten in Millbrook und reisen zu ihren Flitterwochen ebenfalls nach Indien. D. A. Pennebaker dreht einen kurzen Film von der Heirat in Millbrook mit dem Titel *You're Nobody Till Somebody Loves You* («Du bist niemand, bis jemand dich liebt»).

Winter 1964

November und Dezember 1964 – Briefe von Leary an Ralph in Indien, die das Geschehen in Millbrook beschreiben.

Die Anfänge der Millbrook-Kommune

RD Als wir also in das Newton Center zurückkehrten, sagte Peggy Hitchcock: «Meine Brüder Billy und Tommy haben einen großen Besitz im entlegenen nördlichen Teil von New York in der Nähe von Millbrook gekauft, wo sie Vieh züchten. Dort steht ein großes Haus, das sie nicht benutzen. Vielleicht könnten wir uns dort einrichten, es ist eine Art von Schloss.» Und ich sagte: «Peggy, lass uns hinfahren und es anschauen.» Also fuhren sie und ich hinauf, um es anzusehen, und wir machten mit Kerzen in der Hand eine Tour durch das Gebäude, so dunkel war es. Wir gingen durch etwa 60 Räume, es war einfach wunderbar. Ich hatte ihre Brüder auf Psychedelika angetörnt, und sie waren empfänglich für diese Idee.

RM Ja, Billy und Tommy wurden große Unterstützer unseres Projekts. Für ihr Geschäft war das eine willkommene Steuerabschreibung. Wir zahlten ihnen eine nominelle Rente von einem Dollar pro Jahr, und so konnten sie sagen, dies sei ein großer steuerlich abschreibbarer Verlust, was sie brauchten, um ihre Viehzucht-Farm zu unterstützen. Sie hatten ein anderes, moderneres Haus auf dem Besitz, das sie das «Cottage» nannten, wo sie zeitweilig lebten. Wir hatten das alte «Große Haus», das etwa 60 Zimmer hatte, vier Stockwerke mit Türmchen, gebaut aus großen Steinen. Auf dem 3000 Morgen großen Besitz lagen all diese Steine herum. Dietrich, der Typ, der es gebaut hatte, war ein deutscher Ingenieur, der die Gaslampen erfunden hatte, die Ende des 19. Jahrhunderts die Straßen in Amerika beleuchteten. Er war dadurch zum Multimillionär geworden. So besaß er diesen Besitz, der voller Felsblöcke war. Wir hörten, dass er 300 italienische Steinmetze dorthin geholt hatte, um dort zu arbeiten. Es gab große Rasenflächen, die mit der Zeit verwildert waren, und kleinere Steingebäude, darunter ein zweistöckiges Landhaus, mit Steinen auf dem Dach, das als eine Bowlingbahn eingerichtet war.

RD Es gab dort schöne Steinbrücken über einen Bach und verschiedene kleine Türmchen und Spazierwege.

RM Das Tor war wie ein mittelalterliches deutsches Burgtor, mit Türmen und einem Fallgitter. Der untere Teil des Großen Hauses bestand aus diesen Steinen, und der obere Teil war eine gewöhnliche Holzkonstruktion mit Giebeln, Wandteppichen und Parkettböden. Es war wirklich ein erstaunlicher Ort.

RD Die Brüder waren Prominente. Sie wohnten in dem «Cottage», das aus italienischem Marmor gebaut war. Wunderschön. Sie brachten Mannequins und andere reiche Typen mit auf ihren Besitz. Einer ihrer Besucher sah einmal aus seinem Hubschrauber heraus durch unsere Fenster herein.

Das Tor zu Millbrook

Die Millbrook-Villa 1964, das Gesicht an der Front wurde von Allen Atwell gemalt

GB Soll das heißen, dass er aus einem Hubschrauber eure Szene ausspionierte?

RD Ja, wir waren die Verrückten, die die Jungs in ihrem Großen Haus wohnen ließen.

RM Wir zogen also dort ein: Tim und seine zwei Kinder, Jack und Susan, die, wie ich glaube, damals vierzehn und zwölf Jahre alt waren. Und du, Ram Dass. Und Peggy Hitchcock war da, zusammen mit Tim, während sie ihr Apartment in New York behielt. Dazu Susan und ich sowie für die ersten Monate auch Gary Fisher und seine Familie aus Kalifornien, bis es ihm dort zu kalt wurde und er mit der Ausrichtung, die unsere Arbeit annahm, nicht mehr einverstanden war. Er suchte eher nach so etwas wie einem Vedanta-Ashram.

Susan, Tim und Jack Leary 1963

GB Was war mit Maynard Ferguson?

RM Maynard und seine Frau Flo mit ihren vier jungen Kindern zogen, wie ich glaube, etwas später im Herbst ein. Zuerst lebten sie mit dem Rest von uns in dem Großen Haus. Später zogen sie mit ihrer Familie in das Torhaus um. Eine Erfahrung ist mir noch sehr klar im Gedächtnis: Wir machten gern Nachtspaziergänge im Mondlicht, mit dem Geräusch des knirschenden Schnees unter unseren Stiefeln. Eines eiskalten Novemberabends hörten wir von der Ermordung von J. F. Kennedy. Das war wie ein plötzlicher Tiefschlag. Dein Leben kam zu einem Stillstand, wie das wohl bei allen der Fall war. Wenige Tage später hörten wir, dass an demselben Tag wie JFK Aldous Huxley an Krebs gestorben war, mit einer Dosis LSD, die ihm seine Frau Laura eingegeben hatte – wie er es in seinem utopischen Roman *Eiland* beschrieben hatte. Was für eine Synchronizität.

RD War Gunther Weil auch dort?

RM Er kam in den frühen Tagen oft zu Besuch. Dann ging er an die Boston University. All die anderen Promovierten aus dem Harvard-Projekt hatten junge Familien zu unterstützen und machten sich zu akademischen Karrieren an anderen Universitäten auf. Michael Kahn an die Yale University, Paul Lee an die University of California in Santa Cruz. Sie alle besuchten uns während des ersten Jahres oft.

George Litwin kam auch zu Besuch. Er hatte begonnen, an der Harvard Business School zu lehren. Rolf von Eckartsberg ging an die Duquesne University, wo er zu einem der führenden Vertreter in der Bewegung der Phänomenologischen Psychologie wurde. Er und seine Frau Elsa haben uns oft besucht. Er war im ersten Jahr in Zihuatanejo dabei gewesen.

GB Was war mit Gary Fisher?

RM Gary Fisher und seine Frau blieben nicht lange, vielleicht für einen Monat oder so. Zwischen ihm und Tim kam nie eine wirkliche Verbindung zustande. Er mag Tim immer noch nicht, bis auf den heutigen Tag. Nach dem, was Tim ihm erzählt hatte, sollte dies eine Art Ashram nach dem Modell des Vedanta werden, was dann aber nicht der Fall war. Er hatte starke mediale Fähigkeiten und hatte eine Heilmethode erlernt, bei der er mit Handbewegungen die Energie durch den Körper bewegte. Er hatte sie von Russel Schofield erlernt, von dem er mir erzählt hatte. Schofield wurde später (in den 1970er-Jahren) mein Lehrer des Agni Yoga oder Aktualismus.

GB Was kannst du uns über die Experimente mit dem Gruppenleben erzählen?

RM Nun ja, wir begannen diese Serie von Experimenten der Vergemeinschaftung. Die Idee dahinter war, dass wir alle Psychedelika genommen hatten, einschließlich LSD, die zu mystischen Zuständen der Einheit mit allem Leben und allen Menschen geführt hatten, und trotzdem hatten wir noch unsere neurotischen Komplexe und kamen manchmal nicht miteinander aus und gerieten in Konflikte. Was konnten wir dagegen tun? Gab es einen Weg, den Graben zwischen den hohen Einheitserfahrungen und den unvermeidlichen Meinungsverschiedenheiten im Alltagsleben und Zusammenleben zu minimieren? Wir wollten sehen, ob wir auf eine Weise leben konnten, die durch jede Art von widerstreitendem Denken, das zwischen Menschen auftaucht, hindurchzuschneiden vermochte. Für das erste Experiment, das wir unternahmen, benutzten wir

Susan Leary und Gary Fisher 1963

Die «Bowlingbahn»

der Gemeinschaft ab, zogen Lose, und jeweils zwei zufällig ausgewählte Menschen sollten für eine Woche allein zusammen in der Bowling Alley wohnen. Sie mussten keine Haushaltsarbeiten machen, wie Kochen und Saubermachen; wir brachten ihnen das Essen. Sie konnten LSD nehmen oder nicht, was immer sie wollten, um ihre Beziehung zu erforschen. Ich glaube, meine Frau Susan und Flo Ferguson waren das erste Paar. Sie kamen nach einer Woche heraus und schienen durchaus glücklich zu sein, auch wenn sie von keinen großen Durchbrüchen erzählten. Das nächste Paar bestand aus mir und meiner früheren Freundin von der Harvard University, einem hübschen irisch-katholischen Mädchen aus Boston namens Shelah O'Brien – die inzwischen verstorben ist, gesegnet sei ihre Seele. Als wir beide in der Bowling Alley zusammenlebten, bestand keine besondere Beziehung zwischen uns. Ich hatte eine Kamera, und ich fotografierte sie, wie sie einen Pfad entlang von mir wegging. Das war ziemlich symbolisch für unsere Beziehung; sie hatte mir den Rücken gekehrt und ging den Pfad entlang davon. Wir kamen uns nicht näher, wir waren uns sowieso nie besonders nahe gewesen – wir waren kein Liebespaar oder etwas ähnliches. Wir wurden weder zu Geliebten noch hörten wir auf Geliebte zu sein.

GB Hast du während dieser Woche LSD genommen?

RM Ich glaube ja, oder vielleicht Morning-Glory-Samen. Aber ich kann mich an nichts Spezielles erinnern. Hast du, Ram Dass, eine Sitzung mit einer anderen Person in der Bowling Alley gehabt?

RD Ich machte später mit fünf Leuten eine Sitzung in der Bowling Alley. Wir blieben einfach dort und nahmen LSD.

RM Das war später, als Tim und ich in Indien waren. Ich glaube, wir haben das Experiment in der Bowling Alley nach einigen weiteren Runden abgebrochen. Es schien zu nichts Nützlichem zu führen. Natürlich hielten wir ziemlich regelmäßig LSD-Sitzungen ab, wobei wir uns abwechselten, der «Fluglotse» zu sein, der die Abfolge der Musik und so weiter programmierte. Als nächstes beschlossen wir, etwas durchzuführen, das wir das «Dritter-Stock-Experiment» nannten. Es ging dabei darum, sexuelle Besitzansprüche zu transzendieren. Wir beschlossen, dass diejenigen, die ihre Paarbeziehung transzendieren wollten, auf dem dritten Stock wohnen würden, wo jeder sein eigenes Zimmer haben würde. Diejenigen, die ihre konventionelle eheliche Beziehung aufrechterhalten wollten, wie zum Beispiel Maynard und Flo, sollten im zweiten Stock wohnen. Und natürlich ebenso die Kinder. Jene von uns im dritten Stock sollten jeden Abend entscheiden und aushandeln, mit wem sie schlafen würden. Das war das Experiment.

RD Das war das Experiment der Heteros. Ich nahm nicht daran teil.

RM Aber du hast auch auf dem dritten Stock gewohnt.

GB Warum denkst du, hast du nicht teilgenommen?

RD Weil das ein heterosexuelles Umfeld war.

RM Das hört sich richtig an. Ich erinnere mich nicht, mit wem Tim zu jener Zeit schlief. Manchmal mit Susan. Aber es gab da auch eine hübsche junge Frau namens Carol mit blondgelocktem Haar, die einen achtjährigen Sohn namens Eric hatte. Ich schlief einige Male mit ihr und Tim ebenfalls. Meine Frau Susan war auch dort. Manchmal schlief ich mit ihr und manchmal nicht. Wir entfernten uns langsam voneinander, waren aber immer noch sehr gute Freunde. Meine Erinnerung an das Ergebnis des «Dritter-Stock-Experiments» ist, dass es übermäßig viel Zeit in Anspruch nahm. Man verbrachte während des Tages viel Zeit damit auszuhandeln, mit wem man in der folgenden Nacht schlafen würde. Das erschien mir exzessiv. Das übliche Arrangement ist sehr viel praktischer, wenn man andere Dinge zu tun hat. Ich glaube, es wäre in Ordnung gewesen, dieses Spiel zu spielen, wenn man sehr viel Zeit übrig gehabt hätte. Ich weiß nicht, wie lange es anhielt, vielleicht drei oder vier Wochen.

Ralph Metzner und Susan Homer, Millbrook 1963

RD Seht ihr, wir waren alle Psychologen, und wenn Psychologen zusammenleben, dann müssen sie psychologische Experimente durchführen.

RM Es ist richtig, dass wir am Bewusstsein interessierte Forscher waren. Du kannst das Bewusstsein nicht erforschen, ohne mit Absicht dein eigenes Bewusstsein zu erforschen und von dem zu lernen, was geschieht.

GB Gab es irgendwelche abartigen Szenen auf dem dritten Stock oder sonstwo?

RM Nein, es war nichts besonders Abartiges daran. Nur die Auswahl des Sexualpartners war kompliziert und ritualisiert. Eine Zeitlang besuchte uns eine junge Frau, die eine bisexuelle Lesbierin war, und die uns mit Geschichten von Orgien, an denen sie teilgenommen hatte, amüsierte. Aber ich sah niemals irgendwelche Orgien oder nahm an solchen teil, auch wenn ich sie manchmal während psychedelischer Sitzungen halluzinierte. Wir waren immer noch auf dieser Schiene des Versuches, unsere sexuellen Neurosen durch diese unterschiedlichen Experimente aufzulösen, und dann machten wir auch LSD-Sitzungen. Ich erinnere mich, dass ich in Gruppensitzungen manchmal paranoide sexuelle Halluzinationen hatte. Dies war so unerhört, dass es mich dazu brachte, zu erkennen, dass ich während der Zeit der Sitzung paranoid und verblendet war, und dann erwachte ich zu dem, was mit mir geschah.

Es gab zum Beispiel eine Sitzung, an der mehrere enge Paare teilnahmen, ich aber ohne Partner war. Der Raum war verdunkelt, aber ich nahm wahr, dass zwischen den Paaren einiges Schmusen und Kuscheln im Gang war. Mit geschlossenen Augen begann ich zu halluzinieren, dass sie tatsächlich genau hier Sex hatten, und ich wusste, ich hatte keinen. Sehr bald schliefen sie alle miteinander, außer mir. Es war eine sexuelle Orgie, an der ich nicht teilnahm. Ich schien sogar die Geräusche einer Orgie zu hören, Geräusche schmatzender Lippen und sich aufbäumender Körper. Dann öffnete ich die Augen und sah, dass die Leute einfach nur still dasaßen. Mein verblendeter Geist sagte mir: Sieh doch, der Typ da drüben, sein Haar ist verwuschelt, und er hat es in dem Moment, bevor ich hingesehen habe, nur gerade ein bisschen zurechtgemacht. Sobald ich die Augen schloss, ging alles wieder los. An diesem Punkt wurde mir klar: Ralph, du bist zu weit gegangen. Dies ist paranoid und verblendet. Das war eine ernüchternde Erkenntnis und ich nahm diesen Zustand zum Glück nicht in den Bewusstseinszustand nach der Sitzung mit hinüber.

RD Ich pflegte DMT zu nehmen und in das kleine Zimmer im Goldenen Tor zu gehen. Ich besaß die Robe, die Geshe Wangyal bei seiner Flucht aus Tibet getragen hatte. Ich hüllte mich in diese Robe ein und stellte mir selbst eine Frage. Und ich erinnere mich, dass Tim begonnen hatte, das Wort «Ekstase» zu verwenden, und ich war schrecklich gegen den Gebrauch dieses Wortes, weil es sich für mich zu provokativ sexuell anhörte. Ich wollte Wörter wie «Glückseligkeit» verwenden. Wenn ich mich während einer Sitzung in diese Robe hüllte, sah ich eine Höhle mit wundervoll sinnlichen Mädchen, die um mich herum schwebten. Das war wirklich total meschugge, wisst ihr. Also ging ich zu Tim und sagte, wir müssten aufhören, das Wort «Ekstase» zu benutzen.

RM Deine DMT-Erfahrung war also eine Vision, und es hört sich so an, als sei diese Vision negativ für dich gewesen – du fühltest dich unwohl damit?

RD Ja, ich hatte sexuelle Probleme, an denen ich seit Jahren gearbeitet hatte. Während psychedelischer Sitzungen versuchte ich, gegen meine Homosexualität anzugehen, indem ich mir Diapositive von Frauen ansah und Gedichte von Frauen anhörte. Ich versuchte, meine Gefühle gegenüber Frauen zu verändern.

GB Das hört sich so an, als hättest du versucht, dich neu zu programmieren.

RD Ja, aber in Wirklichkeit versuchte ich, von mir selbst loszukommen, eine höhere Ebene des Bewusstseins zu erreichen.

RM Ich machte auch ähnliche Sitzungen, in denen ich versuchte, meine neurotischen Probleme zu überwinden. Mein sexuelles Thema war das Ausgeschlossensein, wie bei den halluzinierten Orgien, an denen ich nicht teilnehmen konnte. Ganz allgemein hatte ich das Gefühl, dass alle anderen etwas wissen, das ich nicht weiß, und es hat mit Sexualität zu tun. Ich habe mich manchmal gefragt, ob dies vielleicht eine Erinnerung aus einem vergangenen Leben als ein zölibatärer Mönch gewesen ist, die übrig geblieben war. Wenn du dich deiner spirituellen Praxis wegen zum Zölibat verpflichtet hast und dein ganzes Leben auf diese Weise gelebt hast, dann musst du denken: «Alle anderen wissen etwas, das ich nicht weiß.» Und dieses Etwas ist ein wirklich wichtiges und intensives Erfahrungswissen. Wir hatten manchmal Versammlungen, bei denen wir alle unsere paranoiden Ideen diskutierten.

GB Wie haben Familien und Kinder in diesen Rahmen gepasst?

RD Wir hatten Familiensitzungen am Feuer. Tims Kinder Jackie und Susan waren manchmal dabei und saßen mit uns zusammen, aber sie nahmen nie irgendwelche Psychedelika.

RM Sie rauchten auch kein Pot. Und in den frühen Tagen war Pot für den Rest von uns keine große Sache. Die Musiker und die Halbwelt aus New York brachten es nach Millbrook.

RD Tim hatte etwas dagegen, dass ich Pot rauchte. Er befürchtete, das Pot würde uns ruinieren, weil es mit bestimmten Randgruppen der Kultur assoziiert war.

RM Ich war nervös deswegen, weil es völlig illegal war. Bedenkt, dass die anderen Psychedelika, die wir benutzen, zu jener Zeit nicht illegal waren.

Jack Leary mit seinem Fang 1964

RD Und später war es Tim, der beim Überqueren der Grenze in Laredo, Texas, wegen des Besitzes von Pot verhaftet wurde.

RM Wir hatten also diese Familie, die Fergusons, mit vier jungen Kindern, und dazu noch die beiden Teenager. Im Geist der Kommune hatten wir in einer Versammlung beschlossen, dass alle Erwachsenen gleichermaßen für alle Kinder verantwortlich seien. Die Pflicht, auf die Kinder aufzupassen, sollte rotieren, indem wir Lose zogen. Ich erinnere mich daran, dass du und ich einen ganzen Tag lang auf die Kinder der Fergusons aufgepasst haben, während ihre Eltern nach New York fuhren oder etwas anderes vorhatten. Die Kinder waren wunderbar, und ich liebte es, auf sie aufzupassen, und außerdem liebte ich es, in deiner Gesellschaft zu sein. Aber ich fragte mich: Ist es dies, was wir eigentlich tun sollten? Könnten wir unsere Zeit nicht besser einsetzen? Irgendwie fühlte sich dies unangemessen an. Kurz danach stellten sie eine schwarze Frau aus dem Süden als Nanny ein, was sehr viel sinnvoller war.

GB Sind die Kinder in die Schule gegangen?

RM Jackie und Susan und, ich glaube, die ältere Tochter der Fergusons gingen in Millbrook in die Schule. Die anderen waren noch keine fünf Jahre alt. Lisa, eine von ihnen, macht jetzt einen Film über ihre Kindheit in Millbrook.

GB Ihr habt bewusst Experimente zu dem unternommen, was ihr den Lebensstil und das Aufbrechen traditioneller sozialer Rollen und Sitten genannt habt. Was würdet ihr heute darüber sagen?

RM Ja, wir versuchten, in einer Kommune zu leben, statt in einer traditionellen Familie. Viele Menschen haben das in den 1960er-Jahren und auch später noch getan.

Jack, Susan und Tim Leary 1963

RD Wir waren ein bunter Haufen. Maynard und Flo waren typische New Yorker Musiker. Dann gab es da Dichter und Wissenschaftler, die uns besuchten, und wir spielten Touch Football und andere Spiele. Wir nahmen LSD als eine Gruppe, und wir sahen einander auf LSD an und erkannten, dass wir alle Seelen waren. Und dann funktionierten wir wieder mit unseren Egos und machten Brot und ähnliche Dinge. Wir hatten eine höhere Vision von der Weise, auf die wir zusammenleben wollten. Wir interagierten mit Menschen, mit denen wir normalerweise in mancher Hinsicht nicht kompatibel gewesen wären. Zum Beispiel die junge Frau, die Maynard und Flo zum Aufpassen auf die Kinder einbrachten, war eine junge Schwarze aus dem Süden, und sie wurde Teil unserer Szene. Wir brachen die Kastenregeln.

GB Du meinst Kaste im Sinne von Rasse, Klasse und so weiter?

RD Ja.

GB Du hast gesagt, dass du eine höhere Vision von dir selbst hattest. Hattest du immer noch das Gefühl, an der Vorderfront einer Welle der Utopie zu stehen, eines neuen Lebensstils, einer Transformation der Gesellschaft?

RD Ja. Da gibt es nichts zu lachen. Wir lernten von unserer Gemeinschaft, und wir haben eine Menge über menschliche Beziehungen und Bewusstsein gelernt.

RM Das meine ich auch. Ich erinnere mich daran, dass ich mich in der Kommune oft so gefühlt habe. Und ich erinnere mich daran, gedacht zu haben, dass es kaum möglich schien, dass wir, dass ich tatsächlich so leben konnte – so offen für einander zu sein und so flexibel und anpassungsfähig an äußerlich belastende Umstände. Es gab so viel Nähe zwischen uns, das war einfach erstaunlich, und totales Vertrauen. Wir vertrauten immer darauf, dass wir mit allem zurechtkommen könnten, indem wir Psychedelika für die Problemlösung benutzten.

GB Was habt ihr für ein Einkommen getan? Wie habt ihr euch selbst finanziell über Wasser gehalten?

RM Wir hatten sehr wenig Geld. Es war eine gute Sache, dass die Miete nur einen Dollar im Jahr betrug. Du, Ram Dass, und Tim, ihr hieltet einige Vorträge an Universitäten und auf Konferenzen, und ihr wurdet dafür bezahlt. Wir machten auch einmal eine Veranstaltung, bei der wir alle drei uns bei einer Konferenz in Toronto präsentierten. Aber meistens wart es ihr beide; ich war noch zu gehemmt, um Vorträge halten zu können. Und wir drei wechselten uns ab, jeder von uns für einen Monat, das Scheckbuch zu verwalten und die Rechnungen zu bezahlen, die Einnahmen und Ausgaben im Auge zu behalten. Aber ich hatte keine Ahnung, wo das Geld herkam. Ich erinnere mich, dass ich damals von dir gelernt habe, wie man mit Kreditkarten lebt. Ich kann mich erinnern, zu dir gesagt zu haben: Wie schaffen wir das nur? Wir haben alle diese Rechnungen und kein Geld. Du sagtest: Ach weißt du, du benutzt einfach Kreditkarten und zahlst jeden Monat ein bisschen. Ich sagte: Wow, was für eine Idee. Es eröffnete mir eine ganz neue Welt von Möglichkeiten, auf die ich selbst nie gekommen wäre. Du und Tim, ihr wart meine Mentoren in Hinsicht auf das Geld.

Richard trägt Elsa während eines Ausritts mit den Kindern

RD Keiner von uns wusste mit Geld umzugehen.

RM Aber ich dachte, du könntest es – du warst der reiche Playboy von Harvard und Stanford und so weiter.

RD Das wusste ich nicht.

RM Das war also nur Teil deines Images? Du hattest das Geld, aber du sagst, du wusstest trotzdem nicht damit umzugehen? Du hast das Geld also nicht selbst verdient?

RD Ich habe das Geld nicht verdient.

RM Das ändert natürlich die Beziehung zum Geld, wenn du es nicht selbst erarbeitet hast. Tim hat darüber geschrieben, wie stolz er auf die Tatsache war, dass ihr beide es fertig brachtet, euch selbst und andere unabhängig zu unterstützen, einfach durch eure Gewitztheit, ohne einen festen Beruf. Damit geht er natürlich über die Tatsache hinweg, dass er in vielen Situationen Schulden machte und aufgrund seiner juristischen Probleme horrende Schulden hatte. Ich erinnere mich, dass nach dem Fiasko von Mexiko eine Frau kam und sagte: «Sieh mal, Tim, ich glaube, den besten Beitrag, den ich für dich und deine Arbeit leisten kann, ist, euch 40.000 Dollar zu schenken, damit ihr die Schulden abbezahlen könnt, die ihr gemacht habt.» Sie hatte einfach das Bedürfnis, auf diese Notlage zu reagieren. Aber ich dachte, dass du in Geldangelegenheiten immer konservativer und verantwortungsvoller warst als er. Das war zumindest meine Wahrnehmung. Aber du sagst, dass zu unserer Zeit in Millbrook niemand von uns mit Geld umgehen konnte.

RD Ich konnte es auch nicht. Aber mir gefiel, im Vergleich zu Tim, die Rolle des vernünftigen Typen, der alles zusammenhielt.

RM Wo Tim der verrückte, kreative Ire war, hast du dich um das Geschirr und den Haushalt gekümmert.

Tim in Millbrook

Die Castalia Foundation

RD Wir begannen also, als die Castalia Foundation diese Seminare in Millbrook abzuhalten.

RM Wir mussten Einnahmen erzielen. Als wir im Newton Center und in Millbrook lebten, haben wir die Bücher von Hermann Hesse gelesen und waren sehr durch sie inspiriert: *Der Steppenwolf, Die Morgenlandfahrt, Das Glasperlenspiel.* Deshalb nannten wir diesen Ort nach der mystischen Gemeinschaft von Suchenden in seinem Roman *Das Glasperlenspiel* die Castalia Foundation.

GB Kam diese Idee von dir oder von Tim?

RM Ich glaube, sie kam von Tim, wie die meisten unserer Ideen. Wir beide schrieben einen Artikel über Hermann Hesse als den «Dichter der inneren Reise» (der in der *Pschedelic Review* veröffentlicht wurde), in dem wir Hesses Bücher als verkappte psychedelische Mythen interpretierten, insbesondere die *Morgenlandfahrt*. Das wurde eine Art von Leitmythos für alle von uns. Wir alle sind letztlich tatsächlich in den Osten gegangen, nach Indien, einer nach dem anderen, auch wenn die Morgenlandfahrt in Hesses Buch eine Metapher für die spirituelle Reise war, auf die wir uns bereits begeben hatten. Wir alle stolperten irgendwie auf dieser spirituellen Reise herum. Wir befanden uns nicht auf irgendeinem wohl begründeten traditionellen Pfad. Die Castalia-Seminare ähnelten den Seminaren zum menschlichen Wachstum oder menschlichen Potenzial, die unabhängig davon etwa zur selben Zeit in Esalen in Kalifornien begannen, von denen wir aber erst sehr viel später hörten.

RD Es ging dabei um Psychedelika, ohne dass Psychedelika genommen wurden.

RM Richtig, und wir hatten sowieso kein LSD, oder nicht genug. Außerdem wurde bereits zu viel Aufhebens darum gemacht, es Leuten bei einem öffentlichen Seminar zu geben. Nach unserer Erfahrung in Mexiko waren wir uns dessen bewusst, wie leicht der Trip von jemandem schief laufen konnte und wir es dann mit einer dreitägigen Verrücktheit zu tun bekommen hätten. Wir sagten, wir werden euch zeigen, wie man eine Sitzung abhält; wir machen eine simulierte Sitzung, bei der wir alle Elemente von Set und Setting benutzen und zeigen, wie man ein Ritual durchführt. Dann könnt ihr nach Hause gehen und eure eigene Sitzung abhalten. Das war noch so, wie wir uns die IFIF vorgestellt hatten, nur dass wir nicht mehr versuchten, auch die Substanz zu liefern. Wir benutzten Diaprojektionen, Musik, Kerzen, Räucherwerk und Bilder. Ich erinnere mich, dass ich Tonbandaufnahmen mit geeigneter Musik erstellte, die mehrere Stunden laufen konnten.

RD Wenn die Leute zu den Seminaren kamen, dann ließen wir sie allein und in Stille im Esszimmer essen, während wir oben auf dem dritten Stock waren und ihnen aus der Ferne über ein Mikrofon sagten, sie sollten langsam und meditativ essen.

RM Ja, wenn du zu einem Seminar kamst, solltest du nicht reden oder dich mit den gewöhnlichen sozialen Ritualen befassen. Das war Tims Idee, immer noch auf der Spieltheorie basierend: «Lass deine Spiele fallen.» Rede nicht, pflege keine Kontakte, gehe einfach auf dein Zimmer und meditiere und lies die Anleitungen für morgen. Wir machten Dinge, um das Wahrnehmungs-Set, die normalen Erwartungen, zu durchbrechen – so wie eine psychedelische Erfahrung deine normalen Erwartungen in Frage stellt. Vielleicht war die Butter grün gefärbt und die Milch war bläulich. Dann sah man Nahrungsmittel an, und sie sahen nicht so aus wie gewöhnlich. Wir machten auch Hatha-Yoga. Wir lehrten

Broschüre der Castalia Foundation, Cover von Allen Atwell

Location: The setting for the weekend workshops is a large estate in the mid-Hudson valley, two hours by car or train from New York City. The house and grounds have been arranged to provide external support for consciousness expansion.

Schedule: Weekend workshops began at 7:30 Friday evening with dinner and an informal introductory session, and end on Sunday afternoon following lunch. The programs will vary from weekend to weekend depending upon the special skills of the staff members in attendance. However, the schedule for each weekend will provide for a balance between verbal and non-verbal, between the didactic seminar and the experimental laboratory.

Staff: In addition to Drs. Leary, Alpert, Metzner and their associates who live on the estate, there are a number of visiting staff members each weekend. Because these visiting staff members vary from one weekend to another, each weekend workshop has its own unique character. Therefore, participants may wish to sign up for a series of weekend sequentially programmed. Such an arrangement is best made following a first introductory weekend.

For each weekend there will be a sufficient number of staff guides so that considerable individual contact of the participants with the staff will be possible.

Recommended Dress: Informal.

Facilities: In addition to the seminar rooms and living rooms, the houses and grounds contain a variety of meditation facilities, forest paths, lake for swimming, vegetable gardens, art and photographic facilities, music and book libraries of relevent selections both Eastern and Western, and a library of tape lectures and experiental films.

Financial Arrangement: Each participant is invited to contribute a minimum of sixty (60) dollars to the Castalia Foundation (a non-profit educational foundation). Special rates can be arranged for more than one person, and a limited number of scholarships are also available.

Reservations: This invitation was extended to you by a friend who thought you might be interested in participating in an experiental weekend. If you wish to learn more about the program you should communicate with the Foundation through the person who gave you this announcement or directly by writing.

Castalia Foundation
BOX 175
MILLBROOK
NEW YORK 12545

die Teilnehmer irgendwann während des Wochenendes grundlegende Yoga-Asanas. Ich lernte eine Menge durch all diese Dinge, durch das Experimentieren mit Möglichkeiten, das Bewusstsein ohne Drogen zu verändern. Ich meinte, dass sich das lohnte.

RD Das war Showbusiness.

RM Ja, das mag sein, auch wenn ich es nicht so sah, weil es kein Publikum und keine Darsteller gab. Wir waren alle zusammen beteiligt. Es stimmt schon, dass einige Menschen die Show leiteten, aber wir waren alle Teilnehmer. Es war in diesem Sinne sehr egalitär und pädagogisch. Darum mochte ich die Seminare – es waren erzieherische Seminare. Sie wurden als solche angeboten. Das gab uns eine Struktur und auch eine Einnahmequelle. Zu den ersten Seminarteilnehmern gehörte Khigh Dhiegh, ein Fernsehschauspieler und Experte für das *Yijing (I Ging)*. Er führte uns in dieses alte System der Divination ein. Ein anderer Grund für die Einrichtung der Castalia-Seminare war, dass wir nach einer Weile in Millbrook beschlossen, eine Struktur sei nötig, um mit der großen Zahl von Besuchern, eingeladenen sowie uneingeladenen, zurechtkommen zu können. Manche Leute kamen einfach zu uns, bedienten sich mit Essen und Trinken und hingen im Haus herum. Ich glaube, unsere Reputation in New York war: Lasst uns für das Wochenende nach Millbrook hinauf fahren und Sex haben und Drogen nehmen. Und einige brachten ihre eigenen Drogen mit. Wir hatten allmählich das Gefühl, dass wir dem Ganzen eine Struktur geben mussten. Sonst wäre es unmöglich gewesen, mit den Menschenmengen umzugehen, die im Lauf der Zeit immer größer wurden.

Maynard und Flo Ferguson in den 60ern

Millbrook-Besucher – Musiker, Mütter, Merry Pranksters

GB Wer gehörte zu den Besuchern, die in jenem ersten Jahr nach Millbrook kamen?

RM Eine Gruppe von innovativen Multimedia-Künstlern und -Forschern, die sich selbst USCO nannte, kam mehrfach zu Besuch. Dazu gehörten Gerd Stern und Steve Durkee. Sie lebten in der Nähe von Woodstock, New York, in einer Künstlerkommune. Es war ein großer Spaß, mit diesen sehr kreativen Männern und Frauen zusammen zu sein. Wir diskutierten oft darüber, wie sich die psychedelische Erfahrung in visuelle und auditive künstlerische Medien übertragen ließe. Später kreierten wir zusammen mit der USCO-Gruppe Rede-und-Multimedia-Shows, die wir «Psychedelisches Theater» nannten und in New York City in Theatern aufführten. Ich denke, wir waren die Vorreiter der psychedelischen Multimedia-Präsentationen, die besonders in der Haight-Ashbury-Szene von San Francisco in Mode kamen.

Wir experimentierten in jenem ersten Jahr auch mit Gärtnerei und versuchten, einige von unseren Lebensmitteln selbst anzubauen. Später gab es einen großen Gemüsegarten. Ich erinnere mich noch an einen schwülen Sommertag, an dem ich mehrere Stunden mit Steve Durkee (der später zum Islam konvertierte und der die Lama Foundation in New Mexico gründete) und mit Stewart Brand (der den *Whole Earth Catalog* und *Review* gründete) in unserem neuen Maisfeld verbrachte. Wir drei pflügten das Feld mit einem Traktor, pflanzten Mais und verstreuten dann getrocknetes Blut um das Feld herum, um Rehe davon abzuhalten, den Mais zu fressen. Das funktionierte allerdings nicht, die Rehe fraßen trotzdem das meiste davon. Doch diese Experimente waren auch Vorläufer der späteren extensiven Migration von psychedelischen «Hippies» aus den Städten auf das Land zu Gemeinschaften, die organischen Ackerbau betrieben und stärker selbstversorgend werden wollten.

GB Gab es noch andere Musiker außer Maynard Ferguson?

RM Eine Person, die mich sehr beeindruckte, war der Jazzmusiker Charlie Mingus. Ich weiß nicht, wie er zu uns kam oder was für psychedelische Erfahrungen er gehabt hatte. Wie ihr wisst, stand er in dem Ruf, sehr sprunghaft, unfreundlich und aggressiv zu sein. Ich habe einmal in einem Club in New York gesehen, wie er sein Cello in den Zuschauerraum warf und es zerschmetterte, weil er den Eindruck hatte, dass die Zuhörer unaufmerksam und respektlos waren, was tatsächlich der Fall war. Aber in Millbrook war er wie ein anderer Mensch. Es gab dort ein altes, ausgeleiertes Klavier, auf dem er gern spielte; das war sehr lyrisch, sehr cool und sehr schön.

RD Er wohnte gewöhnlich im Grape Arbor, einer kleinen Hütte unter den Bäumen.

RM Er verbrachte viel Zeit damit, die Obstbäume zu beschneiden. Nachdem man die Bäume im Obstgarten beschnitten hatte, behandelte man sie mit schwarzer Teerfarbe. Er sagte: «Ich mache Schwarze aus all diesen Bäumen.» Er war ein großartiger Typ. Einmal macht er sich daran, ein Steak zu essen. Er hatte dieses Steak vor sich auf dem Tisch und sprach es leise an: «Also Kuh, das ist es gewesen. Dein Karma ist im Arsch und ich werde dich jetzt essen.» Das war seine Art des Gebets, mit dem er das Tier ehrte, das er essen würde. Er war ein wundervoller Mensch, eine große Seele.

RD Er besaß einen Sportwagen. Ich fuhr einmal mit ihm mit, und wir hatten diese sehr komische Unterhaltung. Er versuchte, Mitgefühl dafür, dass er ein Schwarzer war, bei mir zu erregen. Und ich sagte: Mann, du glaubst, ein Problem zu haben? Ich habe ein Problem – Homosexualität, und das ist nichts Leichtes. Und er sagte: «Oh mein Gott, das ist heftig.»

GB Gab es viel Musik in Millbrook mit all diesen großen Musikern?

RM Im Sommer, wenn es warm war, gingen wir bei Sonnenuntergang hinaus und meditierten auf dem Dach, und Maynard kam manchmal heraus und spielte Trompete. Das war sehr schön. Aber zu unserer engeren Gruppe gehörten keine Musiker, die improvisieren konnten. Und Maynard war viel unterwegs.

RD Ich glaube, wir redeten. Wir redeten und hatten einfach Spaß, zusammen zu sein. Doch keiner von uns war ein Musiker.

RM Gelegentlich, aber sehr selten, machten wir für Außenseiter Sitzungen mit LSD oder Morning-Glory-Samen. Ich war einmal der Führer für Allen Atwell, einen Maler, der an der Cornell University Kunst lehrte. Er betrieb sehr tiefgehende Studien der indischen Tantra-Tradition sowie der Beziehung von meditativen Zuständen zur Malerei – wie etwa von Yantras und Mandalas. In seiner Sitzung lachte er, wie ich noch nie zuvor jemanden habe lachen sehen, ununterbrochen, für sechs Stunden. Anscheinend hatte er entdeckt, dass die psychische Bürde der bemühten Disziplin, die er sich selbst seit vielen Jahren auferlegt hatte, unnötig war und er sie einfach fallen lassen konnte. Alles brachte ihn zum Lachen. Wenn ich nur still dasaß und nichts tat, schaute er mich an und wälzte sich vor Lachen. Ich bot ihm eine Orange an und er brüllte vor Lachen und schlug auf den Boden. Als ich den Raum verließ, konnte ich ihn im ganzen Haus röhrend lachen hören. Allen malte später ein großes tantrisches Gesicht auf die Frontseite des Großen Hauses. In New York City bemalte er das Innere des Apartments von Van Wolff wie die Innenseite des eigenen Körpers während einer psychedelischen Sitzung. Er und Tim waren eine Zeitlang Rivalen, die sich um die Zuneigung der schönen Blondine Nena von Schlebrügge bemühten.

GB Was für ein Setting hattet ihr für eure eigenen psychedelischen Sitzungen?

RM In den Sommermonaten zogen wir es vor, unsere eigenen psychedelischen Sitzungen im Freien abzuhalten, besonders als der Strom von Besuchern im Großen Haus zunahm. Wir fanden unseren Lieblingshügel mit einer sonnigen Wiese in dem abgelegenen waldigen Bereich des Besitzes. Von dort aus waren keine Häuser oder Straßen zu sehen und man musste eine ganze Weile laufen, um dorthin zu gelangen. Es gab schattige Bäume und Plätze mit wunderschönem Ausblick, an denen man sitzen konnte. Wir nannten ihn den «Ekstasehügel». Es gab noch einen anderen Hügel, den wir häufiger für Nachtsitzungen bei Vollmond benutzten, Sitzungen, die oft eine romantischere oder leidenschaftlichere Qualität zu besitzen schienen. Diesen zweiten magischen Ort nannten wir den «Lunacy Hill»*. Diese beiden Orte wurden bald von einer starken, spürbaren Kraft aufgeladen; sie wurden zu Kraftorten.

Eine andere Praxis, die Tim einführte, stand in der Nachfolge unseres Hochsitzes am Strand von Zihuatanejo, wo eine Person vierundzwanzig Stunden lang für ein «High Retreat» verweilte. Es gab eine kleine abgelegene Hütte unten auf der Wiese, nicht weit vom Großen Haus, die das «Tennishaus» genannt wurde. Wir verbrachten abwechselnd allein eine ganze Woche dort; eine Art Einsiedler-Retreat, währenddessen man keine Arbeit im Haushalt verrichten musste und die Mahlzeiten gebracht bekam. Einfach nur meditieren, LSD nehmen, irgendeine eigene spirituelle Praxis durchführen. Während meiner Zeit dort verbrachte ich auch Zeit mit Unkrautjäten und Gartenarbeit. Hier ging es mehr um das eigene spirituelle Wachstum als um die zwischenmenschliche Dynamik wie bei den früheren Experimenten in der Gemeinschaft.

GB Wie kam es zu der Gurdjieff-Connection?

RM Wir begannen uns durch die Lektüre von Ouspenskys *Auf der Suche nach dem Wunderbaren* für die Lehre von Gurdjieff zu interessieren. In dem Buch ging es auch um eine Morgenlandfahrt und einen sehr ungewöhnlichen spirituellen Lehrer aus dem Osten. In den frühen Tagen von Millbrook experimentierten wir mit einer Abwandlung von Gurdjieffs «Stop»-Übung, die wir auch in den Castalia-Seminaren benutzten. In unregelmäßigen Abständen wurde während des Tages eine Glocke angeschlagen, und dann solltest du in dem, womit du gerade beschäftigt warst, für eine Minute innehalten und einfach nur beobachten, was in dir vorging, dir einfach nur deines körperlichen, emotionalen und mentalen Zustands bewusst werden. Es war außerordentlich schwierig, das zu tun, sehr frustrierend, aber auch sehr aufschlussreich. Dann hörten wir von einem Gurdjieff-Lehrer in New York namens Willem Nyland. Wir kamen wahrscheinlich durch Felix Morrow, der der Verleger von *The Psychedelic Experience* und ein Gurdjieff-Schüler war, mit Mr. Nyland in Kontakt. Wir luden ihn ein, für eine Diskussion über Gurdjieffs Lehren und Bewusstseinserweiterung zu uns zu kommen. Er wollte nicht in das Große Haus kommen, war aber bereit, einige von uns im «Cottage» zu treffen, wo die Hitchcock-Brüder lebten. Das Treffen verlief nicht besonders gut. Nyland weigerte sich, die Möglichkeit in Betracht zu ziehen, dass Gurdjieff vielleicht irgendein unbekanntes Psychedelikum gekannt und benutzt hatte. Ich fragte nach dieser Passage in Ouspenskys Werk, wo er sagt, es gebe einen «Vierten Weg», den Weg des schlauen Menschen, der eine Pille nimmt, die es ihm erlaubt, über die Persönlichkeit hinauszugehen und der Essenz gewahr zu werden. Nyland protestierte: «Nein, nein, Ouspensky hatte keine Ahnung.»

** Ein Wortspiel, da engl.: lunacy einerseits «Wahnsinn» bedeutet und sich dieses Wort andererseits von Luna, der Mondgöttin der römischen Mythologie herleitet. (Anm. d. Übers.)*

Tim fragte ihn: «Glauben Sie nicht, dass Gurdjieff improvisiert hätte? Sein ganzes Leben sieht so aus, als sei es eine Serie von Improvisationen in Reaktion auf sich verändernde Bedingungen und von Experimenten mit verschiedenen Methoden der Lehre gewesen.» Nyland sagte: «Ich habe ‚Das Werk' seit 20 Jahren ganz genauso gelehrt, wie Gurdjieff es getan hat.» Er schien stolz darauf zu sein, dass seine Worte, mit denen er die Lehren des Meisters darlegte, sich viele Jahre später nicht verändert hatten und genau dieselben waren. Wir hielten das für ziemlich rigide und voreingenommen. Aber er gab uns dann eine umfassende, sehr luzide und knappe Zusammenfassung des Systems von Gurdjieff, die sehr schön war. Deshalb begannen einige von uns nach New York City zu fahren und an Nylands wöchentlichen Treffen teilzunehmen. Auf unseren Fahrten hinab nach New York City auf dem Tacoma Parkway, einer zweistündigen Autofahrt, las dann jemand laut für die anderen aus *All und Alles* vor. In einem muffigen Apartment in New York, in dem Nyland mit lauter Stimme ununterbrochen davon redete, bewusst zu sein und sich seiner selbst zu erinnern, war es oft schwer, wach zu bleiben. Etwa ein Jahr später hatten Tim, Dick und ich ein privates Treffen mit Nyland. Er hatte mich am Telefon wegen Tims Verhalten beschimpft. Ob er wirklich gewissenhaft und verantwortungsvoll sei, oder ob er einfach nur die öffentliche Aufmerksamkeit suche? Während des Treffens hielt er uns wie ein scharfer Tadler einen strengen Vortrag. Er sagte, was immer die Drogen täten, sie könnten uns nicht ein «Ich» geben oder helfen, ein solches zu entwickeln, und das sei die eigentliche Aufgabe. Tim und ich, wir verloren danach beide das Interesse an Nyland, auch wenn wir unsere Hochachtung für Gurdjieff nicht verloren. Meine Frau Susan wurde viele Jahre später eine ergebene Schülerin von Nyland.

GB Ralph, du sagtest, deine Mutter sei auch einmal zu Besuch in die Millbrook-Kommune gekommen. Kannst du davon erzählen?

RM Ja, und sie hat LSD genommen. Bist du ihr begegnet, als sie nach Millbrook kam, Ram Dass?

RD Ja.

RM Sie kam im Sommer 1964 nach Millbrook und blieb, wie ich glaube, für zwei oder vielleicht drei Wochen. Sie redete mit den Menschen dort und sah sich um. Nach etwa einer Woche, in der sie die Leute und den Ort kennengelernt hatte, sagte sie, dass es ihr wirklich Freude mache, dort zu sein, und ich sprach mit ihr über die Möglichkeit, sich der Gemeinschaft vielleicht anzuschließen. Sie war zu der Zeit achtundfünfzig Jahre alt und von meinem Vater geschieden. Sie war eine geborene Schottin und lebte in Paris – sie hatte bei der UNESCO eine Stellung als Chefsekretärin. Sie sagte, sie würde darüber nachdenken, und wenn sie nach Millbrook käme, könnte sie sich um die Wäsche kümmern. Sie fand also eine Rolle für sich selbst. Sie sah ein Bedürfnis, eine Lücke, die sie ausfüllen könnte. Ich denke, sie bewies ein instinktives Verständnis dafür, wie eine Gemeinschaft funktioniert, dass jedermann eine Funktion haben muss.

Nachdem sie etwa eine Woche dort gewesen war, sagte sie auch: «Weißt du, ich glaube, ich würde gern einmal euer LSD probieren.» Sie hatte das auf dem Tibetischen Totenbuch basierende Handbuch gelesen. Also arrangierten wir eine Sitzung. Tim saß für das erste Mal bei ihr, er führte sie ein. Es war sehr schön und sie hatte eine tolle Sitzung. In der folgenden Woche hatte sie eine zweite Sitzung, die ich für sie geleitet habe. Kurz nachdem sie nach Paris zurückgekehrt war, schrieb sie mir einen Brief und beschrieb die Erfahrung, die sie gemacht hatte, in enthusiastischen Begriffen – dass sie so viel verstanden habe, und die unglaubliche Schönheit. Sie war sehr, sehr positiv.

Brief an Ralph von Jill Metzner, 1964[1]

Mein erster Eindruck von eurer Gruppe war, dass ihr im Grunde eine religiöse Gemeinschaft seid und dass es zwischen euch allen eine sehr enge zwischenmenschliche Beziehung gab und Kommunikation durch einen Blick hergestellt werden konnte. Gleichzeitig stachen die unterschiedlichen Temperamente sehr klar hervor. ... Wenn ihr euch vielleicht einmal voneinander trennt, wird es bestimmt Zeiten der Sehnsucht nach einer Rückkehr dorthin geben. Das Muster der ganzen Kommune war flüssig und flexibel. Es gab dort, so denke ich, einen deutlichen Schlendrian in Hinsicht auf diese Welt und das eigene tägliche Leben, aber zur gleichen Zeit ein gewisses Verlangen danach, es «in Ordnung zu bringen». Stimmt das?

Ich glaube, ich verstehe jetzt, dass diese Visionen tatsächlich die eigenen Gedankenmuster sind, die man sieht. Ich denke, ich verstehe jetzt auch, dass an diesem Punkt die Lehre über einen selbst beginnt. Wenn man zwischen den Sitzungen herausbekommt, dass dies die eigenen Gedanken sind, dann wird klarer, was los ist. ...

Wenn ich je einen Zustand der Transzendenz erreicht habe, dann nur für sehr kurze Zeit. Ich erinnere mich, dass ich eine wahre und unveränderbare Wirklichkeit erkannt habe. Das ist sicher sowie das Wissen darum, dass ich Teil des Prozesses bin. In meiner ersten Erfahrung gab es viele Repräsentationen von Energietransformationen, während ich in meiner zweiten Sitzung mehr Visionen von sich verändernden Farben und Formen hatte. Einmal, mit Tim, war ich ein Meteorit, der durch den Weltraum raste, und alle möglichen anderen Dinge zogen oder rasten herum. ... Ich war Teil einer Atomexplosion, die ich deutlich hören konnte, wie Feuerwerk (sie hat mir keine Angst gemacht), und der Fall-out wurde in einen Regen glitzernder Diamanten verwandelt. Dann schien ich eine Zelle innerhalb eines Wales zu sein. Ich war auch Teil eines Urwalds. Mit Ralph sah ich auch viele mikroskopische Prozesse innerhalb meines eigenen Körpers, sogar innerhalb meines eigenen Kopfes. Ich sah mikroskopisch und dann makroskopisch. Das waren in beiden Fällen Visionen von außerordentlicher Schönheit. ...

Ich erlebte einige unglaublich schöne Musik; die Noten waren einfach lebendige, vibrierende Energiebündel, und dann später tanzten sie bloß fröhlich. Zu meinen rasenden Visionen gehörte eine, in der ich in einen weißen Metallbehälter eingeschlossen war, der abwärts fiel. Man konnte sehen, wie meine Beine und Arme versuchten, hinauszukommen. Feuer und Blut strömten daraus hervor. Aber er schmolz weg. ...

Ich hatte Visionen, die meine irrigen Versuche, Ordnung herzustellen, symbolisierten: Ich sah genietete metallene Kuppeln um mich herum ... Der klare blaue Himmel wurde zu metallenen Kuppeln. Dann sah ich eine ganze Kiste voller metallener Roboterfiguren. Ich selbst war eine Tonfigur, die zu Staub zerfiel.

Ich hatte eine unwiderstehliche Vision, in der ich mich zu Füßen von Erzengeln befand, wo St. Michael seine Kräfte auszuüben schien. Es war ein Himmel von Majestät und Ehrfurcht. Ich hänge sehr an dieser Vision, leider. Das sollte ich wohl nicht.

Zu den sehr positiven Visionen gehörten zuerst und vor allem die Gewissheit, die Wirklichkeit, die Formen, Gestalten und Ausblicke voller strahlender, funkelnder und sich verändernder Farben, das Gefühl, ein Teil davon zu sein, zu all der lebendigen, tanzenden Energie zu gehören.

RM Als sie abreiste, sagte ich zu ihr: Weißt du, es wird schwierig für dich sein, zurückzukehren. Es wird dort niemanden geben, mit dem du über das, was du erfahren hast, sprechen kannst und der es verstehen würde. Etwa zehn Jahre später schrieb sie in einem Brief: «Eines Sommers nahm ich LSD, und es war fürchterlich, es war so beängstigend.» Sie hatte die Dinge in ihrem Gedächtnis völlig umgekehrt. Zum Glück hatte ich ihren früheren Brief behalten und konnte ihr eine Kopie davon schicken. Es war, als hätte sie eine Gehirnwäsche von der Propagandamaschine der Medien erhalten. In der Abwesenheit einer unterstützenden Gemeinschaft hatte all das Gerede über die «schrecklichen Drogen» sie eingeholt.

GB Habt ihr erlebt, dass Menschen manchmal eine sehr positive Erfahrung haben, die Erinnerung daran jedoch verblasst?

RM Das kann natürlich passieren.

RD Und es kann auch andersherum geschehen. Man kann sich an negative Erfahrungen als an eine positive Sitzung erinnern; die Leute erinnern sich dann nicht an die negativen Aspekte.

RM Und dann möchten sie noch eine weitere Sitzung machen. Das ist wahrscheinlich ein gutes Zeichen, weil es darauf hinweist, dass sie von ihren Fehlern lernen und ihre Angst überwinden wollen. Es ist, als sagten sie: Es ist nicht so wichtig, ob die Sitzung schlecht oder gut war – ich habe etwas aus der Erfahrung gelernt und ich möchte noch mehr lernen.

GB Könnt ihr etwas über eure Erinnerung an den Besuch von Ken Kesey und den Merry Pranksters in Millbrook erzählen? In seinem Buch *The Electric Kool-Aid Acid Test* berichtet Tom Wolfe davon, und er hatte den Eindruck, dass ihnen ein ziemlich kühler Empfang bereitet wurde. Nach Wolfes Buch hatten sie das Gefühl, «dass dort eine allgemeine Atmosphäre herrschte von: Bei uns ist hier etwas sehr Tiefes und Meditatives im Gang, und ihr Verrückten aus Kalifornien bringt hier eine saure Note ein. ... Das war Millbrook, ein großes Stück verklemmte Verstopfung, nach allem, was geschehen war.»

RD Bevor sie ankamen, waren wir alle schon ins Bett gegangen. In der Nacht zuvor hatten wir einen Acid-Trip gemacht. Wir befanden uns gerade in dieser sanften Phase der Entspannung. Wir sahen den Bus, und der hatte etwas von Speed an sich. Neal Cassady war ziemlich gut drauf. Er nannte Tim «Dick», und mich nannte er «Tim». Er hatte einen erstaunlichen Geist. (Er starb im Jahre 1968.)

RM Ich habe nur sehr schwache Erinnerungen an die ganze Interaktion. Ich war überrascht, in Tom Wolfes Buch darüber zu lesen. Mir schien das damals keine große Sache gewesen zu sein. In *Flasbacks* berichtet

Tim, dass er damals an Grippe erkrankt war und deshalb nicht zur Verfügung stand – nicht weil er sich überlegen und als Meditierender empfand. Er sagt, Ken Kesey und er hätten sich kurz miteinander unterhalten und sie seien «seitdem enge Verbündete gewesen». Ich weiß, dass Kesey auf dem Begräbnis von Tim mit sehr herzlichen Worten von ihm gesprochen hat.

RD Das Ganze war keine so große Sache für uns.

RM Zum einen wussten wir gar nicht, dass sie kommen würden. Hätten sie sich vorher angemeldet, dann hätten wir sicher mit Freude eine große Willkommensparty für sie geschmissen. Es war mitten in der Nacht, und wir gingen gerade alle ins Bett oder hatten uns bereits zurückgezogen. Tim war zu krank, um überhaupt herunter zu kommen. Aber ich erinnere mich, dass ich hinabging und auch du (Ram Dass) und Susan, und ich habe sie herumgeführt. Wir zeigten ihnen das Gelände und wir brachten sie zum «Cottage». Ich erinnere mich, dass sie einander unablässig irgendwelche Gesprächsfetzen zuwarfen. Sie waren wahrscheinlich high auf Speed oder einer Speed-Acid-Kombination, so etwas wie ein permanenter Trip. Und dann sahen sie sich die Gemälde an und sagten: «Oh, sieh mal, da ist dieser Typ», und dann identifizierten sie sich mit dem Gemälde. Sie spielten Spiele. Das schien mir okay. Es waren nette Leute, aber ich erinnere mich, dass wir irgendwie nicht auf sie vorbereitet waren. Die Begebenheit so in seinem Buch zu beschreiben, ist unfair von Tom Wolfe. Er lässt es so aussehen, als seien wir kalte, arrogante Typen gewesen, die sich für überlegen hielten.

RD Vom Bus aus muss es so ausgesehen haben. Statt ihnen entgegen zu gehen, zogen wir uns zurück. Wir gingen zu Bett, weil wir genug gehabt hatten.

RM Ja, aber wir haben sie herumgeführt und ich habe einige Zeit mit ihnen verbracht. Susan verbrachte tatsächlich mehr Zeit mit den Pranksters als ich. Ich hörte erst sehr viel später (oder ich hatte es vergessen), dass sie Neal Cassady tatsächlich eine DMT-Injektion gegeben hat. Es gibt ein Bild von ihr in einem Buch mit fotografischen Erinnerungen, *On the Bus* von Ken Babbs und Paul Perry, wo sie ihm gerade die Spritze gibt.

RD Ich verbrachte einige Stunden mit ihnen.

RM Unter den gegebenen Umständen schien das durchaus angemessen. Tim schreibt in *Flashbacks* (S. 205), dass du sagtest: «Ich habe das Gefühl, wir sind ein ländliches Indianerdorf, das von einer Bande johlender Säufer aus einem Wild-West-Saloon überrannt wird.» Ich denke, das ist einfach eine gute Geschichte. Tim nannte es das Aufeinandertreffen von zwei unterschiedlichen Stämmen mit unterschiedlichen Sitten. Tom Wolfe hat die Schrägheit dieser Situation einfach übertrieben.

Romanzen und Reisen nach Indien

GB Wie hat Tim das blonde schwedische Mannequin Nena getroffen, das er in *Flashbacks* «Nanette» nennt?

RD Nena kam mit Van Wolff und den Leuten aus New York.

RM Van Wolff war eine Art PR-Agent-Impresario, dessen Apartment ein Angelpunkt für die Schönen und Reichen aus dem Bereich von Mode, Fotografie, Film und den Künsten war. Die Atmosphäre dort war immer aufgeladen von Schwingungen der Verführung, Intrige und des Klatsches. Nenas Bild war damals auf allen New-York-City-Bussen mit Werbung für Winston-Zigaretten zu sehen. Tim nannte sie: «Eine nachdenkliche und romantische Frau, eine Ikone der Schönheit, umgeben und unterwiesen und manipuliert von den Technikern und Produzenten der Modeindustrie.» Als sie ihre erste LSD-Sitzung zusammen machten, schrieb er: «... Nanette ließ ihre Jet-Set-Maske fallen – so viel Narbengewebe aus der Kindheit. Von innen tauchte eine archetypische Vornehmheit, die strahlende Essenz einer Walküre auf. ... Ich erlag ihrem Zauber.» (*Flashbacks*, S. 203-204) Sie zog mit Tim in das Große Haus ein und machte es sich zur Routine, dort zu sein und einige Tage in der Woche in New York zu arbeiten. Seine Beziehung zu Peggy Hitchcock hatte sich zuvor bereits seit einiger Zeit mehr zu einer Art Freundschaft entwickelt – die noch lange danach anhielt. Als eine dieser seltsamen Synchronizitäten hatte Nena eine enge Freundin, Katy, ebenfalls ein Model, die sie nach Millbrook mitbrachte. Sie hatte goldbraunes Haar und grüne Augen; sie war umwerfend. Ich war völlig hingerissen von ihr.

GB Und wo war Susan?

RM Unsere Beziehung hatte sich ebenfalls hin zu einer eher offenen Beziehung entwickelt. Sie war einem Fotografen aus New York begegnet, hatte sich in ihn verliebt und war zeitweilig in die Stadt zu ihm umgezogen, um bei ihm zu sein. Wir blieben Freunde, und sie stieg tief in die Gurdjieff-Arbeit mit Mr. Nyland ein. Es sah so aus, als hätten die wiederholten psychedelischen Gruppensitzungen eine Tendenz, traditionelle Strukturen der zwischenmenschlichen Beziehungen sowie innerpsychische Abwehrhaltungen aufzulösen. Doch dann wurden auch neue Beziehungen geknüpft. Ich ging mit Katy zu einem ihrer Modeling-Jobs in New York, und auch mir fiel das mechanische, manipulative Verhalten der Modeprofis auf, die sich so zurechtmachten, dass sie das von ihnen gewünschte abstrakte Bild von Schönheit projizierten. Wir nahmen in ihrem Apartment in New York zusammen LSD. Das Folgende ist, was ich über diese Erfahrung aufschrieb:

Ralph, Nena und tim vor dem Taj Mahal 1964

Wir nahmen in Katys Apartment LSD. Sie wanderte herum und sagte vor sich hin «mein Apartment, mein Hund, meine Katze, mein Liebhaber ...», so, als versuche sie, die Einzelteile ihrer Welt zusammenzuhalten. Es war nicht beängstigend für sie, sie vertraute dem Prozess. Sie nahm ein Schaumbad und ich verwandelte mich in einen Affen, der auf einem Ast saß und neugierig die Pflanzen und das Tierleben im Umkreis beobachtete und fröhlich zu der Göttin plapperte, die träge in dem Schaum lag. Wir lagen auf weichen Decken auf dem Boden und verfolgten die Linien aus Licht in dem Raum zwischen uns, hauchdünne goldene Fäden von Fingerspitze zu Fingerspitze, schimmernde Lichtstrahlen von Auge zu Auge. Während meine Hand auf ihrer Hüfte ruhte, wie sie dort auf dem Teppich lag, beobachtete ich, wie ihr Körper sich in unterschiedliche Körper verwandelte, manche mit dunkler, manche mit hellerer Haut, in schneller Abfolge. Einer davon hatte die Form eines leuchtend weißen Skeletts, dass für eine Sekunde aufblitzte, als hätte ich Röntgenaugen.

Ich erinnerte mich, in buddhistischen Meditationshandbüchern gelesen zu haben, man solle den Körper einer Frau als ein Skelett visualisieren, um die Ablenkung durch sexuelles Begehren zu überwinden. Als sie sich auf den Rücken legte, wurde ihr Gesicht breiter und runder, und aus ihren Augen und ihrem Gesicht strahlte allwissende, magnetische Empfänglichkeit aus. Der Duft, der von ihr ausging, ließ Fontänen der Ekstase in den tiefsten Tiefen meines Gehirns sprudeln. Die

Rundungen ihrer Brüste, ihres Bauches und ihrer Lenden waren die abgerundeten Hügel und Täler der Erde. Das Flaumhaar auf ihrem Schamhügel bildete goldene Weizenbündel. Sie war die freigebige Göttin des Korns; sie war Eva, Mutter aller Lebenden. Ich sprach den Namen «Eva» aus, und sie schreckte leicht zusammen, verwandelte sich wieder in ihre Form als Katy und sagte: «Dafür bin ich noch nicht bereit.»

Als wir im Auto nach Millbrook zurückfuhren, wandte sie sich mit leuchtenden Augen mir zu und sagte: «Jetzt, wo du mich besitzt, was wirst du mit mir tun?» Ich antwortete, dass ich nicht glaube, sie zu besitzen; wenn überhaupt, dann sei es andersherum. Es erstaunte mich, dass sie, obwohl sie sehr schön war und viele Liebhaber gehabt hatte, darunter einige Berühmtheiten, die fast ständige verbale Beteuerung brauchte, dass ich sie liebte.

GB Wie kam es zu deinem Trip nach Indien?

RM Ich wollte bereits seit langer Zeit auf diese Reise gehen, der mythischen Suche folgen, die Hermann Hesse und viele andere beschrieben haben. Wir alle sprachen oft darüber. Die Castalia Foundation sollte das Geld für die Reise aufbringen: Es sollte eine Forschungsreise werden, um indische Yoga-Methoden zu studieren und mit hinduistischen und buddhistischen Lehrern über den möglichen Gebrauch von bewusstseinserweiternden Drogen als Hilfsmittel für die Meditation zu sprechen. Es stellte sich heraus, dass Gayatri Devi, ein weiblicher indischer Guru in der Linie von Ramakrishna, dem bengalischen Heiligen aus dem 19. Jahrhundert, mit ihrer Anhängerschaft eine Reise nach Indien plante, und sie lud mich ein, sich ihnen anzuschließen. Sie leitete einen Vedanta-Ashram in der Nähe von Boston, und einen anderen in La Crescenta in Kalifornien. Sie und mehrere ihrer amerikanischen Anhänger, darunter auch Fred Swain, hatten eine von Tim geleitete Psilocybin-Sitzung gemacht, während wir noch in Harvard waren. Fred Swain, ein ehemaliger Major der Luftwaffe, der eine Pilzsitzung mit der legendären mazatekischen Heilerin Maria Sabina in Oaxaca, Mexiko, erfahren hatte, war ein Jünger von Gayatri Devi geworden. Er hatte auch den ersten Sommer mit uns in Zihuatanejo verbracht.

RD Rabbi Zalman Schachter hatte zur gleichen Zeit ebenfalls eine psychedelische Sitzung in diesem Ashram.

RM Ja. Sein Bericht von dieser Sitzung ist in der Anthologie psychedelischer Erfahrungen enthalten, die ich unter dem Titel *The Ecstatic Adventure* herausgegeben habe (veröffentlicht im Jahr 1968). Gayatri Devi wollte nach Bengalen reisen, um dort einen Ashram für ihre indischen Anhänger aufzubauen, die in die Tausende zählten. Mit ihr zu reisen, sollte eine gute Möglichkeit sein, eine indische religiöse Kultur von innen her betrachten zu können und nicht nur wie ein Tourist von außen. Die Gelegenheit war perfekt. Gayatri Devis Gruppe wollte im Herbst 1964 aufbrechen. Ich wollte mit ihnen reisen und versuchte, Katy davon zu überzeugen, mich zu begleiten. Sie wusste nicht recht, ob sie das tun sollte. Sie hatte nicht dieselbe Verbindung zu Indien und zum Hinduismus wie ich. Wir sprachen endlos darüber, aber sie konnte sich nicht entscheiden. Tim und Nena ermutigten sie ebenfalls, und sie wollten nach ihrer Hochzeit ebenfalls nach Indien kommen. Schließlich brach ich zusammen mit Gayatri Devis Gruppe auf und drängte Katy, mir später nachzukommen. Nach einem Zwischenstopp von einer Woche in Kyoto in Japan, wo wir mit Zen-Lehrern sprachen und Schreine und Tempel besuchten, landeten wir in Kalkutta, wo Mataji, wie sie genannt wurde, Tausende von Anhängern hatte. Überaus interessante Besuche von Tempelstätten in Bhubaneswar, Puri, Konarak und Benares folgten. Dann reisten wir nach Delhi und nordwärts in die Hügellandschaft von Uttar Pradesh nach Rishikesh, wo die Beatles später den Ashram von Maharishi Mahesh Yogi besuchten.

Dort trennte ich mich von Gayatri Devis Gruppe und reiste weiter nach Norden in die Vorgebirge des Himalaya in das Dorf Almora, wo Lama Anagarika Govinda, der aus Österreich stammende buddhistische Gelehrte, mit seiner parsischen Frau Li Gotami lebte – in einer Hütte mit einem unglaublich spektakulären Ausblick auf die von Schnee und Eis bedeckten Gipfel des Himalaya. Ich lief damals jeden Tag mehrere Stunden zu ihrem Haus, und sie teilten sehr freundlich und großzügig ihr unglaubliches Wissen und ihre Erfahrung mit den Tiefen der tibetischen buddhistischen Kultur mit mir. Lama Govinda war beeindruckt von der wertschätzenden Widmung, die wir für ihn in unsere Anpassung des *Tibetischen Totenbuchs* aufgenommen hatten. Er war damit einverstanden, eine Dosis LSD zu probieren, die ich für ihn zu besorgen anbot und bei deren Einnahme ich den Führer für ihn machen wollte. Nach einer anfänglich turbulenten Phase der Verwirrung und Angst aufgrund der intensiven somatischen Veränderungen, die hervorgerufen wurden, zentrierte er sich selbst mit Hilfe eines Mantras und Mudras und machte eine erhellende Erfahrung, die dem Modell des *Bardo Thödol* entsprach. Er sagte, er würde sich über einen Besuch von Timothy Leary freuen.

Während meiner Reisen schrieb ich Katy und der Gruppe in Millbrook Briefe über meine Eindrücke von Indien. Tim antwortete mit Briefen, in denen er den fantastischen und freudvollen spirituellen und sozialen Karneval beschrieb, zu dem Millbrook geworden war. Er schrieb über die sich vertiefende Beziehung zu Nena, ihre Hochzeitspläne und Reisepläne für Indien und seine sich entwickelnden Ideen über den Prozess der psychedelischen Bewusstseinserweiterung. Er benutzte zu jener Zeit die verhaltensbiologische Sprache von Prägung *(imprinting)* und Entprägung *(de-imprinting)*. Diese Ideen und dieses Verständnis bildeten den begrifflichen Rahmen für seine Arbeit an der Übertragung des chinesischen daoistischen Klassikers *Daodejing (Taoteking)* in ein Handbuch für Sitzungen psychedelischer Erfahrungen. Tims psychedelisch-poetische

Umdeutung dieses Textes wurde später als *Psychedelic Prayers* veröffentlicht. Er arbeitete daran, während er auf seiner Hochzeitsreise mit Nena in Almora war und Lama Govinda jeden Tag traf. Dieser Text ist mir von all seinen Schriften der liebste – weise, komisch und elegant.

Briefe aus Millbrook an Ralph in Indien

Tims erster Brief vom 16. November 1964 beschreibt das zunehmende enthusiastische Publikum, dem Tim und Dick auf ihren Vortragsreisen begegneten, sowie Tims und Nenas Beziehung, die auf eine Ehe zusteuerte.

Liebster Freund und Großer Geist Ralph –

*Deine Botschaften waren unvergesslich – poetisch, lebendig ... Sie lassen uns gerade dort mit dir sein ... und du bist so sehr da. Katy ließ mich einige deiner Nachrichten an sie lesen, und sie sind unvergleichlich lyrische Flötenlieder. Wunderschön. So viel ist geschehen, lieber Bruder ... so viele Millionen Jahre sind vorbeigerauscht ... Ich habe versucht, eine Art von Tagebuch zu führen ... hoffnungslos unzureichend und bereits veraltet ... Irgendwann werden wir uns das zusammen ansehen ... oder wahrscheinlich nicht ... es sieht nicht so aus, als würden sich die Ereignisse verlangsamen ... SAN FRANCISCO ... Pressekonferenz ... stümperhafte PR-Leute ... doch wunderbare, abgehobene Geschichten von belustigten und beeindruckten Reportern. BIG SUR ... unglaublicher Ort ... Schluchten, die zur Felsenküste hin abfallen, Klippen, Rotholzbäume, Flusscanyons, in die nur nadeldünne Sonnenstrahlen vordringen ... enorme Besucherbeteiligung für das Wochenende ... wunderbare Menschen ... Fröhliche, entspannte Seminare, die auf großes Interesse stießen ... Nena kam am Samstag in Monterey an ... die fünf Tage Trennung waren ... nun ja, du kennst das ... unerträglich ... Wir wohnten in einem Haus mit einer Glasfront mit Blick über den Pazifik ... hatten unglaubliche Sitzungen ... Eine hauptsächlich ineinander und die zweite auf einem Grashügel eine Meile oberhalb des Pazifiks ... Ein Teil davon war eine Szene der Vertreibung von Adam und Eva aus dem Paradies, die die bewegendste und die lehrreichste Erfahrung meines-unseres Lebens war ... PALO ALTO ... zwei bis auf den letzten Platz gefüllte Säle ... enthusiastisch ... eine Reihe von Gesprächen mit Lockungen und Drohungen von Seiten der Leute von Menlo Park ...**

* *Die «Leute von Menlo Park» bezieht sich auf eine Gruppe von Forschern am Institute for Noetic Sciences, ursprünglich in Menlo Park, südlich von San Francisco. Die machten ebenfalls Versuche mit psychedelischen Substanzen, wollten aber ganz innerhalb des Rahmens von medizinisch kontrollierten Studien bleiben. Sie wollten Leary einladen, mit ihnen zusammenzuarbeiten, oder sie drohten ihm mit Anklage bei den zuständigen Behörden. Die Bedrohung wies Leary ab, da die psychedelischen Drogen (noch) nicht illegal waren. (Anm. v. RM)*

Wenn ich die FDA informiere, werden sie uns bestätigen, dass wir LSD geben können ... tue ich das nicht, dann sitze ich innerhalb eines Monats im Gefängnis usw. ... ich habe keinen weiteren Gedanken drauf verschwendet ...

NEW YORK ... Cooper Union ... alle 1300 Sitzplätze besetzt und 300 Leute auf Stehplätzen ... die Menge war so empfänglich, es war, als flüstertest du deiner Geliebten etwas ins Ohr ... Richard war ein Riesenerfolg an der University of Minnesota und es gab eine Cocktailparty mit dem Lehrkörper usw. Die politisch-pädagogische Schlacht um Psychedelika ist gewonnen, und von jetzt ab ist es nur noch eine Frage der Zeit ... die nächste Generation ... Mein einziges Anliegen ist jetzt, zu lernen, meinen eigenen Kopf zu benutzen, um den unglaublichen Komplexitäten nachgehen zu können, die sich entwickeln, wenn zwei Menschen beginnen, ihr Potenzial gemeinsam und in kleinen Stammesgruppen zu erforschen. Energie und Engagement von Äußerlichkeiten und materiellen Dingen zurückziehen usw. Du weißt ja.

Nena und ich sind während der letzten drei Wochen fast jede Minute zusammen gewesen, und sie ist eine unerschöpfliche Quelle von Schönheit und weisen Lektionen. Wir sind direkt in die Bowling Alley umgezogen, die jetzt der entspannteste, wärmste und leuchtendste Ort in der Welt ist. Wir besuchen den Episkopalen Pastor in der Stadt, um die romantischste mythische Hochzeit in der Geschichte zu arrangieren ... sehr bald. Du musst ohne Rückhalt alles investieren, was du hast, und dann fließt alles von einem Augenblick des Glücks zum nächsten ... na klar, du weißt. Die Stammesgemeinschaft ist wunderbar. Richard kam zurück, strahlend von Energie und mit neuen Plänen ... Susan hat den größten Teil ihrer Zeit hier verbracht ... sie arbeitet an Vorträgen und anderen PR-Aktivitäten. Katy ist die göttliche weibliche Göttin, wunderschöne Lotos-Lilie, immer und unglaublich feminin. Die Bäume haben ihre Blätter verloren und sind schwarz geätzt wie Sumi-Pinselstriche, und die Abenddämmerung kommt schnell am späten Nachmittag, Feuer brennen in den meisten der Räume, und das Haus atmet sanft in Erwartung der nächsten Periode von Wandel und Bewegung ... Nena und ich werden dich wahrscheinlich nach dem Ersten des Jahres besuchen. Liebe. Liebe. Liebe. Liebe. Und liebende Gedanken auch für Mataji und Fred. Es macht uns große Freude deine Beschreibung von Matajis enthusiastischem Empfang in Indien zu lesen.

Tim.

Ich bekam auch einige Briefe von meiner Frau Susan, die noch in Millbrook war, in denen sie von einer Begegnung erzählte, die sie in New York mit meinem Vater hatte, der aus Deutschland zu Besuch gekommen war (auch wenn er nicht nach Millbrook kam). Susan sprach mich, zweifellos ironisch gemeint, als «Bezwinger der Leidenschaften» an. Ich hatte ihr und den anderen geschrieben, dass dies die Übersetzung des Hindu-Namens Ripujit war, den Gayatri Devi mir während unserer Reisen in Bengalen gegeben hatte. Ich hatte ihn mit einigem Widerwillen akzeptiert, weil ich es, entsprechend meinem westlichen psychologischen

Denken, vorzog, meine Leidenschaften als etwas anzusehen, mit dem man sich anfreunden und das man nicht bezwingen soll.

1. November 1964, Millbrook:

Liebster Bezwinger der Leidenschaften,
wir haben deine beiden wundervollen Briefe und viele Postkarten erhalten. Du hörst dich großartig an ... und Japan scheint auch toll gewesen zu sein. Hier ist es sehr still, ein wenig anarchistisch, seit Tim und Richard abwesend sind, aber das Wetter ist schön und hell. Ich habe T & R am Montag am Flughafen abgesetzt, habe dann Felix (Morrow) besucht und schließlich deinen Vater am Flughafen getroffen. Er war sehr überrascht, dass dort jemand auf ihn wartete, und natürlich auch erfreut. Er hatte eine schwere Erkältung und leichtes Fieber, war aber gebräunt und guter Laune. Ich hatte ein langes Gespräch mit ihm in seinem Hotel und erzählte ihm die Geschichte bis heute. Er war großartig – es ist wirklich sehr schön, mit einem Elternteil sprechen zu können, und er wurde nicht einmal dogmatisch – nur in Hinsicht auf einen Punkt, in dem ich, glaube ich, mit ihm übereinstimme, nämlich, dass das Dritter-Stock-Projekt (Kommune, denkt er) verrückt ist, wenn es darum geht, eine Ehe zu erhalten und Kinder zu bekommen. Er meint, wir seien verrückt, was dieses Gemeinschaftsleben angeht. Und dann – es war komisch, weil er darauf bestand, ich sei wesentlich ärgerlicher als ich es war oder gewesen bin, und er versuchte mir zu sagen, dass dies natürlich sei usw. – wollte er, dass ich mit ihm fliege und bei ihm in seinem Haus als Haushälterin bleibe und seine Mahlzeiten koche! Wer weiß, vielleicht werde ich das tun ... Es ist seltsam, dir Briefe zu schreiben – ich habe dir noch nie welche geschrieben. Was gäbe es noch zu sagen? Ich liebe dich – ich denke sehr oft an dich.

Aus Tims zweitem Brief vom 20. November:

Liebster Ralph,
Freitagabend. Seminar. Ruheperiode. Arbeitsreicher Tag, an dem wir Katys Möbel in das Haus geschafft haben. Wir arrangieren die Zimmer neu. Sue Met und Sheila und Nena wandeln die Bibliothek in einen Seminarraum um. Unglaublicher Sonnenuntergang vom Dach aus. Warmes, feuchtes Herbstwetter – wie Frühling mit schmelzendem Schnee. Großer Monat der Festivitäten, lieber Bruder, nur schade, dass Du nicht dabei bist. Menschenmenge kommt zum Thanksgiving. Dann Vortrag im Rathaus, viel Publicity mit anschließender Party bei Peggy. Dann die Hochzeit, am Samstag dem 12. Dezember in der hiesigen Episkopalen Kirche, dem Zentrum des Stammesdorfes. Etwa 100 Teilnehmer, Nena in einem märchenhaften Kleid usw. Hochzeit führte zu einigen Spannungen – jedermann muss sein ihm eingeprägtes Schachbrett neu justieren –, aber alles hält zusammen. Die schöne Katy ist Trauzeugin [Am. maid of honor = «Ehrendame»] – unglaublicher Ausdruck! und Richard Trauzeuge [Am. best man] dito. Die Bedeutung von Imprinting ist «UNFREIWILLIG VON ÄUSSERLICH-

KEITEN EINGEFANGEN WERDEN und dazu noch von zufällig präsentierten Äußerlichkeiten!!!» Der Prozess des DE-IMPRINTING besteht darin, das Bewusstsein wieder in Fluss und zurück zum Körper zu bringen. RE-IMPRINTING ist ein geplantes zeitweiliges Festhalten an Äußerlichkeiten. Um ein altes Imprint herum werden Gewohnheiten aufgebaut. Das betont die Notwendigkeit, die Umgebung zu wechseln, um in Einklang mit deinem neuen Imprint zu sein und den automatischen Rückfall zu vermeiden. Es scheint klarer und immer klarer zu werden – wie der Kopf zu verwenden ist. Ein Imprint hält sieben Tage an, sofern man die alte Umgebung meidet und nahe bei dem neuen Imprint bleibt, was auf der Toleranzperiode und klinischen Daten basiert.

Wir denken ständig an dich und schicken dir Botschaften – gewöhnlich während wir ins Feuer schauen. Oder bei Sonnenuntergang.

Liebe. Liebe. Liebe. Ich will versuchen, dir täglich zu schreiben – jetzt, wo wir in einem Routinefluss sind, der jeden Tag neu und wunderbar ist.

Tims dritter Brief:

Lieber Ralph,

Mittwoch, der Tag vor Thanksgiving. Menschenmassen werden kommen – Gunther-Karin, George-Corky, Max-Dick, Mike Holl-Brita, Felix-Gloria Morrow, David Padwa mit Familie, Allen Atwell mit Kindern, Peg, Paul Krassner, Billy Olney, Foster usw. usw. Bitten [Nenas Mutter, schwedische Baroness] brät einen Truthahn und drei Gänse. Björn [Nenas Bruder] & Sheila turteln. Katy kommt heute Abend mit dem Zug. Sue Leary strahlt. Neun Kinder wurden aus ihrer Schule geworfen. Sie ist beim Lehrkörper sehr populär – zu Millbrookisch, um etwas mit Teenagern anfangen zu können. Heiratspläne ... wir ließen einen Ring entwerfen, der von Nena ist umgeben von einem Band aus Weißgold und Diamanten ... Lizenzen, Bluttests, Hochzeitskleid, alles erledigt ... wir sind unzertrennlich in diesen Tagen, bewahren unseren Humor und liebevolle Distanz, während der Tumult um uns herumwirbelt. Wir planen jetzt, gleich nach der Hochzeit gen Osten aufzubrechen. Die Bowling Alley ist ein Heiligtum, wo wir die psychedelische Ebene aufrechterhalten. Ich habe in den letzten sechs Wochen so viel gelernt ... Es ist einfach erstaunlich. Deine Briefe sind unvergleichlich ... Ich habe noch nie Reiseberichte gelesen, die so lebendig sind und pulsieren wie deine, lieber Bruder. Wir reisen mit dir. Wir denken ständig an dich und freuen uns darauf, dich bald wiederzusehen. Richard ist in bester Laune ... Zwischen ihm, Peggy und Annette (die gerade hier ist) laufen gute Dinge ab. Die Öffentlichkeitsarbeit läuft gut ... Das Große Haus wird natürlich weitermachen. Ich wünschte mir, dass sich eine weitere Person mit einiger Reife und einem professionellen Status uns anschließen würde.

Allen Atwell hat sich verändert; das Aufflackern, das du noch mitbekommen hast, ist zu einer erstaunlichen Turbine feuriger Energiekraft aufgeflammt ... Er ruft den Verteidigungsminister an, um ihm LSD für Fallschirmjäger zu empfehlen, den Präsidenten von Air India, der eine Tour von Models nach Indien finanzieren soll, den Präsidenten von Pan Am und Bucky Fuller, damit sie ein Hubschraubernetz über das Pan-Am-Gebäude spannen usw. Vielleicht kann Dick etwas mit ihm ausarbeiten. ... Mein Verständnis der «Falle der Externalisierung» wird klarer. Imprinting friert uns in der Außenwelt ein – der Trick besteht darin, sich einmal in der Woche zurückzuziehen und sich dann jedes Mal sorgfältig geplant wieder der Außenwelt hinzugeben, wobei die Zahl der Äußerlichkeiten systematisch reduziert wird, sodass Platz für neue Komplexität und Subtilität entsteht. Du weißt.

Nena hat sich verändert. Sie ist stiller, gelassener, von erstaunlicher Geduld, sie geht mit Ruhe durch den Tumult. In ihrem Inneren hat sie etwas Chinesisches, etwas von den Wikingern und von einem südschwedischen Bauernmädchen. Die Macht des Imprinting erstaunt mich immer wieder. Erschreckend, solange man das nicht ständig und wachsam erkennt. Sue Met ist dieser Tage glücklich – sie und Mario scheinen eine feste Beziehung aufzubauen – Sie sind näher daran, sich eine Wohnung in New York City zu suchen. Ich vermisse dich so sehr. Wir sind begeistert von der Aussicht, dich bald wieder zu sehen. Wir reisen mit dir. Unsere Augen sind die deinen. Unsere Herzen sind das deine.

Liebe und Liebe für Mataji und Fred. Tim

Vierter Brief von Tim vom 8. Dezember 1964:

Lieber Ralph,
Schnee, Wildspuren, Siva und Kali (zwei Hunde) toben in den weißen Feldern. Sheila und Björn küssen sich auf der Treppe. Annette lächelt um Mitternacht vor einem Feuer im dritten Stock und sagt – ihr habt ein Haus voller schöner Menschen. Richard hat sich gewandelt. Er hat «Tims Rolle» übernommen, was immer das bedeutet, und ist genial, gastfreundlich, strahlt Pläne aus und heißt Menschen willkommen. Er füllt das Haus mit kreativen Männern und schönen Frauen. Allen Atwell zieht nach Weihnachten ein. Eduardo, ein argentinischer Maler, weise, humorvoll, maskulin. Mario ist eingezogen. Joan, eine Elizabeth Taylor, ist jetzt Dicks Sekretärin. Allen Eager ist ein genialer Haus-Buddha. Es ist der schönste Ort auf Erden. Strahlend. Hochzeit in vier Tagen. Unglaublich lange Liste von Details, die alle an ihren Platz fallen. Nena ist ein reines, weißes Feuer von Aufrichtigkeit und Liebe. Wir sind während der letzten vier Wochen etwa 23 Stunden am Tag zusammen gewesen. Sechs Sitzungen in sieben Wochen. Wir brechen am 15. Dezember auf ... Hinterlasse eine Nachricht bei American Express in Kalkutta.

Katy ... Jede Stunde eine neue Krise. Nena und ich haben ihr ein Flugticket um die Welt gekauft, das sie nun in Besitz hat. Ich habe für sie einen Platz für den gleichen Tag, an dem wir aufbrechen, reserviert. Wir setzten sie nicht unter Druck

– geben ihr einfach eine weitere Karte in die Hand – eine Freiheitskarte, die sie benutzen kann oder nicht. Sie ist unglücklich. Deine Briefe waren wunderbar. Ich glaube, das ist alles, was du tun kannst ... sie wissen lassen, dass du wartest, ohne viel Druck auszuüben oder zu emotional zu sein. Vielleicht ist sie zu der Zeit, zu der du diesen Brief erhältst, schon auf dem Weg. Auf jeden Fall und in allen Fällen ist das Einzige, was uns zu tun bleibt, uns selbst von inneren Verzerrungen und äußeren Abhängigkeiten zu befreien.

Wir denken stets an dich und freuen uns sehr darauf, bald bei dir zu sein.

Liebe. Liebe. Liebe. Liebe.

RM Ich machte die dreitägige Reise per Bus und Bahn aus dem Vorgebirge hinab nach Delhi, um Tim und Nena zu treffen. Als ich ihnen enthusiastisch von meinen Begegnungen mit Lama Govinda erzählte, beschlossen sie, auch dorthin zu fahren. Doch bevor wir wieder hinauf in die Berge fuhren, wollten wir dem Taj Mahal einen Besuch abstatten. Wir hatten gehört, dass einmal im Monat, um die Zeit des Vollmondes herum, das Gelände für Besucher bei Nacht geöffnet ist. Wir glaubten, dies würde ein außerordentliches Setting für eine psychedelische Erfahrung sein. Während des Tages besichtigten wir das Mausoleum, wobei wir unsere Sinne durch legal erhältliches Ganja geschärft hatten. Unser Führer erklärte enthusiastisch die Geschichte hinter diesem erstaunlichen Gebäude: «Schah Jehan, der dieses Monument erbaut hat, war nicht nur verliebt in seine Frau Mumtal Mahal («Juwel des Palastes»), sondern er war auch ein wahnhafter Bauherr.» Er baute dieses Grabmal, um der Bitte seiner sterbenden Frau zu entsprechen, etwas zu erschaffen, das an sie erinnern würde.

Tim Leary war sehr beeindruckt von der Tatsache, dass der Schah Jehan den Taj Mahal als Ausdruck persönlicher menschlicher Liebe gebaut hatte. Er meinte, die Suche nach Erleuchtung habe immer noch ein egoistisches Element («meine Erleuchtung»), während die Liebe des Schahs für seine Frau auf einen anderen Menschen gerichtet war. Die Frage, wie man leidenschaftliche persönliche menschliche Liebe in die spirituelle Suche nach Befreiung integrieren könne, war während dieser Periode offensichtlich ein zentrales Thema für Tim – und vielleicht ein Kernthema seines gesamten nach-psychedelischen Lebens.

Als die Sonne unterging und der volle Mond aufstieg, platzierten wir die Decken für unsere Sitzung auf dem Rasen vor dem Taj Mahal. Der Anblick des Taj Mahal im Mondlicht ist bereits für die normale Wahrnehmung unglaublich. Mit geschärften Sinnen ist die Wirkung unbeschreiblich. Nachdem sich unsere Augen an die Dunkelheit gewöhnt hatten, war das Mondlicht so hell wie Tageslicht, die weiße Marmorkuppel glitzerte in blassem Blau und Silber, während die Edelsteine, die weit oben in die

Kuppel eingelassen waren, blitzten und funkelten. Das Gebäude hing wie eine Fata Morgana in der Luft, von der Erde durch ein dünnes Band von Dunst getrennt, und es leuchtete und sang mit einem Strahlen in perfekt harmonischen Feldmustern von Wellen.

Etwa eine Woche lang wohnte ich mit Tim und Nena in einem gemieteten Haus auf dem Bergkamm oberhalb von Almora. Wir besuchten Lama Govinda und ebenso Krishna Prem, einen Engländer, der sich nach Indien zurückgezogen und dort eine sehr kleine spirituelle Gemeinschaft gegründet hatte, die der Verehrung von Krishna und Radha gewidmet war. Ich glaube, Krishna Prem war der Mensch, den Tim wohl am ehesten jemals als spirituellen Lehrer oder Guru akzeptiert hätte. Auch ich war sehr beeindruckt von seiner Lehre; er inspirierte mich dazu, meine Motive und Absichten zu hinterfragen. Was machte ich dort? Ich hatte das Gefühl, dass ich es vermied, mit meiner brüchigen Beziehung zu Katy umzugehen. Mir wurde auch zunehmend deutlich, dass Tim und Nena nicht wirklich miteinander harmonierten. Ich brach einige Tage später auf zu der langen Reise zurück in die USA, wobei ich einen Zwischenstopp in Frankfurt machte, um meinen Vater und seine Familie zu besuchen.

Tim schrieb in *Flashbacks* (S. 223) über das Auseinanderbrechen seiner Ehe mit Nena, das Ende ihrer «Himalaya-Flitterwochen»:

«So gingen wir also weiter. Wir waren als märchenhafte Geliebte in den verzauberten Wäldern von Millbrook zusammengekommen und hatten eine Saison romantischer Minne ausgelebt. Sie hatte mich die zärtlichen Geheimnisse mädchenhafter Liebe und weiblicher Pracht gelehrt. Wir hatten Zeitreisen durch mehrere mythische Inkarnationen erlebt und in panoramischen Gefilden magische Schauspiele ausagiert. Jetzt war es an uns, der kompliziertesten menschlichen Kunst gerecht zu werden, einer einfühlsamen Trennung.»

Cover von «Psychedelic Prayers» (Psychedelische Gebete), veröffentlicht 1965

Allen Ginsberg, Tim Leary und Ralph Metzner während der Psychedelic Celebration 1966, NYC

Vierter Teil

Millbrook nach den Indien-Reisen
Frühjahr 1965 bis Sommer und Herbst 1966

Frühjahr 1965

Ralph kehrte nach Millbrook zurück und findet die Szene im Großen Haus Uneinigkeit stiftend, deprimierend und chaotisch. Es scheint dort zwei Lager zu geben, eines, das darum bemüht ist, wenigstens eine minimale Ordnung im Haus aufrechtzuerhalten, ein anderes, dem es bloß darum geht, die ganze Zeit so high wie möglich zu bleiben. In einem sich mulmig anfühlenden Arrangement beschließt die letztere Gruppe, zu der Richard sowie Michael Hollingshead und mehrere andere gehören, in die Bowling Alley umzuziehen.

Ralphs Beziehung zu Katy ist beendet. Bei einem Vortrag, den er zusammen mit Richard in New York hält, trifft er Barbara, eine junge Frau, die zu seiner Verehrerin und Freundin wird.

Juni 1965

Tim und Nena kehren aus Indien zurück. In einem Versuch, ihre Ehe und Freundschaft zu retten, nehmen Richard, Tim und Nena zusammen LSD. Der Versuch schlägt fehl und das Trio löst sich auf. Nena geht zurück nach New York, Richard bricht zu einem langen Urlaub im Süden von Frankreich auf. Bob Thurman, der ehemalige Harvard-Student, kommt in seiner Form als der tibetische Mönch Tenzing zu Besuch. Er und Nena brechen schließlich zusammen auf und heiraten.

Sommer und Herbst 1965

Tim und Ralph tun sich mit einer Gruppe von Mediengestaltern zusammen, die sich selbst USCO nennt, um in New York City vor enthusiastischem Publikum theatralische „psychedelische Erkundungen" zu präsentieren. Tim trifft Rosemary Woodroff, die nach Millbrook zieht und Tims Partnerin, Geliebte und spätere Ehefrau wird. Die Millbrook-Kommune erblüht erneut in Kreativität, Spiritualität und Romantik.

Herbst 1965

Als Richard nach New York zurückkehrt, wird ihm in einem Treffen mit Tim und Ralph in einem Coffee Shop in Poughkeepsie mitgeteilt, er möge doch nicht wieder in Millbrook auftauchen. Michael Hollingshead erhält den Auftrag, eine gewisse Menge LSD und Ausgaben von *The Psychedelic Experience* in seine Heimat England mitzunehmen, um die dort aufblühende psychedelische Bewegung zu unterstützen.

Ralphs Freundin Barbara, die schwanger geworden ist, macht eine Persönlichkeitsveränderung durch, verliebt sich in einen Light-Show-Künstler aus New York und verlässt Millbrook, um mit ihm zu leben. Ralph beschließt, in ein Apartment in New York umzuziehen, um mit einer Film-Crew an weiteren psychedelischen Theatershows zu arbeiten.

Dezember 1965

Tim, Rosemary und die beiden Kinder von Tim fahren zu einem Urlaub über Texas nach Mexiko. Das Große Haus wird geschlossen und mit Brettern vernagelt. Tim plant, sich in Mexiko zu entspannen und ein Buch zu schreiben. Beim überqueren der Grenze in Laredo werden er und seine Tochter durch eine (wahrscheinlich arrangierte) Verkettung von Umständen wegen des Besitzes von Pot verhaftet und angeklagt. Auf Kaution entlassen, kehren sie nach Millbrook zurück, das Haus wird wieder geöffnet, und der Leary Legal Defense Fund wird ins Leben gerufen – das erste von Learys vielen juristischen Gefechten während eines großen Teils seines restlichen Lebens.

Winter 1965 und 1966

Ram Dass geht nach England und hat eine geheimnisvolle Sitzung mit dem radikalen Psychiater Ronald D. Laing; danach nach Frankreich, wo er eine Sitzung mit einem reichen französischen Kunsthändler und Playboy hat.

Winter 1965 und Frühjahr 1966

Learys öffentliche Medienaktivitäten (zu seiner eigenen juristischen Verteidigung und in Hinsicht auf die Stellung von Marihuana und Psychedelika in der Gesellschaft im Allgemeinen) nehmen dramatisch zu. Neue Sommerprogramme in Millbrook werden geplant und organisiert. Ralph besucht Millbrook oft an Wochenenden, so auch an dem Wochenende im Mai 1966, an dem die Polizeibehörde des Dutchess County, angeführt von G. Gordon Liddy (der später für seinen Watergate-Einbruch bekannt wird), in einer nächtlichen Razzia mit dreißig Polizeibeamten Leary und andere im Großen Haus verhaftet. Leary organisiert eine neue Kirche, die League for Spiritual Discovery, als religiöse Dachorganisation für seine zunehmenden öffentlichen Aktivitäten. Leary, Ralph und der

Light-Show-Künstler Don Snyder machen eine Tour durch acht Städte an der Ostküste, wo sie simulierte psychedelische Sitzungen abhalten, die einen ganzen Tag lang dauern.

Sommer und Herbst 1966

Psychedelische Feste und Festspiele mit Hunderten von Menschen in Millbrook entwickeln sich zu theatralischen Vorführungen in New York, die mehrere 1000 Menschen anziehen. Sie bestehen aus Vorträgen von Leary, Live-Musik, Diashows und schauspielerisch umgesetzten Reiseberichten. Die erste dieser Vorführungen, „The Death of the Mind" (Der Tod des Geistes), die auf der Szene des magischen Theaters in Hermann Hesses *Der Steppenwolf* basiert, ist ein Bombenerfolg und erhält enthusiastische Rezensionen. Die zweite, "The Resurrection of Jesus Christ" (Die Auferstehung von Jesus Christus), die umstrittener ist, endet in einem Fiasko, als sich herausstellt, dass die Person, die die Hauptrolle spielen soll, ein Polizeispitzel ist, der zusammenbricht und dies gesteht. Die dritte Show, «The Illumination of the Buddha» (Die Erleuchtung des Buddha) wird von Ralph produziert und inszeniert, zusammen mit Gray Henry und einer Gruppe von Filmemachern und Fotografen aus New York, angeführt von Bob Lowe. Sie ist eine Kombination der ersten und der dritten Darstellung, Steppenwolf und Buddha, und sie wird nach Hollywood gebracht und dort zu einem Film mit dem Titel *Turn On – Tune In – Drop Out* gemacht.

Tim Leary, Millbrook 1964

Ralphs Rückkehr nach Millbrook – Zwistigkeiten im der Kommune

Ralph Metzner 1966

RM Als ich von meiner Reise in den Osten nach Millbrook zurückkehrte, fand ich dort eine deprimierend chaotische Szene vor. Ich war entsetzt, weil die Szene ganz anders geworden war, als ich sie in Erinnerung hatte. Ein gammeliger, von Drogen gezeichneter Typ begegnete mir an der Eingangstür – in meinen Kleidungsstücken. Er erwies sich als Arnie, ein Punk-Künstler aus New York, den Richard jetzt als seinen Lehrer bewunderte. Von der heiteren Gelassenheit und der strahlenden Wärme der Castalia-Wochenenden, dem freudigen Enthusiasmus für die Erforschung des Bewusstseins in einer Familie von Suchenden, war nichts mehr zu spüren. Stattdessen schien es, dass das Haus in Millbrook zu einer Szene der Dekadenz und Sittenlosigkeit geworden war, von boshaften Streitereien und Konflikten. Millbrook war zu unserem *Morbio Inferiore* geworden. Dies war der Name des Ortes in Hermann Hesses *Morgenlandfahrt*, an dem die Pilger auf unerklärliche Weise beginnen, miteinander zu streiten und sich gegenseitig zu misstrauen, und schließlich auseinandergehen, weil sie vergessen haben, wozu sie aufgebrochen sind. Ich war zutiefst betrübt.

Tim Leary schreibt in *Flashbacks* (S. 221-225):

Sechs Monate der Veränderungen ... hatten Millbrook aus einer Gemeinschaft von Gelehrten und Wissenschaftlern zu einem Spielplatz von rüpelhaften Omnisexuellen gemacht. Während meiner Abwesenheit hatte sich Dick in Arnie verliebt, einen extravaganten Fotografen aus Brooklyn, der es liebte, während Acid-Sitzungen Farbdiapositive auf die Wände zu projizieren und die verletzlichen Gehirne seines Publikums durch ein Coney-Island-Gruselkabinett halluzinatorischer Streiche zu führen. Stets der enthusiastische Leutnant, hatte Dick Arnie zu dem Verehrten Guru aufgebaut. Es war Arnie, der hier den Ton angab und die Szenarios inszenierte. ... Michael Hollingshead hatte sich in schottischen Kilts mit scharlachroten Umhängen reinkarniert und hielt clowneske Vorträge über die Relativität des Gehirns. Es war wie ein Film mit James Dean über jugendliche Taugenichtse. Abgebrühte New Yorker von der Straße, die LSD für schelmische Späße benutzten.*

Annie und seine Crew spezialisierten sich darauf, einander während Acid-Sitzungen Streiche zu spielen – ein Wettstreit der neurologischen Zerstörung, wobei sie das Pedal des Wahnsinns bis zum Boden niedertraten und bewusst versuchten, einander zu verwirren, zu erschrecken oder zu verängstigen. Zwei Wochen lang kampierten sie draußen im Meditationshaus und dröhnten sich mit Hunderten (Hunderten!) Dosen von Acid zu, wobei sie unzweifelhaft sämtliche Rekorde offensichtlicher Überdosierung brachen.

** Die Halbinsel Coney Island ist der äußerste südliche Zipfel von Brooklyn, der direkt an der Atlantikküste liegt und vor allem durch seine großen Vergnügungsparks bekannt ist. (Anm.d.Übers.)*

Natürlich hatten die Eskapaden von Dicks Rasselbande die Hitchcocks und alle anderen, die Millbrook als eine verlässliche spirituelle Institution ansahen, gegen sich aufgebracht. Alle warteten darauf zu sehen, was geschehen würde, wenn ich zurückkehrte – um «den Sauhaufen aufzuräumen», wie Ralph es formulierte. Er war vor uns aus Indien zurückgekehrt, aufgeladen mit echter östlicher Weisheit, und wurde als hoffnungslos humorlos ausgegrenzt.

Tim mäht den Rasen in Millbrook 1965

RM Ich erinnere mich, dass du (RD) und ich uns zusammensetzten, um über die Situation zu sprechen. Es gab dort zwei Lager: Das eine bestand aus Nenas Mutter und ihrem Bruder Björn, meiner alten Freundin Shelah O'Brien, einem jungen Paar aus New York und mir, die wir wenigstens ein gewisses Maß an Normalität im Haus aufrechterhalten wollten, mit gekochten gemeinsamen Mahlzeiten, Saubermachen und so weiter. Zu dem anderen gehörten Arnie, etliche seiner Freunde, seine Ex-Ehefrau, seine Freundin und Michael Hollingshead, die einfach nur die ganze Zeit high bleiben wollten. Sie löffelten mehrmals am Tag LSD in Form einer Paste aus einem Mayonnaise-Glas. Wegen des zunehmenden Toleranzeffekts haben Dosen, die in solch kurzen Intervallen eingenommen werden, mit großer Wahrscheinlichkeit immer weniger Wirkung. Es gab große Spannungen zwischen den beiden Fraktionen. Ich war ziemlich aufgebracht über das, was ich für Arnies «Gehirnfick» hielt. So sagte er zum Beispiel während eines Treffens zu seiner Freundin: «Ich weiß, dass du lügst, weil ich telepathisch bin und deine Gedanken lesen kann.» Ich glaube, dass wir beide uns darauf geeinigt haben, die beste Lösung sei, die beiden Lager voneinander zu trennen und die «die ganze Zeit high bleiben»-Gruppe, zu der auch du gehörtest, in die Bowling Alley umziehen zu lassen, während das gewöhnliche Haushaltsteam im Großen Haus blieb. Das erschien sinnvoll, weil euer Verein darauf fokussiert war, einen Bewusstseinszustand des Highs aufrechtzuerhalten, während ich mehr interessiert daran war, so zu leben, dass sich veränderte Bewusstseinszustände in das normale Leben integrieren ließen und man auch andere Dinge tun konnte.

GB Ram Dass, was war deine Sicht der Veränderungen in Millbrook, von denen Ralph gesprochen hat? Du sagst, du warst einverstanden damit, wie die Dinge liefen, und du hattest Spaß an dem Experiment, high zu bleiben?

RD Wir hatten eine tolle Zeit. Ich war 20 Tage lang mit ihnen zusammen.

RM Bist du nicht wirklich krank geworden? Du warst tatsächlich krank. Ich war total alarmiert. Ich dachte, du würdest sterben.

RD Ich war entschlossen, weiter und weiter und weiter zu machen.

RM Du wolltest einfach mehr LSD nehmen und die Krankheit auf diese Weise loswerden? Ich habe das einmal probiert. Du wirst dir der Krankheit nur noch mehr bewusst. Erinnerst du dich, was es war?

RD Es war eine Grippe. Mir wurde schließlich klar, dass wir so nicht weiterkamen. Diese große Flasche voll LSD – jedes Mal, wenn du glaubtest, es zu brauchen, hast du etwas genommen. Aber wir waren nicht high. All die verschiedenen Persönlichkeiten in diesem Raum, o Mann. Das hat mir keinen Spaß gemacht; ich mochte die Idee dahinter. Doch die Realität war ... Ich hatte mir die falsche Gesellschaft ausgesucht.

RM Ja, es ließ mich an deinem Urteilsvermögen zweifeln.

RD Ich hatte kein gutes Urteilsvermögen.

RM Und das machte mich verrückt, weil ich zu dir und Tim immer als meinen Führern in der Welt aufgeschaut hatte, ältere männliche Mentoren, die mir zeigten, wie die Welt funktioniert. Ich dachte: Was wird wohl als nächstes mit mir geschehen? Das war meine Angst. Es war sehr unangenehm für mich.

GB Es gibt eine Geschichte darüber – du warst offensichtlich krank und frorst, Ram Dass. Du hattest einige Schlaftabletten genommen und warst ohnmächtig geworden. Arnie hat dir DMT und LSD injiziert und eine Lightshow gestartet, und du bist aus einem tiefen Schlaf aufgewacht. Erinnerst du dich daran?

RD Nein. Nein.

RM Wer erzählt diese Geschichte?

GB Michael Hollingshead in seinem Buch *The Man Who Turned On the World*, das 1972 veröffentlicht wurde.

RM Bei Michael weiß man nie, ob er das erfunden hat oder nicht. Tims Geschichten sind zweifellos glaubwürdiger. Der Wahnsinn von Michael schien oft keine Methode zu haben. Einfach nur ein Spiel, oft ein verbales Spiel um seiner selbst. Tim stand auch auf die Spieltheorie, aber er war ein Visionär.

RD Das Konzept des Spielens von Spielen wird sowohl von Michael als auch von Tim beschrieben, aber die beiden benutzen den Begriff «Spiel» auf unterschiedliche Weise.

RM Ja, richtig, sie spielten beide Spiele und schätzten den spielerischen Aspekt des menschlichen Verhaltens. Ich denke, das ist eines der Dinge, die Tim an Michael mochte. Womit auch immer du gerade beschäftigt bist, nimm es leicht wie ein Spiel (selbst Dinge, die man vielleicht nicht so leicht nehmen sollte).

RD Michael kam ursprünglich aus New York, wo er mit Dr. John Beresford zusammengearbeitet hatte, zu dem Harvard-Projekt.

GB Offenbar hatten er, Beresford und Jean Houston in New York ein Zentrum gegründet, das Agora Institute. Sie machten viele LSD-Sitzungen. So begann Jean Houston mit Psychedelika zu arbeiten.

RM Sie und ihr Ehemann Robert Masters schrieben in dem Buch *The Varieties of Psychedelic Experience*, das 1966 veröffentlicht wurde, über ihre Resultate. Ich mochte Michael sehr, aber ich hütete mich auch vor ihm.

RD Michael hatte etwas Liebes, und auch Mitgefühl. Er war klug, sehr klug.

GB Ram Dass, vielleicht kannst du etwas dazu sagen, ob eine Geschichte, die von Hollingshead über Arnie erzählt wurde, wahr ist. Er berichtet, du hättest drei Psychologen nach Millbrook mitgebracht; ihr saßt zusammen und du hattest allen gesagt, sie sollten bitte cool bleiben. Du wolltest einen guten Eindruck hinterlassen. Und Arnie kam in einem Anzug herein, die *New York Times* lesend, und setzte sich hin. Er hatte vorher grüne Farbe in den Mund genommen, die herauszufließen begann und auf seine Kleidung tropfte. Erinnerst du dich daran?

RD Ich erinnere mich nicht, aber es ist möglich. Wisst ihr, das zeigt meine Zerrissenheit: Ich bin auf der Seite der Psychologen; ich spiele ihr Spiel. Aber die ganze Sache war nur vorgetäuscht.

RM Du warst zu dieser Zeit der Kern jener Gruppe von Rebellen; das war allerdings eine relativ kurze Zeit.

RD Ich habe in dieser Zeit etwas gelernt: Wir wurden dermaßen nach innen gekehrt, dass ich vergaß, einige Jugendliche aus der Schule für behinderte Kinder, die Tim angestellt hatte, damit sie bestimmte Arbeiten für uns verrichteten, abzuholen. Sie warteten an der kalten Bushaltestelle auf mich. Und ich machte meine Experimente. Ich fühlte mich wirklich schuldig, dass ich meiner Verantwortung nicht nachgekommen war.

RM Ich erinnere mich auch, dass du und ich in der Zeit, nachdem ich aus Indien zurückgekommen war, aber bevor Tim und Nena zurückkamen, einige Vorträge und Präsentationen in New York hielten, teilweise, um Geld für die Millbrook-Kommune aufzutreiben.

Richard Alpert während eines Vortrags in der Town Hall, New York, 1965

RD Ich war entschlossen, weiter und weiter und weiter zu machen. Ja, das Village Gate war einer der Clubs in New York, die wir besuchten. Am Montagabend gab es dort nicht ihr reguläres Programm, und sie ließen andere den Club benutzen. Also fuhren einige von uns am Montagabend von Millbrook hinunter und machten eine Vorführung im Village Gate. Wir hatten all unsere Diapositive und Multimedia-Geräte, und ich war der Zeremonienmeister. Der Besitzer kam zu mir und sagte: «Du bist sensationell, du bist der geborene Komödiant. Ich möchte, dass du im nächsten Monat allein den Anfang machst.» Also musste ich mir einen Schlapphut besorgen und einen großen Auftritt in der City hinlegen. Ich kam in der nächsten Woche, um mein Solo zu geben; Charlie Mingus sollte die Hauptattraktion sein. Es hieß «Mingus und Alpert». Aber Mingus tauchte nicht auf und ein anderer Musiker sprang für ihn ein. Das ganze Publikum war genervt, und als ich aufstand, sagten sie: «Was soll das, geh runter von der Bühne. Wir wollen die Musik hören.» Das war nicht mein Publikum.

RM Ja, ich erinnere mich an das Ereignis. Ich wand mich innerlich vor Verlegenheit für dich.

RD Ich hatte die Verantwortung in Millbrook und versuchte Geld aufzutreiben, um die Dinge am Laufen zu halten. Tim war noch nicht aus Indien zurückgekehrt. Paul Desmond aus der Gruppe von Dave Brubeck kam jeden Abend und unterstützte mich. Wir saßen an einem Tisch und da kam Tim herein. Er blieb für ein Set, und er ist ein großer Freund der Musiker. Ich sagte: «Nun, Tim, was hältst du von der Sache?» Und er sagte: «Das ist absurd.» (Gelächter) Ich habe danach keine Vorführungen mehr gemacht. Ich brauchte jemanden, der mir sagte, ich solle es vergessen.

GB Du musstest noch einige Jahre warten, um dein Publikum zu finden.

RD Das stimmt.

GB Da ist etwas, das wir noch nicht diskutiert haben, Ram Dass: Wie war deine Beziehung zu Ralph zu jener Zeit, in den Tagen von Harvard und den Tagen von Millbrook. Standet ihr euch nahe?

RD Wir standen uns nahe, aber er war ein Doktorand und hing mit den anderen Doktoranden herum, während ich mehr mit Tim und dem Rest des Lehrkörpers zusammen war.

GB Er war also eine Art Nachwuchskraft in eurem Team, sozusagen.

RD Ja, er war eine Nachwuchskraft, aber er war das intellektuelle Rückgrat des Projekts. Ich war mehr so etwas wie das Herz des Projekts.

GB Und Tim?

RD Tim war einfach Tim. Er besaß nicht den Intellekt, den Ralph hatte, und er hatte nicht das Herz, das ich hatte, aber er hatte ein Gespür für Geschichte. Er war wirklich ein Wissenschaftler. Und er war sehr herzlich, er lud jedermann ein. Als ich zum Beispiel in Millbrook kochte, wusste ich, für wieviele Menschen wir gekocht hatten. Dann klopfte jemand an die Tür, es konnte irgend jemand sein. Tim pflegte die Person einzuladen, sich an den Tisch zu setzen, und ich sagte dann: «Sieh mal Tim, wir haben nicht genug Essen.» Dann sagte er: «Na gut, hier ist mein Teller.»

GB Tim war also sehr herzlich, für jedermann offen und Visionär, sagst du?

RD Ja, er war in sozialer Hinsicht sehr herzlich – sehr sozial. Aber er mochte keine sozialen Spiele. Er mochte Football und ähnliche Spiele, aber er mochte keine Spiele in sozialen Beziehungen. Er mochte die Leute in der Stadt Millbrook, aber er wurde nicht mit den Menschen intim. Ich glaube, die meisten der Frauen, mit denen er zusammen war, würden mir in dieser Hinsicht zustimmen. Er war nicht intim mit seinen Kindern oder mit mir. Ich meine nicht intim in einem sexuellen Sinn, ich meine Intimität als Nähe zu einem menschlichen Wesen. Das war einfach nicht seine Sache. Ralph ist ein Intellektueller, aber er weiß, wie man anderen Menschen nahe kommt.

RM Meine Sicht unserer Dreierbeziehung ist ein wenig anders. Es stimmt, dass ich in den Harvard-Tagen ein Juniormitglied des Teams war, der Doktorand, während ihr die Professoren wart.

Ich fühlte mich mit Tim stärker auf der Ebene einer gemeinsamen Vision und aufgrund intellektueller, historischer Interessen verbunden. Wir schrieben und veröffentlichten mehrere Essays zusammen – einen über Hermann Hesse und einen über «Die Programmierung psychedelischer Sitzungen». Mit dir, Ram Dass, fühlte ich mehr eine Freundschaft, wie mit einem älteren Bruder. Du warst immer sehr freundlich zu mir, was ich immer zu schätzen wusste und immer noch zu schätzen weiß. Meine Erinnerung an unsere Interaktion in den ersten Jahren von Millbrook ist, dass du dir zusammen mit Tim irgendeinen Plan oder eine Idee ausgedacht hast, was wir tun könnten (um Geld zu verdienen), und ihr kamt dann mit der Idee zu mir, damit ich sie überprüfte. Ich glaube, ihr sagtet mir damals, ich würde zuerst skeptisch sein und die Idee in Frage stellen, aber schließlich doch einverstanden sein. Es war so, als benutztet ihr mich als eine Art pragmatischen Resonanzboden.

Tim und Nena kehren aus Indien zurück

Tim beschreibt das, was damals geschah, in *Flashbacks* (S. 225-226):

Dick hörte sich meine Sorgen über die Trennung von Nanette an. Er schlug vor, dass wir drei zusammen LSD nehmen. In der Rückschau war das das Dümmste, was wir tun konnten wir waren drei eigenwillige argwöhnische Seelen, die sich bereits einander entfremdet hatten.

Dick ernannte sich selbst zum Schamanen. Seine Erfahrungen mit den Pranksters und der Einnahme hoher Dosen hatten ihn beeindruckende psychedelische Brainstorming-Schnörkel gelehrt. Er benutzte eine lange Glasröhre, um das klare flüssige LSD zu titrieren, und damit haute er uns aus den Socken!

Er geriet zuerst in Panik, weil er dachte, mein Gott, diese beiden haben so viele Trips zusammen gemacht und sie haben eine unauflösliche Verbindung. Ich bin daraus ausgeschlossen. Er lag bewegungslos da und beobachtete uns wie eine wachsame Katze. Nanette dachte: Warum bin ich bloß hier? Ich war in meinem angeschlagenen Zeitschiff gefangen, trieb ohne Motor und Steuerruder davon.

Das war ein klassisches Beispiel für negative Re-Programmierung. Wir alle drei waren verletzlich wie ein neugeborenes Baby. In einer solchen Situation wird der erste, der eine entschiedene Position einnimmt, eine neue Realität für die anderen vorgeben.

Dick machte den ersten Schritt, und es war ein Angriff von seiner schwachen Seite her. Er warf mir vor, ein ihn missbilligender Moralist zu sein, ein prüder Typ, der seine Homosexualität verdammte.

Meine Reaktion auf diesen ersten Schritt würde entscheidend sein. Antwort A: Ich lache und weise herzlich darauf hin, dass die Liebe und der Humor zwischen uns dreien alles zu besiegen vermag. Ergebnis: Verschmelzung. Wir vereinen uns als ein triumphierend fröhliches Trio von Gottheiten. Ich verbringe keine vier Jahre allein im Gefängnis, während Dick sich nicht als der einsame Heilige Mann stilisiert, und Nanette behält zwei weise Freunde für ihre aufblühende Karriere.

Aber ich brachte nichts Besseres als Antwort B zustande: schuldbewusstes Schweigen. Ergebnis: Spaltung. Dick und Nanette tauschten einen verschwörerischen Blick der Überlegenheit aus, den ich mit Röntgenstrahlen-Sensibilität auffing. Ich trieb davon, während meine Rückgrat-Flüssigkeit auslief, und ließ Nanette und Dick in einer überraschten und unbehaglichen Verbindung miteinander zurück.

Wären Dick oder ich selbstsicherer gewesen, hätte einer von uns den anderen mit einem Ausbruch liebevollen Humors aus dieser üblen Laune herausreißen können. Aber nein. In dieser Acid-Sitzung ging es um das Abschneiden von Verbindungen. Die Fäden zerrissen, und wir haben es nie wieder geschafft, den Fluss zwischen uns wieder herzustellen. Es war das letzte Mal, dass wir zusammen LSD genommen haben.

GB Ich habe dich, Ram Dass, nach einer Sitzung gefragt, in der ihr versucht habt, die Beziehung zwischen Tim und Nena zu retten und ihr alles irgendwie nur noch schlimmer gemacht habt. Und das führte zu einer Trennung zwischen euch beiden.

RD Ja. Die beiden stritten sich die ganze Zeit. Und dann gab es zwei Seiten: Ich hatte das Gefühl, dass Tim Recht hatte und dass sie ebenfalls Recht hatte. Darüber war Tim dann wütend: «Wozu ist ein Freund da?» Ich drückte mich vor der Verpflichtung unserer Freundschaft. Sie waren beide im Unrecht.

RM Ich erinnere mich, damals gedacht zu haben, die bloße Idee einer Dreiersitzung sei irgendwie irrsinnig. Ich glaube, du hast mir erzählt, dass Nena dir auf irgendeine Weise entgegenkam. Glaubst du, sie kam dir entgegen, um Tim eifersüchtig zu machen?

RD Nicht um Tim eifersüchtig zu machen. Sie wollte meine Meinung von ihr selbst ändern, und sie waren beide wütend über Arnie.

RM Wahrscheinlich über die ganze Szene. Ich war im Grunde ebenso wie Tim der Ansicht, dass diese ganze Spaltung in der Gemeinschaft, wobei einige von euch dort draußen waren und die ganze Zeit Acid nahmen, ein Desaster war. Ich stimmte mit dem überein, was Tim dazu zu sagen hatte und wie er es formulierte, nämlich dass es unmöglich sei, eine Spaltung zu vermeiden. Ich weiß nicht zu sagen, ob du daran interessiert warst, sie zu vermeiden, oder nicht, aber es sah zumindest so aus, als seist du nicht daran interessiert. Ich war total verstört. Ich hatte mich nie zuvor in einer auch nur entfernt ähnlichen Situation befunden. Ihr beide wart meine engsten Freunde und Mentoren, und wir hatten alle diese fantastische Pionierarbeit zusammen geleistet, und jetzt explodierte alles in den Ruinen zwischenmenschlicher Konflikte.

RD Ich ging immer weiter über meine Grenzen hinaus.

GB Und so wurde die Szene zu anarchisch, hedonistisch, chaotisch?

RD Sie erhielten das Spiel aufrecht, das Spiel der Wissenschaftler, der Professoren, der Lehre und so weiter. Und ich machte ohne sie einfach nur Partys mit der Gruppe in der Bowling Alley. Ich blieb dort wochenlang mit Arnie und seiner Freundin. Wir alle begannen einander zu hassen, und dann passierte diese schreckliche Sache: Ich vergaß, die jungen Menschen aus der Schule für Behinderte abzuholen, und fühlte mich dann schuldig dafür, dass ich meiner Verantwortung um meines Spaßes willen nicht nachgekommen war. Mein Lieber, das hat mich ganz schön erschüttert.

GB Wer hat sich denn um die Wäsche und ähnliche Dinge gekümmert, während ihr in der Bowling Alley wart?

RD Ich glaube, es war die Gruppe drüben im anderen Haus. Dies war ein geschlossenes Experiment.

RM Ja, aber meine Erinnerung ist, dass die Leute im Großen Haus ihre eigene Wäsche gewaschen haben. Ich glaube nicht, dass sie auch die Wäsche eurer Gruppe gewaschen haben. Es schien wenig Austausch zwischen den beiden Lagern zu geben.

RD Nein, ich glaube, das stimmt nicht. Es war so ähnlich wie mit der Tennishaus-Einsiedelei. Etwas zu Essen zu bringen und die Wäsche für die andere Gruppe zu waschen, war ein Teil des Experiments.

RM Das schien mir nicht machbar zu sein.

RD Ich ging in eine Richtung, die Tim gar nicht mochte.

GB Kannst du mehr darüber erzählen? Millbrook sollte doch ein Experiment des Lebens in einer Kommune sein.

RD Tim hat mir immer versichert, der Himmel sei die Grenze, und ich sondierte meinen Himmel aus, und er war es nicht – seine Grenzen waren andere. Ich folgte seinem Rat, aber wo es um meine Persönlichkeit ging, war er nicht einverstanden. Nach der Sitzung mit Nena kam Tim herauf in den Raum, in dem Jackie, Susan und ich saßen, und er sagte zu den Kindern: «Ihr sollt wissen, dass Onkel Richard böse ist.» Das war, weil ich mich auf die Seite von Nena geschlagen hatte.

RM Er sah dich als denjenigen an, der ihre Beziehung zerstört hat. Doch später hat er das nicht mehr gedacht.

RD Später kamen wir uns wieder näher. Aber das Ganze war eine Befreiung für mich, weil er ein gläubiger Katholik war, und jemanden «böse» zu nennen, ist etwas sehr Ernstes. Jack sagte: «Aber Dad, er ist vielleicht ein Idiot, aber du meinst doch nicht böse.» Tim jedoch meinte das sehr ernst.

RM Habt ihr euch darüber ausgesprochen, über diesen Unterschied?

RD Das Ganze artete aus zu «Du bist böse», «Nein, du bist böse».

RM Ram Dass, wir beide hatten 2004 einmal ein Gespräch im Café des Omega Institute. Du hast mich damals gefragt, ob ich der Meinung sei, deine Homosexualität und Tims Problem damit sei die Wurzel des Bruchs zwischen euch gewesen. Ich sagte, sie sei kein Problem für mich, aber was Tim anginge, wisse ich das nicht.

RD Ich glaube, ich habe mich wegen meiner Homosexualität verteidigt, und auf dieser Basis ging ich mit Tim um. Ich weiß nichts von seiner Sexualität.

RM Das hört sich so an, als sei es ein Element davon gewesen, aber nicht das Kernelement. Was meine Wahrnehmung von dir angeht, so dachte ich, deine Sexualität sei geheimnisvoll, weil ich sah, dass du auch Beziehungen zu Frauen hattest. Ich erinnere mich, dass du ein oder zweimal so etwas zu mir gesagt hast wie: «Wenn ich dies hinter mir habe, dann hoffe ich, dass du und Tim mir etwas über Sexualität beibringt.» Ich war total überrascht. Was wusste ich schon über Sexualität? Was mich beeindruckte, war vielmehr, dass du so viel über das Sexleben anderer Leute wusstest, wenn du Geschichten von deinen verschiedenen Reisen erzählt hast. Ich dachte mir: Woher weiß er all diese Dinge, wer erzählt ihm all dieses Zeug? Ich fragte mich, ob das vielleicht eine schwule Besonderheit sei. Daran dachte ich auch, als ich Gore Vidal gelesen habe, dessen Schriften ich wirklich liebe. Er spricht über das Sexleben der Kennedys und anderer Leute in der Politik und in den Künsten. Woher weiß er das alles?

RD Ich habe das Gefühl, du könntest recht haben.

RM Vielleicht erzählen Frauen schwulen Männern Dinge, die sie Heteros nicht erzählen. Und sie erzählen einander Dinge, über die Heteros nicht sprechen.

RD Ja, das ist wahr.

RM Das muss es sein. Sie sind dafür empfänglich, sich Dinge über unkonventionelles sexuelles Verhalten anzuhören. Das ist einer der Vorteile, eine unkonventionelle Einstellung zu haben – du erfährst viel mehr über unkonventionelles Verhalten.

GB Ram Dass, du sprichst heute sehr viel freier über deine Homosexualität, als ich es je zuvor gehört habe. Hast du jemals öffentlich über deine Sexualität gesprochen?

RD Es gibt dieses Buch *Gay Soul* auf dem Markt. Es enthält ein Interview mit mir, und ich habe mir vorgestellt, dass sowieso nur Schwule dieses Buch lesen würden. Tim reagierte schlecht auf meine Homosexualität, und ich glaube, zu jener Zeit in meinem Leben war dies die allgemeine Haltung in der Öffentlichkeit. Meine Homosexualität vergrämte Menschen, mit denen ich gern näheren Umgang gehabt hätte. Die Einnahme von Drogen war ein Bereich meines Lebens, den ich für positiv hielt, aber ich glaube, ich hielt Schwulheit für eine Krankheit: dass sie mein Fehler war und dass sie das Kreuz war, das ich zu tragen hatte, und ich wollte es nie anderen Menschen aufladen.

GB Du bist zu einer Zeit aufgewachsen, zu der sie als Krankheit angesehen wurde.

RM Ja, und die Drogen, die wir nahmen, waren nicht illegal, sie waren also sozial akzeptiert – zumindest anfangs.

GB Homosexualität wurde bis in die 1970er-Jahre als ein psychiatrisches Syndrom angesehen.

RD Ja. In den Sitzungen der Psychiater vom Harvard Student Health Service wurden sämtliche schwulen Studenten immer mir zugeteilt. Nicht, weil sie mich für schwul hielten, sondern weil ich mit ihnen umzugehen wusste. Und dann gab es da diese Episode, in der einer meiner Liebhaber, der meinen Wagen fuhr, den Psychiatern Anträge machte. Während der Prep School, auf dem College und an der Harvard University führte ich ein Doppelleben. Ich meine, ich hatte wunderbare Freundinnen, aber danach ging ich dann hinaus in den Park. Ich habe dieses Doppelleben so lange geführt, dass ich mich nicht mehr öffentlich zu dem homosexuellen Teil bekennen konnte. Und heute, wo Schwulheit ganz in Ordnung zu sein scheint, bin ich ein ganz anderer Mensch.

GB Hat die schwule Befreiungsbewegung Auswirkungen auf dich gehabt?

RD Nein, ich hatte schon zu viele Narben aus früherer Zeit. Ich hatte immer das Gefühl, dass ich etwas Schlechtes tat.

GB Tim zitiert dich in *Flashbacks* (S. 226), du hättest in jener schicksalsschweren Sitzung mit Tim und Nena gesagt: «Tim, ich habe immer gedacht, dass du mich wegen meiner Homosexualität verurteilt hast.»

RD Ich erinnere mich daran.

GB Hast du mit Tim über deine Homosexualität gesprochen? Habt ihr eure Ansichten ausgetauscht?

RD Immer nur auf eine scherzhafte Weise. Man konnte nie intim mit Tim sprechen, das war einfach zu schwierig. Darum sprach ich nie mit ihm über meine Sexualität.

RM Auch ich habe nie mit Tim über Sexualität gesprochen – seine, meine oder deine. Das war etwas, worüber Männer, zumindest Heteros, nicht sprachen. Punkt.

GB Ralph, was passierte in deiner Beziehung zu Katy?

RM Als ich zurückkam, wollte Katy nichts mehr mit mir zu tun haben.

Sie war nicht mehr in mich verliebt und hasste mich stattdessen. Ich bin ihr nur einmal begegnet, bei einer Party in New York City. Sie war aus Millbrook ausgezogen, als die Punker einzogen, und sie schien mich und Tim für die negativen Veränderungen, zu denen es dort gekommen war, verantwortlich zu machen. Als ich ihr auf der Party begegnete, wechselten wir kaum ein Wort miteinander. Wenn ich sie anschaute, schien es mir, als strahlte mir aus ihren Augen intensiver Hass entgegen, so wie sie zuvor intensive Liebe ausgestrahlt hatten; dieselbe Intensität, aber umgekehrte Polarität.

Das erinnerte mich an etwas, das Gurdjieff über drei unterschiedliche Arten der Liebe geschrieben hat. Während ich in Indien reiste, hatte ich sein *All und Alles* gelesen. Da gibt es eine Passage, in der er sagt, dass Gefühle der Liebe dazu neigen, sich in ihr Gegenteil zu verkehren, während bewusste Liebe in dem anderen dasselbe hervorruft. Als ich in Katys Augen sah, sah ich diese Umkehrung. Das half mir, die Sache nicht so persönlich zu nehmen, auch wenn sie in gewisser Hinsicht natürlich sehr persönlich war.

RD Was ist die dritte Art der Liebe?

RM Die dritte Art ist die rein physische, körperliche Liebe. Er sagt, sie sei eine Angelegenheit von Typus und Polarität.

Es ist doch interessant, nicht wahr: Sowohl Tim als auch ich hatten diese intensive und romantisch idealisierte Beziehung zu zwei unglaublich prächtigen, schönen Frauen. Millbrook erreichte eine Art Höhepunkt von Kreativität und spiritueller Feier; dann gingen wir nach Indien, und beide Beziehungen zerbrachen. Danach musste die harte Arbeit, eine Gemeinschaft aufzubauen, wieder von Neuem beginnen.

GB Wann und wie trat Barbara, die Mutter deines Sohns Ari, in dein Leben?

RM Irgendwann, nachdem ich aus Indien zurückgekehrt war und bevor Tim und Nena im Juni 1965 zurückkamen. Richard und ich hielten einen Vortrag in New York, um Gelder aufzutreiben. Ich sprach über Indien. Da war eine junge Frau im Publikum, zu der ich eine Verbindung spürte, und die mich dann bat, nach Millbrook kommen zu dürfen. Ich lehnte das zuerst ab, weil wir gerade erst beschlossen hatten, die Gemeinschaft für neue Mitglieder zu schließen, dem Wachstum bestimmte Grenzen zu setzen und zu versuchen, sie einfach zu halten, einfacher als sie damals war. Aber die Frau war hartnäckig, und ich erhielt eine Ausnahmegenehmigung. Als wir nach Millbrook zurückkamen, machten wir auf dem Dach Meditationen bei Sonnenuntergang, praktizierten regelmäßig yogische Meditation und ähnliche Dinge. Ich befand mich noch total in meiner indischen Yogi-Persona, und sie beschloss, meine Anhängerin zu

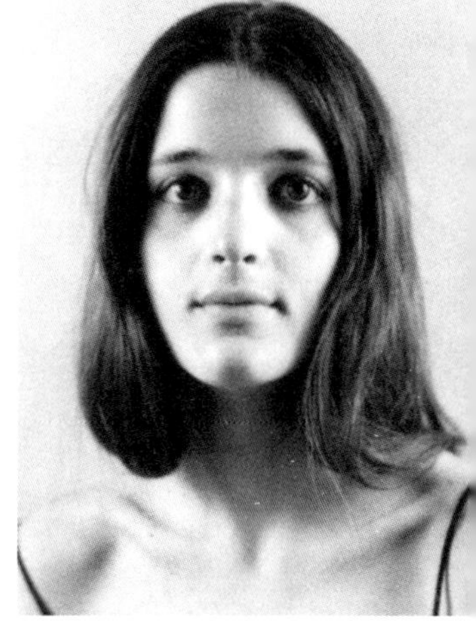

Barbara Taliafero 1965

werden. Sie errichtete Hindu-Schreine in dem Haus, mit Kerzen und Devotionsbildern von Krishna und Radha, und sie begann, Kirtans zu chanten. Sie sah aus wie eine indische Frau, mit großen, klaren braunen Augen, und sie sah mich an und sagte: «Ist es in Ordnung, wenn ich dich verehre?» Was sollte ich da tun? Ich leckte noch meine narzisstische Wunde der Zurückweisung von der königlichen Katy, also ließ ich mich einfangen. Alles lief gut, für einige Monate, bis sie schwanger wurde.

GB Wie kam Bob Thurman in diese Szene hinein?

RM Er war ein Student an der Harvard University, der sich sehr für Psychedelika und östliche Religion interessierte. Er besuchte uns häufig, als wir im Newton Center lebten. Er hatte einen faszinierenden Intellekt und besaß die Fähigkeit, komplexe spirituelle Themen zu artikulieren. Durch einen Unfall, während er einen Autoreifen wechselte, hatte er ein Auge verloren. Danach hatte er ein Glasauge, das er manchmal herausnahm – eine ziemlich entnervende Gewohnheit.

RD Er war ein guter Freund von Foster Dunlap.

RM Das wusste ich nicht. Nach Harvard gingen Thurman und ein anderer Freund von ihm, Jeffrey Hopkins, in ein von dem mongolischen buddhistischen Lama Geshe Wangyal in New Jersey gegründetes Kloster. Sie vertieften sich in das Studium der tibetischen Sprache, buddhistischer Schriften und die Meditation. Bevor ich nach Indien aufbrach, besuchte ich ihn und den Lama in dem Kloster, um sie um Rat für meine bevorstehende Reise zu bitten. Der alte Lama war wunderbar, sehr freundlich und mit einem sanften Humor. Thurman und sein Freund trugen Mönchsroben, hatten den Kopf rasiert und sprachen ein Englisch in seltsamen Sätzen, wie ihr Lehrer. Er hatte den Namen Tenzing angenommen.

GB Er tauchte also in Millbrook auf, nachdem ihr aus Indien zurückgekehrt wart?

RM Ja. Er tauchte in seiner dunkelroten tibetischen Mönchsrobe als Tenzing, der «verrückte Mönch», auf. Ich weiß nicht, ob er in Millbrook oder anderswo LSD genommen hat und einen schlechten Trip gehabt hat, aber er war jetzt gegen Psychedelika und gegen Tims Ideen und Projekte. Er kam zu uns, um uns zu warnen, dass dieses LSD-Zeug nicht gut sei und dass es uns verrückt machen würde. Oder ihr seid bereits verrückt und solltet das nicht tun. Er war jetzt eine Autorität in Hinsicht auf buddhistische Meditation und spirituelle Praktiken. Erinnerst du dich daran?

RD Ja, etwas in der Richtung. Dann zogen er und Nena zusammen los. Das war, als sie geheiratet haben.

RM Er verließ das Kloster und ging zurück an die Universität, ich glaube, nach Harvard, um in Östlichen Religionen zu promovieren. Dann wurde er Professor für Östliche Religionen am Dartmouth College und später an der Columbia University. Er gilt heute als eine der führenden westlichen Autoritäten und Lehrer des tibetischen Buddhismus. Und ich glaube, er steht der Verwendung von Psychedelika immer noch kritisch gegenüber. Ihre älteste Tochter ist die berühmte Schauspielerin Uma Thurman.

Versuche mit dem Psychedelischen Theater und Feiern

GB Wie kamen die kreativen Aktivitäten und die Lehre in Millbrook wieder in Gang?

RM Im Sommer 1965, nach dem Debakel mit der Dreier-LSD-Sitzung, brach Richard in den Süden Frankreichs auf und Arnie und seine Kohorten verließen die Gemeinschaft. Tim und ich und Michael Hollingshead, wir taten uns wieder mit der USCO-Gemeinschaft von Bildmedien-Künstlern zusammen, zu der Gerd Stern, Judy Cassen und später auch Don Snyder, ein sehr begabter Fotograf, gehörten. Wir boten in New York City theatralische Veranstaltungen an, die wir Psychedelische Erkundungen nannten. Das waren teilweise Fortsetzungen der Castalia-Wochenenden; sie sollten einem breiteren Publikum die Botschaft der Bewusstseinserweiterung überbringen und der sich ständig verändernden Millbrook-Kommune eine Quelle des Einkommens bieten. Tim und ich hielten dabei Vorträge über unsere Entdeckungen im Bereich der Bewusstseinserweiterung und die Lichtzauberer präsentierten ihre Kunst.

Tim schrieb in *Flashbacks* (S. 230):

Als Vorspiel zu der Lightshow hielt Ralph einen charmant pedantischen Vortrag über die anatomischen und physiologischen Fähigkeiten der verschiedenen Sinnesorgane. Dann kam ich mit einem poetisch-wissenschaftlichen Verkaufsvortrag über die verschiedenen Nervenbahnen im Gehirn und beschrieb, was geschieht, wenn sie aktiviert werden. Auf diese Art waren Erziehung, Unterhaltung und Werbung auf nette Weise miteinander verbunden.

In dem Prospekt für die Veranstaltungen stand:

Das Psychedelische Theater ist ein neuer Ansatz zur direkten, nonverbalen Kommunikation von veränderten Bewusstseinszuständen ... Durch den Einsatz von vermischten Multikanal-Medienpräsentationen mit Diapositiven, Bandaufnahmen, Stroboskopen, kinetischen Skulpturen und so weiter lässt sich eine komplette Neustrukturierung des sensorischen Inputs herbeiführen, die eine systematische Veränderung der üblichen Wahrnehmungsmuster ermöglicht.

Das Publikum schien sehr positiv zu reagieren, zum Teil geradezu enthusiastisch, zweifellos weil ihre Sinne bereits geschärft waren, bevor sie ins Theater kamen.

Zu dieser Zeit begegnete Tim auch Rosemary Woodruff, die während der nächsten, stärker sozialpolitisch und öffentlich ausgerichteten Phase seines Lebens seine Ehefrau und Partnerin werden sollte. Als sie mit ihm in das Große Haus von Millbrook einzog, malte Allen Atwell das tantrische Diagramm zweier einander überschneidender Dreiecke, ein Symbol der erotischen Vereinigung, auf den Backsteinschornstein des Hauses.

Rosemary Woodruff, Millbrook 1966

Später, im Herbst und Winter 1965-66, gingen Tim und ich zusammen mit dem Lichtzauberer Don Snyder auf Tour durch acht Städte an der Ostküste. Wir boten «Psychedelische Sitzungen» an – ein 10 Stunden dauerndes Experiment mit «programmierten Stimuli», die das Bewusstsein erweitern und die Sinne schärfen sollten - ohne Drogen, aber darauf ausgerichtet, programmierte psychedelische Sitzungen zu simulieren. Die Sitzungen waren auf zwölf Teilnehmer begrenzt, kosteten 40 Dollar pro Person und wurden in Privatwohnungen in New York, Boston, Philadelphia, Pittsburgh, Cleveland, Cincinnati, Detroit und Chicago abgehalten.

GB Was waren deine Gedanken und Gefühle über diese Phase deiner Arbeit, Ralph?

RM Ich hatte gemischte Gefühle. Einerseits war ich erleichtert darüber, dass wir in der Lage waren, wieder kreative Projekte auf den Weg zu bringen, die darauf hinausliefen, unsere grundlegende Vision, die Einsichten aus psychedelischen Zuständen zu kommunizieren, verwirklichten, und die auch dazu dienten, der Kommune ein Einkommen zu verschaffen. Andererseits wurde mir die Richtung, in die wir gingen, zunehmend unangenehm, weil sie mehr und mehr auf Unterhaltung und Publicity ausgerichtet war, statt auf wissenschaftliche und spirituelle Erkundung.

GB Du hast einen Traum erwähnt, den du zu dieser Zeit hattest, in dem dieses Unwohlsein zum Ausdruck kam.

RM In diesem Traum sah ich uns drei, Tim, Richard und mich, als tanzende Varietee-Darsteller, die ihre Routine für ein lachendes Publikum abspulten. Und ich erinnere mich, dass ich mich einmal mit dem Bandleader Maynard Ferguson verwandt fühlte, der von einem Gig in New York nach Millbrook zurückkam. Auch ich kehrte von New York nach Millbrook zurück, von einem Vortrags-Gig. Ich mochte Maynard persönlich. Wir waren beide reisende Schausteller und wir lebten unter anderen Schaustellern und Models. Das schien mir alles sehr weit entfernt von unseren Ursprüngen in Wissenschaft und Forschung zu sein, und ich stellte dies in Frage und machte mir Sorgen darüber.

CASTALIA FOUNDATION and USCO
present
PSYCHEDELIC EXPLORATIONS

The program consists of psychedelic improvisations, lectures and discussion, the Psychedelic Theatre, and an informal question and answer period on the practical aspects of psychedelic research.

The **lectures and discussions** deal with the technology of consciousness-expansion, the practical and theoretical problems of psychedelic research. Methods of expanding consciousness, ancient and modern, Eastern, will be discussed, and where feasible, demonstrated.

The **Psychedelic Theatre** is a new venture in direct, non-verbal communication of states of altered consciousness. A group of artist-engineers, USCO, in Woodstock, New York, have created this theatre; they have presented their work in various universities and cultural centers throughout the country. Through the use of multi-channel, mixed media presentations, involving slides, films, tapes, stroboscopes, kinetic sculpture, etc., a complete re-structuring of the sensory input is possible, permitting the systematic alteration of usual modes of perceiving.

The Psychedelic Theatre illustrates and amplifies the themes discussed in the lectures, just as the latter provide the theoretical background necessary for an understanding of the new techniques of audio-olfactory-visual alteration of consciousness (AOVAC).

PLACE:	NEW THEATRE, 154 East 54th Street, New York City	
DATES:	Every Monday evening, beginning June 14th	
TIME:	Doors open: 7:00 p.m.	
	Psychedelic Improvisations:	7:15- 8:00 p.m.
	Lecture — Discussion:	8:15- 9:45 p.m.
	Psychedelic Theatre:	9:45-10:30 p.m.
	Informal Question and Answer Period:	10:30-11:00 p.m.
TICKETS:	$1.50, $2.50, $3.50 at the door	

Das Treffen in Poughkeepsie und die Folgen

RM Nach dem Sommer, in dem wir alle die Gelegenheit hatten, etwas abzukühlen und über die Zukunft der Kommune nachzudenken, kehrtest du im Herbst 1965 zurück, und wir drei hatten dieses folgenreiche Treffen in einem Coffee Shop in Poughkeepsie. Meiner Erinnerung nach waren nur wir drei dort. Tim schreibt in *Flashbacks* (S. 234), dass Michael Hollingshead auch dabei war.

RD Du und Tim, ihr fordertet mich auf, Millbrook zu verlassen. Nicht mehr dorthin zurückzukehren. Ich sollte in Europa einige LSD-Sitzungen abhalten und dachte mir: «Ich werde mehr Geld auftreiben als sie.» Und ich dachte, dies sei ein guter Weg, mich von Millbrook zu verabschieden.

RM Es war sehr schwierig, wieder ein Gefühl der Harmonie in die Gemeinschaft zu bringen. Es war nicht so, dass wir dich dafür verantwortlich machten, auch wenn es sich vielleicht so angefühlt hat. Aber du warst der *de facto*-Anführer der rebellischen «high bleiben»-Gruppe und warst anscheinend nicht in der Lage, die Dinge zusammenzuhalten, während wir in Indien waren. Dazu kam, dass du Leute wie Arnie anzogst und idealisiertest. Als Tim die Trennung vorschlug, sah ich keinen anderen Ausweg, auch wenn ich mich schlecht dabei fühlte und mir wünschte, es gäbe eine andere Möglichkeit.

RD Seht euch mal an, mit wem ich allein zurückblieb, als ihr nach Indien gingt: Tims schwedischer Schwiegermutter und seinem Schwager, der Frau, die auf die Kinder aufpasste, und Michael Hollingshead. Das waren alles Leute, die zu Tim gehörten, nicht zu mir.

RM Da gebe ich dir recht. Michael war zweifellos ein unsicherer Kantonist. Er konnte zwar manche Dinge erledigen, aber man wusste nie, ob das, was er tun würde, gut oder schlecht sein würde.

RD Was hätte ich mit all diesen Leuten als Rohmaterial anfangen können?

RM Mir war unwohl bei diesem Gespräch mit dir, extrem unwohl. Und ich hatte das Gefühl, es erzeugte noch für Jahre danach eine Spannung in der Beziehung zwischen dir und mir. Aber damals schloss ich mich Tim an, weil ich seine Einschätzung der Situation teilte und keine andere Lösung dafür sah.

GB Was waren zu jener Zeit deine Meinungsverschiedenheiten mit Tim in Hinsicht auf deine Vision und Millbrook und die psychedelische Bewegung?

RD Es gab eine Menge Verschiedenheiten. Ich bin eher ein Herz-Typ. Ich wusste nicht, in welche Richtung wir gehen sollten. Ich wollte, dass die Dinge in die Richtung liefen, in der sie laufen mussten.

RM Was war deine Wahrnehmung der Szene, nachdem Tim und ich aus Indien zurückgekehrt waren? Erschien sie dir harmonisch? Hattest du das Gefühl, dass sie sich im Vergleich zu vorher verändert hatte? Hieltest du es für eine gute Veränderung oder keine gute Veränderung?

RD Ich spürte die Veränderung; es war diese harte Linie, die Arnie und Michael repräsentierten. Zuvor hatten wir alle einander gemäßigt. Aber als ihr nicht mehr da wart, wollte ich einfach nur high sein. (Lachen) Was soll ich hier anfangen – aus einem Schweineohr ein Seidentäschchen machen? Ich war unverantwortlich.

RM Also, meine Erinnerung und deine ist, dass Tim und ich dich aufgefordert haben, Millbrook zu verlassen oder vielmehr nicht mehr dorthin zurückzukehren. So wie Tim die Geschichte dieses Treffens erzählt, waren wir zu viert, Michael war auch dabei, und wir beschlossen, alle in verschiedene Richtungen auseinander zu gehen:

Dick kam im Herbst aus Europa zurück. Michael, Ralph und ich trafen ihn am Bahnhof von Poughkeepsie und wir setzten uns zu einer trostlosen Konferenz in einem Restaurant zusammen. Wir stimmten darin überein, dass wir so weit gegangen waren, wie es uns in Millbrook möglich war. Der Spaß hatte aufgehört. Das Geld, die Energie, die fähigen Leute, und der utopische Idealismus, die nötig waren, ein Schloss mit vierundsechzig Räumen zu unterhalten, waren verflogen.

Wie Ritter, die ihr Pferd sattelten, beschlossen wir vier, uns unserer jeweils eigenen Suche zu widmen und unsere eigenen Interessen zu verfolgen. Dick brach auf, um eine neue Wirklichkeit in Kalifornien einzuleiten. Auch wenn er für unsere wissenschaftlich gelehrte Szene zu neurotisch und sexuell zu avantgardistisch erschien, begann sein moralisches Pendel von der Minute an, in der wir uns trennten, in die Gegenrichtung auszuschlagen. Fünf Jahre später, als man mich den «gefährlichsten Mann der Welt» nannte, war Dick zu Amerikas am meisten respektierten Hindu-Swami Baba Ram Dass geworden. Ein richtiger Heiliger.

Ralph Metzner ging nach New York, um ein Buch über Bewusstsein zu schreiben. Michael Hollingshead, der immer bereit war, eine abenteuerliche Aufgabe zu übernehmen, wurde dazu auserwählt, die Botschaft der Veränderung des Gehirns nach England zu tragen. In London entstand gerade ein neuer Geist des Experimentierens ... Ich kündigte an, dass ich Millbrook schließen und mich nach Mexiko zurückziehen würde, um die Geschichte unserer Abenteuer zu schreiben. Ein Literaturagent hatte mich angerufen und mir gesagt, die New American Library wolle mir eine Vorauszahlung von 10.000 Dollar auf eine Autobiografie machen, die ich tatsächlich später, im Jahr 1968, unter dem Titel High Priest *veröffent-*

«Wie ein Ritter aufgesattelt ...»

PSYCHEDELIC SESSIONS

TIMOTHY LEARY & RALPH METZNER

FALL AND WINTER 1965/66

IN

NEW YORK, BOSTON, PHILADELPHIA, PITTSBURGH, CLEVELAND, CINCINNATI, DETROIT, CHICAGO

PSYCHEDELIC SESSIONS

Conducted by
Timothy Leary, Ph.D. and Ralph Metzner, Ph.D.

During the fall-winter of 1965-66 a series of psychedelic group sessions will be conducted in these eastern-midwestern cities.

The aim is to produce a psychedelic or ecstatic experience without using drugs. The methods involve an intense ten hour inundation of programmed stimuli — sensory, emotional, intellectual, artistic, philosophic — which reproduce and induce the LSD experience.

In addition to the experience, the session provides a living demonstration of methods for running sessions, of systematic techniques for recording and describing the psychedelic effect, as well as a survey and illustration of ancient and current theories of consciousness-expansion.

BACKGROUND

Throughout 4000 years of recorded history men have known that there exists a range of energies and awarenesses beyond the imprinted symbols of the rational mind. Many models, myths, metaphors and methods have been developed to explain and produce the transcendental experience.

For the past five years a group of more than fifty psychologists, philosophers, and scientists has been developing models and methods for expanding consciousness using psychedelic foods and drugs (LSD, mescaline, psilocybin, etc.). This group, located successively at Harvard, Zihuatanejo (Mexico), and Castalia Foundation, Millbrook, N. Y., has concentrated on designing language systems for receiving and communicating non-symbolic levels of energy and techniques for programming psychedelic sessions.

Four books and over fifty scientific-scholarly articles have described these activities.

Since 1963, experimentation with these sacred biochemicals has been restricted by federal law to mental hospitals. The Castalia group has adapted to this government repression (not unfamiliar in the history of visionary research) by working out non-drug methods of producing the "going-out-of-your-mind" phenomenon.

During 1964-65 these methods have been demonstrated at weekend workshops held in Millbrook, N. Y., and in presentations of the "Psychedelic Theatre" in New York City. In order to provide these experiences for a larger number of persons in a more economical manner, one-day sessions will be run in several metropolitan centers listed on the back-sheet of this brochure.

lichte. Wir verwendeten einiges von dem Geld dafür, für Michael eine Passage auf der Queen Elizabeth II zu buchen, und er schiffte sich mit 1000 Dosen von Morning-Glory-Samen und 200 Exemplaren von The Psychedelic Experience *ein. (Aus* Flashbacks S. 234)

RM Dann bist du nach England abgereist und hast deine Sitzungen mit Ronnie Laing und anderen gemacht, ist das richtig? Du hast auch andere Reisen unternommen, nach Kalifornien, nicht wahr?

RD Ja, ich war noch immer in das Mathematik-Projekt an der Stanford University involviert.

RM Mir war nicht klar, dass du das noch weiterverfolgt hast, während du in Millbrook lebtest.

RD Ja. Das war die Studiengruppe für Schulmathematik, die sich mit der Lehre der neuen Mathematik beschäftigte und die ich in Yale initiiert hatte. In Stanford fand ich dann heraus, dass die Beschäftigung von Lehrerinnen an der Grundschule die Einstellung der Kinder gegenüber Zahlen positiv beeinflusste. Jim Fadiman war einer meiner Assistenten. So brachen wir nach Kalifornien auf. Er war ein Student an der Harvard University und ich brachte ihn nach Stanford.

RM Nach dem Treffen in dem Coffee Shop in Poughkeepsie bist du also nie wieder nach Millbrook zurückgekehrt, außer zu kurzen Besuchen?

RD Das stimmt.

RM Das ähnelt im Grunde meiner eigenen Geschichte: Ich brach im Winter 1965, als Millbrook zeitweilig zugenagelt wurde, nach New York auf und kehrte nur noch zu Besuchen zurück und nahm an den Vorstellungen des Psychedelischen Theaters in New York teil.

GB Ralph, was führte zu deinem Abschied von Millbrook?

RM Nun ja, nach dem Treffen in dem Coffee Shop verließ uns Ram Dass, und Michael Hollingshead brach ebenfalls nach England auf. Während des Sommers hatten wir in Zusammenarbeit mit den Lightshow-Künstlern die Vorführungen des Psychedelischen Theaters in New York City präsentiert.

Ich zog im Herbst nach New York um und übernahm Rosemary Woodruffs gemietetes Apartment an der West Ninth Street. Ich fuhr fort, an der Herausgabe weiterer Ausgaben der *Psychedelic Review* zu arbeiten, was mit dem Versiegen unserer finanziellen Quellen immer schwieriger wurde. Ich versuchte auch, einen Vertrag mit einem Verlag über eine von mir zusammengestellte Sammlung psychedelischer

Berichte abzuschließen, die schließlich unter dem Titel *The Ecstatic Adventure* erschienen (Macmillan, 1968). Aber mein Abschied hatte eine Menge damit zu tun, dass meine Freundin Barbara schwanger wurde. Kurz danach machte sie eine Persönlichkeitsveränderung von 180 Grad durch. Ihre Schwärmerei für mich ging verloren, ebenso wie ihr Interesse an den hinduistisch ausgerichteten meditativen Praktiken, die die Gemeinschaft aufrechtzuerhalten versuchten. Sie begleitete uns gewöhnlich zu den Ausflügen nach New York, bei denen wir an den psychedelischen Lightshows arbeiteten. Sie wollte Shopping gehen und Kleider kaufen und Ausgehen und Musik hören. Einer der Lightshow-Künstler war ein Werbegrafiker namens Richard Aldcroft. Er hatte eine Maschine, die aus einem rotierenden, mit Flüssigkeit gefüllten transparenten Zylinder bestand, in dem farbige Plastikstückchen schwebten. Ein Lichtstrahl, der durch den Zylinder hindurchschien, projizierte diese sich ständig verändernden farbigen Formen auf die Wand. Das versetzte dich in eine Art einschläfernder visueller Trance. Er hatte zudem einen hoch bezahlten Job an der Madison Avenue. Barbara war hingerissen von ihm, und bei einem unserer Ausflüge in die Stadt zog sie bei ihm ein: «Ich komme nicht mit dir zurück.» Sie war damals mit meinem Kind im sechsten Monat schwanger. Einer meiner Gründe für meinen Umzug von Millbrook nach New York City war deshalb, etwas Geld zu verdienen, sodass ich Verantwortung für das Kind übernehmen konnte. Millbrook war pleite.

GB Du hast gesagt, dass du erst kürzlich etwas über diese Geschichte gelernt hast. Kannst du sagen, was das war?

RM Nun ja, dreißig Jahre lang habe ich die Geschichte dieser Episode so erzählt, als sei ich das Opfer gewesen. Ich fühlte mich unglücklich und erniedrigt – diese Frau hat mich verlassen, als sie mit meinem Kind schwanger war. Das hat sie mir angetan.

RD Ja, ja – du hast es ihr angetan.

RM Das ist mir erst sehr viel später aufgegangen. Ich nahm an einem Workshop mit Hunter Beaumont teil. Er sagte, dass wir alle eine Geschichte haben, die wir uns selbst darüber erzählen, wer und was wir sind. Und mir wurde klar, dass ich die Situation nie mitfühlend aus ihrer Perspektive betrachtet hatte. Da wurde mir klar, dass sie getan hat, was jede Frau tun würde. Sie war schwanger, sie brauchte ein Nest. Als ich sie später einmal in Aldcrofts Apartment sah, saß sie dort im Loft wie eine Henne, die ihr Nest bebrütet. Ich konnte ihr kein Nest bieten, aber er konnte es. Ich hatte ihr nichts zu bieten als die Teilnahme an einer spirituellen Gemeinschaft, und das war es nicht, was sie wollte oder brauchte. Sie tat, was sie glaubte tun zu müssen, und nicht, weil sie mir etwas antun wollte. Das machte es mir möglich, die Geschichte des Opfers fallen zu lassen – was eine große Erleichterung war. Ich war dankbar dafür, nicht mit ihr verheiratet zu sein; ich wollte sie auch nicht heiraten. Und ich bin froh, dass ich es nicht getan habe, denn das hätte die Dinge nur noch komplizierter gemacht. Und ich werde Barbara immer dafür dankbar sein, dass sie Ari in mein Leben gebracht hat.

Barbara Taliafero 1966

GB Erzähle uns bitte mehr darüber.

RM Ari wurde im Mai 1966 geboren. Barbara nahm eine kleine Dosis LSD, während sie mit ihm niederkam, zusammen mit einer anderen Frau, die das ebenfalls zu ihrer Entbindung tat. Ich interviewte sie und schrieb in meinem Buch *The Ecstatic Adventure* darüber. Sie sagte, es habe den Geburtsprozess tatsächlich erleichtert und ihr geholfen, mit den Wehen umzugehen. Sie konnte sich davon loslösen und sich dessen bewusst sein, dass ihr Körper sich kontrahierte, ohne sich damit zu identifizieren. Die Schmerzen waren zwar noch da, aber sie reagierte nicht so stark darauf und konnte es einfach geschehen lassen. Das ähnelt dem, was Dr. Eric Kast herausgefunden hat, der todkranken Krebspatienten LSD gegeben hat. Barbara und Aldcroft trennten sich kurz nach der Geburt. Sie übergab das Kind ihren Eltern, die in der Bronx lebten, zur Pflege, und reiste nach London ab, um mit einer Rockgruppe zu leben. Sie war eine Art Rock-Groupie. Sechs Monate später warf die Rockgruppe sie hinaus. Also kam sie zurück und wollte ihr Kind wiederhaben, aber ihre Eltern ließen das nicht zu. Sie waren der Meinung, sie sei als Mutter ungeeignet, und nannten sie eine streunende Katze, weil sie ihr Baby verlassen hatte. Sie bat mich darum, ihr zu helfen, das Kind wiederzubekommen, weil ich ihren Eltern gegenüber glaubwürdiger war. Es gab alle möglichen dramatischen und hysterischen Konfrontationen. Schließlich überzeugten wir ihre Eltern, ihr das Kind wiederzugeben und es unserem gemeinsamen Sorgerecht und unserer Fürsorge zu überlassen. Das funktionierte in New York mehr oder weniger für ein Jahr, und dann zogen wir beide mit dem Kind getrennt voneinander nach Kalifornien um. Sie hatte die Gewohnheit zu verschwinden und ihre Meinung zu ändern: «Du übernimmst ihn jetzt, das ist zu viel für mich; nein, ich will ihn jetzt zurück.» Das war ein jahrelanges schmerzliches und schwieriges Hin und Her, bis er im Alter von acht Jahren in Südkalifornien bei einem Fahrradunfall starb. Doch das ist eine andere Geschichte.

Richard geht nach England – Trifft R. D. Laing – Geht nach Indien

RD Ich ging also nach Europa, wo ich Sitzungen abhielt.

RM Du gingst nach England, nicht wahr? Du hast eine Sitzung mit Ronnie Laing gemacht, bei der ihr beide es zusammen genommen habt.

RD Er (Laing) überzeugte mich, dass er sich weniger mit Psychedelika auskannte als ich. Er übernahm die Rolle des Schülers und passte nicht auf mich auf; ich sollte auf ihn aufpassen. Und dann zog er sich aus und stand auf dem Kopf. Eine interessante Sitzung.

(Ein Bericht darüber findet sich in Ram Dass, *The Only Dance There Is*, New York, Anchor Books, 1974, S. 22-24):

Ronnie und ich beschlossen, zusammen LSD zu nehmen, und er fragte mich: «Wie viel sollen wir nehmen?» Ich sagte: «Nun, warum nehmen wir nicht 300 Mikrogramm?» Und er sagte: «Naja, das ist ein bisschen viel für mich. Aber ich denke, es wird gehen, solange du dabei bist.» Indem er dies sagte, übertrug er mir die Rolle, eine Art Beschützer für ihn zu sein, das heißt, er übertrug mir die Rolle des Führers, was mich ein wenig irritierte. Aber nun gut, ich kenne diesen Typen ja nicht. Wenn das der Trip ist, den ich spielen soll, dann werde ich Franz Verantwortlich für ihn sein. Und er kann dann im Zimmer herumflippen, nicht wahr? Mein gewöhnliches Modell des Ablaufs einer Sitzung war, dass ich das Zeug nehme und eine angenehme Umgebung schaffe. Ich lege, (zu jener Zeit) eine Platte von Miles Davis auf und wir liegen herum und, naja, du weißt, tun es. Also nehmen wir das LSD, und das Erste, was geschieht, nachdem wir diese Substanz genommen haben, ist, dass er sich bis auf seine Unterhose auszieht und beginnt, auf dem Kopf zu stehen. Das passt überhaupt nicht in mein Modell dessen, was du in einer psychedelischen Sitzung tust. Ich weiß nichts über Yoga, und die ganze Sache erscheint mir absurd ... Also beobachte ich ihn mit einer gewissen, naja, Ungläubigkeit. Dann kommt er zu mir herüber und sieht mir in die Augen, und sein Gesicht sieht aus wie das eines völlig unschuldigen Kindes, so wie meine Rolle sein sollte, dass ich mich um ihn kümmern sollte ... Ich soll der Führer sein. Er sieht aus wie ein völlig hilfloses Kind. Er löst sämtliche fürsorglichen Instinkte, die ich habe, in mir aus. Ich habe das starke Gefühl, ihn beschützen zu müssen. Und ich habe das Gefühl, sagen zu müssen: «O Ronnie.» Doch ich sage nichts, aber ich bin wie: «Ronnie, alles ist in Ordnung. Ich bin hier.» Wisst ihr: «Du kannst auf mich zählen.» Er ist einfach wie ein kleines Kind, weit offen. Und kaum haben wir diese Rollen angenommen, verändert sich sein Gesicht auf ganz subtile Weise, einfach die muskulären Strukturen. Es ist so, als manifestierte sich ein Gedanke in seinem Kopf in einer Veränderung seines Gesichtsausdrucks – er sieht jetzt aus, wie das beschützendste, väterlichste, wärmste, fürsorglichste Wesen – und er erweckt in mir all diese noch nicht gekeimten Samen, ein kleines, abhängiges Kind zu sein, seht ihr. Und ich werde: «O Ronnie, von, wow, du übernimmst ... Du wirst mein ... O Ronnie, diesmal kann ich es tun. Oh, Wow.» In der Minute, in der ich mich in diesem Zustand befinde, verändert sich sein Gesicht wieder, und er ist jetzt der Schüler, der mir Fragen stellt. Das geschieht alles schweigend. Es ist alles Mimik, alles bloßer Gesichtsausdruck. Das sind alles Gedankenformen ... Also im Verlauf der nächsten sechs Stunden gingen Ronnie und ich, ich weiß nicht, vielleicht etwa achtzig unterschiedliche soziale Rollen durch. Was wir taten, war eine Rolle anzunehmen, in eine Symbiose zu gehen, wie Therapeut und Patient, und dann kehrten wir die Sache um und waren Patient und Therapeut. Wir waren Gefangener und Scharfrichter und dann Scharfrichter und Gefangener. Einige dieser Rollen machten uns wirklich Angst, das könnt ihr mir glauben. Es war ziemlich gruselig. In jeder dieser Rollen musstest du sagen: «Aha, okay, jetzt also das», und dann umkippen und das Gegenteil davon sein. Und ich begann zu sehen, dass Ronnie und ich einen Kontakt miteinander an einem Ort herstellten, an dem wir hinter all dem standen. Man könnte sagen, wir standen hinter den Leuten, die das Spiel spielten.

RM Ihr habt während des Trips verschiedene Rollen ausprobiert.

RD Ja, wir haben verschiedene Rollen ausprobiert.

RM Habt ihr dabei geredet, oder war es mehr ein nonverbales Gestikulieren?

RD Gestikulieren.

RM Er war ein Meister der nonverbalen Kommunikation.

RD Das ist alles, woran ich mich erinnere.

RM Es hört sich so an, als habe es dir Spaß gemacht. Es ist interessant, dass du sagst, er habe dich als jemanden angesehen, der sich besser auskannte. In dem Buch mit seinen Memoiren, das ich besitze, beschreibt er diese bestimmte Sitzung nicht. Er schreibt, dass er dich getroffen hat, und sagt, dass man, wenn man Psychedelika wie LSD mit jemandem zusammen nimmt, weiß, was in dem anderen vorgeht, im Wesentlichen. Das bedeutet, dass ihr das Gefühl hattet, euresgleichen zu sein, dass ihr euer Wissen auf der Basis von Gleichheit miteinander geteilt habt. So würde ich das zumindest lesen. Das stimmt mit der Geschichte überein, die du über diese Sitzung erzählst.

GB Was hast du während dieser Zeit in Europa noch gemacht?

RD Ich ging nach Frankreich hinüber, um dort mit einem reichen Künstler einen psychedelischen Trip zu machen. Er holte mich am Flughafen ab. Er hatte ein schickes amerikanisches Cabriolet und wir fuhren zu seinem Haus in der Nähe von Paris, in dem all diese Gemälde von Segelschiffen und Glücksspiele-Szenen hingen. Er sagte, wir würden zu seinem Schloss auf dem Lande fahren, aber wir blieben dann in Paris bei seiner Mutter. Das Haus seiner Mutter war einen Häuserblock lang und einen Häuserblock breit. Es war eine gute Sitzung. Aber es stellte sich heraus, dass er ein Problem hatte, ein sexuelles Problem. Er hatte eine Ehefrau und Kinder und war ein hoch angesehener Kunsthändler, aber er verkehrte in einer Leder-Szene. Seine Mutter zahlte für seinen Lebensunterhalt und schenkte ihm diese Häuser. Er selbst verdiente gar nichts. Wir beginnen also die Sitzung, und er ist total abgefahren. In dieser Sitzung sollte ich ihm in den Lederanzug, den er trug, pinkeln. Ich sagte ihm, er könne seine eigene Pisse verwenden. Er schwappte in seinem schweren Anzug herum. Dann sagte er, ich gehe jetzt in mein Studio, um zu malen. Dann kam er nach einer Weile wieder herunter und sagte: «Ich bin als Maler ruiniert. Das LSD hat das gemacht.» Er fand, er könne nicht mehr so malen wie zuvor. Ich reiste ab und fuhr nach Deauville, dem nächstgelegenen Badeort am Meer. Ich ging in die Spielkasinos und war dabei high. Ich trug mein weißes Hemd und eine dunkle Sonnenbrille. Ich spielte nur Roulette. Ich sah das Roulette-Rad an und die schwarzen Felder pulsierten. Also setzte ich Geld auf Schwarz und gewann und gewann und gewann. Ich war so was von aufgeregt. Aber ich dachte, ich muss von diesem Typen, dem Maler, wegkommen. So nahm ich von dem Gewinn nur genug Geld für die Rückreise nach England, wo ich mich mit Tommy Hitchcock treffen wollte, der dort ein Haus hatte. Interessanterweise bekam ich acht Monate später einen Brief von dem Maler, in dem er schrieb, eines seiner Bilder habe den ersten Preis in einem Wettbewerb gewonnen. Er war also keineswegs ruiniert.

RM Ich hatte auch eine interessante Begegnung mit Ronald D. Laing. Auf meinem Weg nach Indien machte ich einen Zwischenhalt in London, um ihn zu besuchen. Er ließ sich gerade von seiner ersten Frau scheiden; im Verlauf einiger Tage hatten er und ich mehrere längere und sehr interessante Gespräche. Ein faszinierender Geist. Auf meinem Weg zurück von Indien war ich in Frankfurt. Ich wohnte dort bei meinem Vater, und diese wundervolle deutsche Frau Jutta war auch dort. Sie war eine Freundin der dritten Frau meines Vaters. Wir hatten ein kurzes, aber intensives Techtelmechtel. Aber ich war auf dem Weg zurück in die USA, über England, wo mein Bruder Robin, ein Rechtsanwalt, lebte. Jutta sagte: «Ich gehe selbst nach England, ich suche nach einem Job.» Sie war eine Modedesignerin. Also gab ich ihr die Telefonnummer meines Bruders und die von Ronnie Laing, damit sie sie in London besuchen konnte. Ich habe mir nichts weiter dabei gedacht. Doch Monate später hörte ich, dass sie sich verliebt und geheiratet hatten. Sie war Ronnies zweite Ehefrau und sie bekamen schließlich drei Kinder.

Wir blieben in Briefkontakt. Jutta, Ronnie und ihre Kinder fuhren gewöhnlich mit meinem Vater, seiner Frau und ihren Kindern zusammen in Skiurlaub in die Alpen. Sie sandten mir Fotos davon. Ronnie fuhr nicht Ski; er spielte einfach Klavier. Er war tatsächlich ein begabter Pianist. Er wollte eigentlich Konzertpianist werden, bevor er in die Psychiatrie einstieg. So gab es diese seltsame familiäre Verbindung zwischen uns und auch eine merkwürdige Parallele zwischen Ronny und meiner Mutter. Meine Mutter stammte aus Ayrshire in Schottland, wozu auch Glasgow gehört, der Ort, aus dem Laing stammte. Er war ein Schotte, der eine deutsche Frau heiratete, und meine Mutter war eine schottische Frau, die einen deutschen Mann heiratete. Eine merkwürdige Art von Synchronizität. Sie starben auch kurz nacheinander.

RD Was passierte in Indien mit Laing?

RM Er durchlief dort ein ganzes Meditationsprogramm; er interessierte sich sehr für Yoga und Meditation. Ich glaube, er war ein ganzes Jahr lang dort. Er und Jutta publizierten ein Tagebuch, das sie *FIRE* nannten. 20 Jahre später, in der Mitte der 80er-Jahre, traf ich Ronnie und Jutta wieder in London, und damals ging ihre Ehe gerade zu Bruch. Zu jener Zeit arbeitete ich mit der emphatogenen Substanz MDMA in der Psychotherapie. Wir drei nahmen zusammen MDMA. Ronnie mochte MDMA; er sagte, es brächte ihn dazu, sich «normal» zu fühlen. Das implizierte, dass er sich gewöhnlich mehr oder weniger verrückt fühlte, verstrickt in die Verrücktheit der Gesellschaft. Jutta sang gern Lieder von Schubert und Hugo Wolff, begleitet von Ronnie am Piano. Das war sehr schön. Er war solch ein begabter Mann voller tiefer Einsichten. Aber er hatte diese seltsame Marotte, sich manchmal völlig unerwartet gegen andere Menschen zu wenden und sie verbal in Gruppengesprächen anzugreifen – Leute, die dachten, sie seien seine Freunde, wie etwa Fritjof Capra oder Carl Rogers oder John Perry. Glücklicherweise hat er das niemals mit mir gemacht.

RD War er nicht ursprünglich ein Chirurg?

RM Ja, beim Militär, in der Marine oder in der Armee.

RD Er war so kenntnisreich. Ich habe mein Haus, in dem eine Gemeinschaft wohnt, nach Kingsley Hall, dem Haus von Ronnie, gestaltet. Es war ursprünglich das Haus, das Gandhi (in England) benutzt hatte. Das war der Ort, an dem Ronnie und seine Familie für zehn Jahre oder mehr zusammen mit einer Gruppe von Psychotikern, anderen Ärzten und der Belegschaft wohnten. Doch die Ärzte und die Patienten wussten nicht, wer wer war. Es lief alles auf Verrücktheit hinaus. Ich liebe das. Ich liebe das einfach.

GB Ram Dass, was geschah zwischen deinen Reisen nach England im Jahr 1966 und der Zeit, zu der du nach Indien gingst?

RD Ich ging nach Kalifornien und hing mit Owsley herum, dem Untergrund-LSD-Hersteller, der eine Form von LSD herstellte, die *White Lightning* («Weißer Blitz») genannt wurde. Owsley und ich gingen nach England, weil er dort in London ein Mädchen kannte. Schließlich lebte sie zusammen mit mir in New York City. Ich sagte zu ihr: «Ralph und Tim und Nena sind nach Indien gegangen. Ich möchte wirklich sehr gerne auch nach Indien gehen.» Da tauchte David Padwa auf. David hatte sein Computerunternehmen an Xerox verkauft. Er war ein Freund der Hitchcocks, und er war ein junger, gewandter Geschäftsmann, sehr schlau. David war jemand, den ich auf LSD angetörnt hatte. Er rief mich an und sagte: «Würdest du gern mit mir auf eine Reise in meinem Land Rover von Teheran nach Indien gehen?» Das war also meine Gelegenheit. Wir fuhren vom Iran über Afghanistan nach Indien. Der Land Rover war vollgepackt mit Thunfisch und Vivaldi-Bändern. Wir waren noch nicht bereit für Indien.

GB Einmal abgesehen davon, dass Tim und Ralph bereits nach Indien gegangen waren, gab es irgendeinen anderen Grund, aus dem du dorthin gehen wolltest? In *Be Here Now* hast du geschrieben, du hättest auch diese Sehnsucht gehabt, jemanden zu finden, der über diese Bewusstseinszustände Bescheid wusste.

RD Ich war desillusioniert von der psychedelischen Szene. Sie waren alle hirnrissig oder neurotisch. Ihr Leben war ein einziges Chaos, und ich dachte, das sind nicht meine Leute. Ich hatte Jahre zuvor begonnen, mich für östliche Spiritualität zu interessieren, als Aldous Huxley uns ermuntert hatte, das *Tibetische Totenbuch* zu lesen. Es ging darin um Dinge, die wir auf unseren Trips sahen, die wir jedoch nicht in Worte zu fassen wussten. Aldous hatte gesagt, Psychedelika würden «grundlose Gnade» schenken. Ich dachte mir, wenn wir so viel Gnade erhalten und so wenig darüber wissen, wie man sie gut nutzt, dann bringt dieses östliche Buch für mein Bewusstsein etwas zum Ausdruck, das in der Psychologie des Westens nicht zu finden ist.

GB Diese Bücher beschrieben also auf zutreffende Weise Bewusstseinszustände, die du unter Psychedelika erlebt hast?

RD Ja.

GB Früher in diesem Jahr, bevor du nach Indien gingst, starb deine Mutter.

RD Ich glaube, es war sechs Monate vor meinem Aufbruch, und das war 1967.

GB Woran starb deine Mutter?

RD Nun, das ist eine komische Geschichte. Sie starb an einer Blutkrankheit. Ihre vergrößerte Milz ließ sie so aussehen, als sei sie schwanger. Einen Tag, nachdem ich bei ihm angekommen war, sagte Maharaji über den Übersetzer zu mir: «Deine Mutter ist letztes Jahr gestorben.»

Ram Dass in den späten 60ern

Und dann kam aus Maharajis Mund das einzige englische Wort, das ich ihn jemals aussprechen hörte – «*Spleen*» (Milz). Das war wie ein großes «Jaaa!». Das Organ, das meine Mutter getötet hatte, brachte mich zum Erwachen. Wundervoll poetisch.

GB Wie hat der Tod deiner Mutter dich und deinen Bewusstseinszustand zu jener Zeit beeinflusst?

RD Dazu tauchen vier Bilder in meinem Geist auf. Ich ging damals gerade mit Caroline, die Owsleys Freundin war. Und sie trug einen Minirock, als ich sie meiner Mutter vorstellte. Meine Mutter saß in einem Ohrensessel und trug ihren Bademantel. Mutter mochte Caroline wegen ihres Minirocks nicht. Das ist das erste Bild. Als ich dann ihr Zimmer verließ und auf Wiedersehen sagen wollte, kam der Installateur herein, weil ihre Toilette repariert werden musste. Das ruinierte die Abschiedsszene. Das ist das zweite Bild. Aber es war wenige Wochen zuvor zu einer anderen Abschiedsszene gekommen. Ich ging sie zusammen mit Maynard und Flo und Tim vom Newport Jazz Festival aus besuchen, und wir waren ziemlich stoned. Ich glaube auf Pilzen. Als ich also meine Mutter besuchte, hatten sie ihr Morphin oder so etwas gegeben, und wir waren zwei alte Seelen. Und auf die Weise unserer alten Seelen betrachteten wir den Tod und das war einfach so. Das ist das dritte Bild. Ich sagte: «Mutter, so wie ich die Dinge sehe, bist du wie eine Freundin, die in einem brennenden Haus sein wird. Geh raus aus dem Haus. Geh raus aus dem Haus.» Ich sprach zu ihr als einer Seele. Wir hatten dieses wunderbare Gespräch, und das war das Ende unserer Beziehung, nicht die Szene mit dem Installateur.

GB Hat sie nicht etwas zu dir gesagt wie: «Du bist der einzige Mensch, mit dem ich über den Tod sprechen kann?»

RD Ja. Das war wegen der Drogen.

GB Weil sie auf Drogen war? Oder ihr beide?

RD Nein. Ich konnte sie verstehen, weil ich (psychedelische) Drogen genommen hatte. Ihr müsst wissen, dass der Bewusstseinszustand, in dem sie sich zur Zeit ihres Sterbens befand, für eine jüdische Person aus der Mittelklasse außergewöhnlich war.

GB Willst du sagen, dass ihr Bewusstsein durch den Sterbeprozess erweitert wurde?

RD Ja.

GB Du hast über das Begräbnis deiner Mutter geschrieben:

Ich nahm LSD, als ich zu dem Begräbnis ging, und das war sehr interessant, weil ich mich und meine Mutter als darüber schwebend und die ganze Szene beobachtend erfuhr. Sie schienen nicht besonders traurig zu sein, und ich war es auch nicht. Die Familie saß auf einer Seite und der Rest der Leute auf der anderen Seite, sodass sie sehen konnten, wie die Familie trauerte. Ich saß am Ende der Reihe. Es war ein sonniger Tag und ein goldenes Licht schien aus dem Sarg. Mutter und ich schwebten darüber und beobachteten all die Leute, die schöne Gedanken über sie dachten. Ich wollte lächeln, aber mir wurde klar, dass dies das Fass zum Überlaufen bringen würde: «Natürlich, er nimmt Drogen und er lächelt bei dem Begräbnis seiner eigenen Mutter!» Ein Lächeln ist im Allgemeinen keine akzeptierte soziale Reaktion auf den Tod eines Menschen.

(Aus Ram Dass und Stephen Levine, *Grist for the Mill*, Berkeley, Celestial Arts, Revised Edition, 1987, S. 117).

RD Ja. Das ist das vierte Bild. Bei dem Begräbnis saß sie auf meiner Schulter und wir unterhielten uns. Es waren etwa dreihundert Menschen anwesend – auf der einen Seite war die Familie und auf der anderen Seite war die Trauergemeinde. Und sie und ich lachten, weil wir glücklich darüber waren, dass dort so viele Herzen waren – Herzen mit so liebevollen Gedanken für sie. Das konnte man sehen.

GB Was saß da auf deiner Schulter – ihr Geist, oder war es eine physische Form?

RD Nun, es war ihr Bewusstsein. (Lächeln) Dann später in Indien, nachdem Maharaji die Bemerkung über ihre Milz gemacht hatte, sagte er: «Sie ist eine hohe Seele.» Ich fragte den Übersetzer: «Hat er nicht vielleicht gesagt, sie war eine hohe Seele, weil sie doch jetzt tot ist?» Und Maharaji sagte: «Ne! Ne!» Er sah sie als eine Seele und ich erinnerte mich an sie als ein Ego. Von jenem Moment an, mit diesem «Ne!», bezog ich mich nicht mehr als meine inkarnierte Mutter auf sie. Weil ich sie jetzt als eine Seele ansehe, die dieses Mal als meine Mutter geboren wurde. Und seit jenem Moment betrachte ich sie als meinen Wurzelstock im Jenseits. Sie ist einfach meine Verwurzelung.

GB Ralph, du hast doch wohl geholfen, das Große Haus zu vernageln, als alle abgereist sind?

RM Ja, am 31. Dezember 1965, nachdem Tim, Rosemary und seine beiden Kinder nach Mexiko aufgebrochen waren, war ich schon in das Apartment in New York umgezogen. Alle anderen waren bereits abgereist; Allen Eager und ich sind nach Millbrook zurückgekehrt, um die Fenster zuzunageln und das Große Haus zu verschließen. Ich hatte viele gemischte Gefühle, als wir das riesige Haus, das von so viel exotischer und kreativer Lebensenergie pulsiert hatte, abschlossen. Wie sich herausstellte, sollte die Schließung nicht lange dauern. Nachdem Tim und seine Familie wegen des Besitzes einer kleinen Menge von Pot beim Überqueren der Grenze in Laredo verhaftet und dann gegen Kaution freigelassen worden waren, zogen sie im Januar wieder in das Große Haus ein. Ich wurde aufgefordert, als Zeuge für die Verteidigung zur Aussage nach Laredo zu kommen. Die Verteidigung argumentierte dahingehend, dass Learys Gebrauch von Marihuana und anderen Psychedelika sowohl wissenschaftliche als auch religiöse Gründe hatte, wobei wir uns auf Belege für den religiösen Gebrauch von Cannabis in Indien beriefen. Der texanische Richter und die Geschworenen kauften uns das natürlich nicht ab, und er wurde zu dreißig Jahren für den Schmuggel einer sehr kleinen Menge von Pot verurteilt. Vier Jahre und Tausende von Stunden und Dollars später wurde der Fall vom Verfassungsgericht der USA als eine «grausame und ungewöhnliche Strafe» niedergeschlagen. Zu jener Zeit war Leary bereits in mehrere andere Fälle verwickelt. Die Behörden hatten es offensichtlich darauf abgesehen, ihn hinter Gitter zu bringen. Während ich in New York City lebte, arbeitete ich für eine für den Einzelfall gegründete Organisation, den Leary Defense Fund, die sich auf die Gerichtsverhandlung als Testfall vorbereitete.

GB Ram Dass, was war deine Sicht der ganzen Geschichte?

RD Das Marihuana wurde in der Unterwäsche seiner Tochter Susan gefunden. Und Tim wollte dies zu dem Fall aller Fälle machen. Aber so etwas machst du nicht, wenn dein Pot in der Unterwäsche deiner Tochter gefunden wird. Er hatte also versucht, die Zollbeamten zu hintergehen. Aber ich bin nach Brownsville hinuntergefahren, wo das Gericht ansässig war. Er war in Schwierigkeiten und ich bot meine Hilfe an, auch wenn wir uns zu jener Zeit sehr voneinander entfernt hatten. Ich half, Geld für Tim aufzutreiben.

RM Also wurde das Große Haus im Frühjahr 1966 erneut geöffnet und Tim und seine Familie zogen wieder dort ein, zusammen mit einer neuen Besetzung von Charakteren. Tim plante, mit verschiedenen Rechtsanwälten und Beratern juristische Strategien auszuarbeiten, und es gab auch eine Millbrook Summer School, um finanzielle Mittel bereitzustellen. Ich war daran beteiligt, weitere Produktionen des Psychedelischen Theaters in New York vorzubereiten. Ich fuhr oft an Wochenenden nach Millbrook. An dem Wochenende im Mai 1966, als Gordon Liddy und seine Polizeibeamten eine Razzia im Großen Haus machten, war ich dort, und als ich sie kommen hörte, ließ ich einen großen Brocken Haschisch, der auf meinem Nachttisch lag, verschwinden, indem ich ihn aufaß. Ich war an diesem Tag ziemlich lange high. Aber das war auch mein letzter Besuch in Millbrook für lange Zeit. Es immer wieder mit den Polizeibehörden zu tun zu bekommen, war zu gefährlich für mich.

Susan und Tim Leary mit Ralph Metzner besprechen ihre Verteidigung in Laredo, Texas, 1965

Ralph Metzner und Tim Leary zur Zeit der Verhandlungen wegen des Marijuana-Busts, Laredo, Texas, Frühling 1966

Millbrook nach der Liddy-Razzia – Mehr Psychedelisches Theater

GB Ram Dass war also in England, du, Ralph, warst in New York und Leary kehrte mit Rosemary und seinen beiden Kindern, die inzwischen Teenager waren, in das Haus in Millbrook zurück. Ist das richtig?

RM Ja. Und es gab eine sich ständig verändernde Besetzung von Charakteren und Besuchern: viele Rechtsanwälte und Berater, die mit ihm an seinen Fällen arbeiteten; Publizisten und Journalisten, die Artikel schrieben und ihm halfen, eine positive Einstellung zu Psychedelika in der Gesellschaft zu erzeugen. Er schrieb über mehrere inspirierende Treffen mit dem kanadischen Medienphilosophen Marshall McLuhan, der ihn ermutigte, unnachgiebig positiv zu sein. Das war eine Botschaft, die er sich zu Herzen nahm und für den Rest seines Lebens praktizierte.

In *Flashbacks* (S. 252-253) schrieb er über diese Phase:

Und so geschah es, dass ich Schritt für Schritt – von der Entlassung von der Harvard University über die Ausweisungen, die Ereignisse in Laredo und die Liddy-Razzia – von wissenschaftlich distanzierter und gelehrter Zurückgezogenheit in die öffentliche Opposition gegen die Politik der herrschenden Regierung gedrängt wurde.

Zu dieser Zeit bereute ich es nicht mehr, ein Außenseiter zu sein. Die Auseinandersetzung begann mir Spaß zu machen. Und ich war nicht allein in meiner Rebellion. Millionen von Amerikanern sahen sich genau zu dieser Zeit dazu veranlasst, offenen Widerstand gegen die Gruppe zu leisten, die Washington nach dem Mord übernommen hatte. Eine kulturelle Revolution war in Gang gekommen.

Mein Verständnis der Situation war folgendermaßen: Amerika erlebt gerade einen Quantensprung der Intelligenz. Zum ersten Mal in unserer Geschichte begann ein großer und einflussreicher Sektor der Bevölkerung die Autorität der Institutionen in Frage zu stellen, nicht als Mitglieder organisierter Gruppen von Dissidenten, sondern als intelligente Individuen, höchst wählerische politische Konsumenten, die nach einer empfänglichen und effektiven Führerschaft verlangten, die offenbar keine der existierenden Parteien oder Religionen oder Gewerkschaften zu bieten vermochte. So wurde ein Konflikt zwischen der alten Industriegesellschaft und der neuen Informationsgesellschaft in der neuen Arena der Macht ausgetragen – den Medien. Jene, die dies verstanden, würden die Zukunft kreieren.

RM Während des Sommers 1966 sammelte sich in Millbrook eine immer größere Gruppe von Künstlern und Musikern um Tim und Rosemary. Sie experimentierten mit stark erweiterten Formen der psychedelischen Rede-, Musik- und Lightshow-Feiern, die sie im Vorjahr bereits in New York aufgeführt hatten. Jetzt wurde ein erzählendes Element hinzugefügt: Die erste Produktion wurde «Der Tod des Verstandes» genannt; sie basierte auf einer Sequenz aus Hermann Hesse Roman

Tim und Rosemary in den späten 60ern

Der Steppenwolf, dem Magischen Theater. Ich spielte die Rolle von Harry Haller, dem neurotischen Intellektuellen, der in seinem Verstand gefangen ist; Rosemary spielte Hermione, die rätselhafte Schönheit, die HH in das Magische Theater führt, und Tim spielte Pablo, den Magier, der HH die Droge gibt, die ihn in andere Wirklichkeiten initiiert. Auf diese Weise wurde die Rolle des Führers in einer programmierten psychedelischen Sitzung demonstriert. Tim intonierte Passagen aus dem auf dem *Tibetischen Totenbuch* basierenden Handbuch, um HH, dem Reisenden, zu helfen, seine Ängste und seine Verwirrung zu überwinden. Live-Musiker, die auf der Bühne saßen, begleiteten Tim, während die Lichtkünstler mit Dia-Projektoren und Geräten für Spezialeffekte ein sich ständig veränderndes Panorama psychedelischer Bilder projizierten.

GB Inwieweit warst du in diese Produktionen involviert, Ralph?

RM Ich lebte damals in New York City und besuchte Millbrook an Wochenenden, um mit den Lichtkünstlern zusammenzuarbeiten, aber ich war nicht direkt in die Produktion involviert. Die gesprochenen Teile von Rosemary und mir wurden vorher auf Band aufgezeichnet, und das Publikum hörte sie, während vielfältige Bilder auf der Leinwand wirbelten. Mein Charakter, der sich auf einem schlechten Trip befand, schrie verängstigt: «Hilfe! Ich ertrinke.» Das gab Tim-Pablo als dem Führer das Stichwort, beruhigenden und philosophischen Rat zu geben. Rosemarys sinnliche Stimme flüsterte einige der psychedelischen Gebete, die Tim nach der Vorlage des *Daodejing* geschrieben hatte. Die erste Show zog Massen von Besuchern an und war für sechs Wochen ausverkauft; sie wurde in der Presse ausführlich besprochen. Die Idee war, andere Multimedia-Darstellungen großer religiöser Mythen mithilfe der neuen Lichttechnologien zu schaffen.

GB Gab es andere psychedelische Szenen, die ihr nach alten Mythen gestaltet habt?

RM Nun, die zweite produzierte Show wurde «Die Auferstehung von Jesus Christus» genannt, ein Thema, mit dem ich mich nie wohl gefühlt habe. Es führte dazu, dass auf dem Aushängeschild Tim Learys Name stand, und darunter «Die Auferstehung Jesus Christus». Das sah geradezu blasphemisch aus. Jesus war ein Typ, der auf einem schlechten Trip von Schuldbewusstsein durch New York wanderte, und Tim, der Führer, holte ihn mit Jux und Späßen aus seinem Martyrium heraus. Das Ganze endete nach der ersten Vorführung in einem Fiasko, nachdem der junge Mann, der ausgewählt worden war, die Rolle von Jesus Christus zu spielen, zugab, er sei als Polizeiinformant eingeschleust worden, und die Flucht ergriff.

GB Wie ging es mit der Buddha-Show, die ihr produziert habt?

RM Ja, nach dem Fiasko befürwortete Tim in einem Treffen mit dem Theaterproduzenten und Billy Hitchcock, der diese Shows finanzierte, energisch und großzügig meinen Vorschlag, eine Produktion auf die Bühne zu bringen, die auf der «Erleuchtung des Buddha» basierte. Ich hatte die Lebensgeschichte und die Erleuchtungserfahrung des Buddha studiert und zudem verschiedene Techniken der visuellen Präsentation mit einer Kooperative von Filmemachern auf der Lower East Side, die sich The Third World nannte, diskutiert. Ihr Anführer war Bob Lowe, ein erfahrener Kameramann, der an der Filmfakultät der Columbia University lehrte. Ein anderes Mitglied der Gruppe war Gray Henry, eine blonde Südstaatlerin aus Kentucky, eine sehr begabte Künstlerin, die bei Joseph Campbell und Sarah Lawrence Religion und Philosophie studiert hatte. Sie und ich hatten in dem Leary Defense Fund zusammengearbeitet, und arbeiteten nun zusammen an dieser Buddha-Produktion. Es kam auch zu einer romantischen Beziehung zwischen uns, aber dann verlor ich sie an einen Mann aus Venezuela, den sie heiratete, mit dem sie zum Islam konvertierte, nach Ägypten und Saudi-Arabien umzog, zwei Kinder großzog und Sufismus studierte.

Die Filmkooperative und ich verbrachten mindestens einen Monat mit intensiven Vorbereitungen für diese Show, die auf der Erleuchtungserfahrung des Buddha basierte. Wir hatten Hunderte, wenn nicht Tausende von Diapositiven gesammelt: indische und tibetische Kunst, viel davon von Allen Atwell; Pflanzen, Blumen und Bäume; Gesichter lebendiger menschlicher Wesen sowie Skulpturen von Köpfen und Masken; kosmische, stellare und galaktische Bilder und andere. Steve Ashton und ich hatten jeweils zwei Projektoren mit einer Überblendeinrichtung und vier Sequenzen von Bildern, die alle auf dieselbe Leinwand projiziert wurden und die in ständig wechselnden Kombinationen ineinander übergingen, begleitet von Musik und gesprochenen Texten. Verglichen mit vielen psychedelischen «Lightshows», die ich vorher und nachher gesehen habe, hatten diese Frequenzen einen sehr viel stärker mythischen und archetypischen Inhalt – nicht einfach nur abstrakte Farbmuster, die ja schließlich nur einen kleinen Teil der klassischen psychedelischen Reise ausmachen. Die Szene von Buddhas sexueller Versuchung wurde mit einer leicht bekleideten Tänzerin gefilmt, die sich vor einer Schattenbild-Leinwand bewegte. Die Angriffe von Mara, dem Herrn des Todes, wurden mit dämonischen Gesichtern und Horrormasken dargestellt. Auf dem Höhepunkt, wenn die visionären Bilder mit kosmisch-galaktischen Bereichen verschmolzen, und um anzudeuten, wie die auf den Buddha geschleuderten Waffen sich in harmlose Blüten verwandelten, liefen Gray Henry und ihre Assistenten die Gänge der Balkone hinab und warfen aus vollen Armen Blüten auf das Publikum hinab.

Die Show war ein solcher Theatererfolg, dass unsere Gruppe, einschließlich Tim und Rosemary und mehrere der Lichtkünstler aus der Third-World-Filmkooperative, beschloss, mit ihr im Winter 1966/67 durch das

Land zu reisen. Wir machten eine Vorführung in Chicago; dann eine in San Francisco, wo sie eine vernichtende Kritik von dem bekannten Jazz-Kritiker Ralph Gleason erhielt; und zuletzt eine im Civic Auditorium von Santa Monica, wo das gesamte Publikum high auf LSD zu sein schien, zweifellos weil Owsley freizügig seine «Weißer Blitz»-Tabletten verteilte. Eine Filmcrew aus den UPI-Studios mit Hank Saperstein als Produzent filmte die Show von Santa Monica, hauptsächlich den Vortrag von Leary und seinen Musikern. Doch die Dia-Sequenzen mussten im Studio in Film übertragen werden. Also verbrachten Bob Lowe, Steve Ashton und ich einen Monat in einem Studio in Hollywood, in Zurückgezogenheit mit unseren Bildmaschinen. Wir integrierten auch die *Steppenwolf*-Geschichte in den Film, wo es Harry Haller war, der LSD nahm und dann die Erleuchtung des Buddha wiedererlebte. Wir filmten eine Szene in einem Café auf dem Sunset Boulevard, in der Harry Haller (von mir gespielt) Hermione (von Rosemary gespielt) begegnet und sich in sie verliebt. Dann geht er auf einen schlechten Trip und erwürgt sie, was als Silhouette gefilmt wurde, und Leary als den Trip-Führer zeigt und erzählt dann die Erleuchtungsgeschichte des Buddha. Der Film, der daraus entstand – *Turn On, Tune In, Drop Out* – kam 1967 in die Kinos, wurde aber nur für etwa eine Woche öffentlich gezeigt. Gerade zu jener Zeit wurde nämlich der Gebrauch von LSD und anderen Psychedelika kriminalisiert, und das Studio zog den Film zurück – zweifellos weil sie dachten oder überzeugt waren, dass ein Film, dessen Hauptcharakter etwas befürwortete, was gerade illegal geworden war, nicht in ihrem besten Interesse war.

Dr. Richard Alpert - a.k.a. Baba Ram Dass 1973

Fünfter Teil

Abschließende Reflexionen

GB Am Ende der Millbrook-Szene gingt ihr alle getrennte Wege, nahmt Psychedelika und fuhrt mit eurer spirituellen Reise fort. Habt ihr irgendwelche abschließenden Kommentare zu den Millbrook-Experimenten zur Transzendierung der Persönlichkeit und euren Interaktionen mit Tim Leary?

Dr. Ralph Metzner 1979

RD Wir hatten alle unseren persönlichen Kram – den sind wir auch mit all diesen Experimenten nicht losgeworden. Wir mussten mit demjenigen vorlieb nehmen, wer wir waren.

RM Dem stimme ich zu, wir sind unsere Persönlichkeitsmuster nicht losgeworden. Aber ich habe das Gefühl, dass wir alle uns verändert haben. Bei mir war das gewiss so. Ich lernte neue Wege, mit anderen Menschen umzugehen, und erlangte ein neues Selbstverständnis. Du würdest natürlich gern eine Persönlichkeit haben, die deiner Essenz gerecht wird.

RD Ich fühlte den Zusammenprall von Persönlichkeiten mit Tim. Aufgrund seiner Persönlichkeit neigte er dazu, heftig auf Autorität zu reagieren. Ich dachte immer, das sei das Irische in ihm. Aber die Weise, auf die er dies lebte, war zu paranoid. «Sie sind darauf aus, mich fertigzumachen.»

RM Ich hatte kein Problem mit der Paranoia, sondern mit seinen Provokationen. Wie dem Slogan – *Turn on, tune in, drop out.* Das meinte, mache dich frei von deiner Bindung, deiner ideologischen Bindung an die soziale Konsensus-Realität, und stimme dich ein auf eine tiefere Wirklichkeit. Das meinte nicht unbedingt, dass man losziehen und in den Wäldern leben und die ganze Zeit Drogen nehmen sollte. Aber er akzeptierte diese Zweideutigkeit oder nutzte sie sogar aus, um Dinge in Bewegung zu bringen, um die Leute aus ihrer alten Denkweise aufzurütteln – so scheint es mir zumindest. Ich erinnere mich an ein Gespräch mit ihm in der späteren Nach-Millbrook-Phase in Kalifornien, das ein Wendepunkt für mich war. Ich sagte, wir sollten dem Slogan eine vierte Aussage hinzufügen, sodass daraus würde: Turn on, tune in, drop out, and come back. Er sah mich an, als sei ich verrückt geworden. Er sagte mit seinem herablassenden Lächeln: «Nun, das ist dein Trip.» Ich dachte: Mann, der andere Satz ist dein Trip. Aber sie unterscheiden sich ein wenig.

RD Da haben wir den Punkt.

GB Was Learys Paranoia angeht – ist es Paranoia, wenn es wahr ist? Tim war der Brennpunkt einer Menge von Projektionen der Kultur. Sie hatten es wirklich «auf ihn abgesehen». Sie wollten ihn verhaften. Präsident Nixon nannte ihn den «gefährlichsten Mann in Amerika».

Tim, San Luis Obisbo, CA 1973

RM Hattest du das Gefühl, dass seine Einstellung gefährlich war?

RD Gefährlich? Nein. Aber es war etwas, womit wir umgehen mussten.

RM Aber du mochtest die Weise nicht, wie er damit umging, oder du hattest vielmehr das Gefühl, dass seine Art und Weise, damit umzugehen, gefährlich war.

RD Ja, ja! Weil er ihnen gegenüber aggressiv war. Wir machten uns Sorgen, dass er die öffentliche Meinung gegen Psychedelika aufbringen werde.

RM Er hatte diesen scharfen, spöttischen Witz, und er benutzte ihn natürlich. Und das tat er umso mehr, je mehr er in alle möglichen Schwierigkeiten mit den Strafverfolgungsbehörden geriet. Ich bin nicht der Meinung von Nixon und anderen, dass er eine Gefahr für die Kultur und für junge Menschen im Allgemeinen war. Ich hatte das Gefühl, dass er gefährlich für sich selbst, seine Familie und die Freunde um ihn herum war. Ich fürchtete mich, während seiner späteren, stärker öffentlichen und politischen Phase seines Lebens in seiner Nähe zu sein. Ich fühlte, wie ich mich aus seiner Nähe zurückzog. Seine häufigen Verhaftungen und Gefängnisstrafen machten mir Angst. Ich war als Zeuge der Verteidigung in den ersten Prozess wegen der Marihuana-Verhaftung in Laredo involviert, und ich arbeitete für den Leary Defense Fund daran, die Medien zu unterrichten. Später im Jahr 1968 um die Weihnachtszeit bin ich einmal gerade so davongekommen. Meine Freundin Rebekah und ich besuchten Tim und Rosemary, als sie auf der Ranch der Brotherhood of Eternal Love («Bruderschaft der Ewigen Liebe») in den Bergen in der Nähe von Idyllwild lebten. Rebekah und ich wollten wieder zurück nach Laguna Beach. Tim, Rosemary und sein Sohn Jack wollten ebenfalls hinab nach Laguna Beach fahren, wo die Bruderschaft ihr hauptsächliches öffentliches Zentrum hatte, den Mystic-Arts-Buchladen. Wir hatten ursprünglich geplant, zusammen dorthin zu fahren, aber meine Freundin wurde krank und wir brachen früher auf. Das war die Zeit, zu der Tim in Orange County verhaftet wurde, weil die Cops ihm einige Marihuana-Kippen in seinem Wagen untergeschoben hatten und ihm eine weitere zehnjährige Haftstrafe aufgebrummt wurde – zusätzlich zu den anderen Anklagen, die bereits gegen ihn liefen. Die Möglichkeit, ins Gefängnis gehen zu müssen, beunruhigte mich wirklich sehr, sehr viel mehr als sie ihn zu beeindrucken schien. Ich glaube, ich bin eine vorsichtigere Persönlichkeit. Albert Hofmann hat gesagt, er glaube, Tim sei leichtfertig in Hinsicht auf seine eigene Person, und ich würde dem beipflichten.

GB Was haltet ihr von der öffentlichen Auffassung, dass Leary einen Gehirnschaden bekommen hat, weil er zu viele Drogen nahm?

RM Ich kenne nicht viele Leute, die das dachten.

GB Es war eine weit verbreitete Meinung, die noch durch einige der Medienberichte verstärkt wurde.

RM Ich glaube keineswegs, dass er einen Gehirnschaden davongetragen hat, da ich ihm auch in den späteren Stadien seines Lebens begegnet bin, nach Hunderten, wenn nicht Tausenden von Trips. Aber seine Leichtfertigkeit ging so weit, dass er nicht klug mit Drogen umging, zum Beispiel, wenn er einen Vortrag hielt oder versuchte, das zu tun; seine eigene Theorie von Set und Setting hätte ihn eines Besseren belehren sollen. Ich erinnere mich, dass ich einmal (wahrscheinlich im Jahr 1968 oder 1969) zur University of Syracuse ging, um mir einen Vortrag von ihm anzuhören. Er hatte vor dem Vortrag LSD genommen; er saß mit Rosemary auf der Bühne und war total weggetreten, unfähig, auch nur ein Wort zu sagen. Er war auf einem schlechten Trip, bei dem man sich gelähmt fühlt, nicht denken und nicht reden kann. Er übergab die ganze Sache im Wesentlichen dem Publikum. Er sah Rosemary immer wieder hilfesuchend an. Er beschrieb seine letzte Horror-Trip-Vision, die darin bestand, dass wir alle Ratten in einem Experiment sind, die darauf programmiert wurden, in einem Labyrinth ohne Ausweg umherzuirren. Dann hielt er inne und grinste. Es waren etwa 2000 Zuhörer anwesend, die meisten College-Studenten. Er lud Leute aus dem Publikum ein, auf die Bühne zu kommen und etwas zu sagen, irgendetwas. Leute kamen herauf ans Mikrofon und wüteten und schimpften. Eine Rockgruppe aus New York, die sich The Motherfuckers nannte, kam auf die Bühne und rockte und schrie. Es war schrecklich. Ich fühlte mich verlegen und beschämt für ihn. Es war ein solcher Kontrast zu den frühen Tagen, wo er der eloquente Redner war, der das Publikum in seinen Bann schlagen konnte.

RD Er wollte immer sehen, wie weit wir die Dinge treiben konnten. Wenn du dieses mit Drogen tun konntest, dann konntest du vielleicht auch jenes tun.

RM Was ziemlich von unserer Idee der Forschung im Bereich der Sozialwissenschaften abwich, unserem ursprünglichen Modell für den Gebrauch von Psychedelika während der Harvard-Tage. Oder auch von dem spirituellen oder religiösen Modell, das von Menschen wie Aldous Huxley, Houston Smith, Alan Watts und uns selbst während der Tage des *Tibetischen Totenbuches*, dem Zihuatanejo-Programm und den frühen Tagen von Millbrook vertreten wurde. Da wurden Psychedelika im Grunde in einem Retreat-Format verwendet: Du ziehst dich für eine gewisse Zeit aus der Welt zurück (einen Tag, eine Woche, einen Monat), um dich der

Erforschung deines Inneren zu widmen. Ich denke, Tim stimmte immer mit dieser Idee überein: Um eine optimale psychedelische Erfahrung zu machen, musst du Set und Setting sehr sorgfältig bedenken. Sein Auftritt in Syracuse war, so meine ich, eine Anomalie. Ich bin mir sicher, dass er das bedauert hat. Es ist ein beinahe süchtig machendes Muster: Dieselben Mittel zur Veränderung des Bewusstseins zu oft oder unangemessen in Beziehung auf den Ort, an dem du dich befindest, anzuwenden, womit du das Hilfsmittel über den Prozess stellst. Nach dem, was ich in einigen Erfahrungsberichten im Internet gelesen habe, glaube ich, dass viele Menschen in der psychedelischen Drogen-«Bewegung» an dem selben Punkt stehen; sie scheinen zu glauben, dass einfach nur eine Droge zu nehmen an sich schon eine spirituelle Praxis ist. Und das ist nicht der Fall.

RD Ich weiß nicht, ob es das nicht ist. Wir ritualisierten den Prozess sehr, um ein Sakrament daraus zu machen.

RM Ja, aber ist das nicht der springende Punkt? Es muss mit dieser Art von Intention und Vorbereitung genommen werden. So wie es die Schamanen im Amazonasurwald mit Ayahuasca oder die Anhänger der Native American Church mit Peyote tun. Und ohne diese Intention und Vorbereitung einfach nur eine Pille zu nehmen, bringt es einfach nicht. Die Geschichte von Charles Manson hat mir das sehr deutlich gemacht. Da war dieser Typ, der LSD nahm und es benutzte, um seinen Anhängern eine Gehirnwäsche zu verpassen, die sie zu Sexsklaven und Killern machte. Das hat mir die Wahrheit des Prinzips von Set und Setting deutlich vor Augen geführt. Nach meiner zehnjährigen Erfahrung in der Meditationsschule des Agni-Yoga habe ich Psychedelika immer mit spiritueller Energiearbeit verbunden. Ich würde sie auf keine andere Weise nutzen wollen. Und ich vermute, dass du, Ram Dass, sie auch niemals ohne eine sakramentale Einstellung nehmen würdest. Aber zu jener Zeit wusste es natürlich keiner von uns besser. Wir haben einfach improvisiert, so gut wie es uns möglich war, mit dem begrenzten Wissen und der begrenzten Erfahrung, die uns zur Verfügung standen.

GB Du glaubst also, dass es ein Fehler ist, zu versuchen, gewöhnliche Alltagsfunktionen, wie etwa einen Vortrag zu halten, auf Psychedelika durchzuführen?

RM Für mich wäre es ein Fehler. Ich befand mich einmal unbeabsichtigt in der Situation, einen Vortrag halten zu müssen, während eine geringe Dosis von LSD, die ich in der Nacht zuvor genommen hatte, noch nicht zu Ende gewirkt hatte. Ich war ängstlich und fühlte mich nicht wohl, auch wenn Leute mir gesagt haben, dass ich von außen gesehen ganz normal erschien und redete. Andererseits weiß ich, dass ich normal funktionieren könnte, falls ein Notfall das nötig machen würde. Die Frage von Kontrolle contra Nicht-Kontrolle oder das Gefühl, keine

Kontrolle mehr zu besitzen, ist für die meisten Menschen sehr wichtig. Stephen Foster, ein Englischprofessor an der San Francisco State University, der in den 1960er Jahren ein Freund von mir war, erzählte mir, er würde öfter eine mäßig hohe Dosis von LSD nehmen und dann mit seinem Wagen in der Stadt herumfahren. Ich war erstaunt und fragte ihn, warum in aller Welt machst du so etwas? Warum setzt du dich nicht einfach irgendwo hin und erfreust dich an der Erfahrung? Er sagte: «Ich muss mir selbst beweisen, dass ich es auf diese Weise zu kontrollieren vermag.»

Die Acid Tests an der Westküste und Ken Kesey

GB Ram Dass, du hast gesagt, du hättest einige frühe Verbindungen zu der Westküstenkultur gehabt?

RD Ja, Kesey und ich waren an der Stanford University zusammen, und auch Vic Lovell und all diese Typen.

GB War das in den späten 1950er, frühen 1960er-Jahren?

RD Ja, ich war als der hippe Therapeut bekannt. Vic Lovell törnte mich auf Pot an und ich hatte von Peyote gehört. Dann später, als ich noch in das Mathematik-Programm an der Stanford-University involviert war, ging ich gewöhnlich zu den Acid Tests. Die waren wirklich wüst. Ich hing mit den Grateful Dead herum.

GB Was waren deine Eindrücke von dieser Szene?

RD Sie war außer Kontrolle. Jeder hob einfach irgendwie ab. Ich ging zu einer Party bei Kesey, einer Party mit den Pranksters und den Hell's Angels, und das Ganze geriet einfach außer Kontrolle – es gab Konfrontationen, eine Menge Geschrei und Gruppensex.

GB Ram Dass, wie würdest du die Szene an der Westküste zu jener Zeit mit deinen früheren Erfahrungen in Gemeinschaften vergleichen, deren Anliegen der Gebrauch von Psychedelika war? Du warst in Millbrook gewesen, du hattest andere Gemeinschaften im Newton Center und in Zihuatanejo kennen gelernt.

RD Wir nahmen die Sache ernst und sie taten es nicht.

GB Okay, sag mehr dazu.

RD Wir hatten Schreibtische und Büros, (Lachen) und sie hatten die Acid Tests. Ich ging zu den Acid Tests, und da waren alle einfach total weggetreten in Ekstase.

GB Hast du dich in dieser Szene wohlgefühlt? Hast du Spaß damit gehabt?

RD Ja. Ich glaube, Tim mochte sie nicht. Aber ich mochte die Grateful Dead. Owsley hatte eine Menge gutes Acid hergestellt, und er war der Tontechniker der Dead. Er und seine Crew bauten die großen Lautsprecher auf; er liebte das, und ich liebte es, Teil davon zu sein. Sie waren alle jünger als ich, und das mochte ich auch, weil ihre Faxen mich immer erheiterten. Ich habe Ken Kesey getroffen, als ich noch zum Lehrkörper von Stanford gehörte, so weit geht das zurück.

Allen Ginsberg und Tim Leary 1967

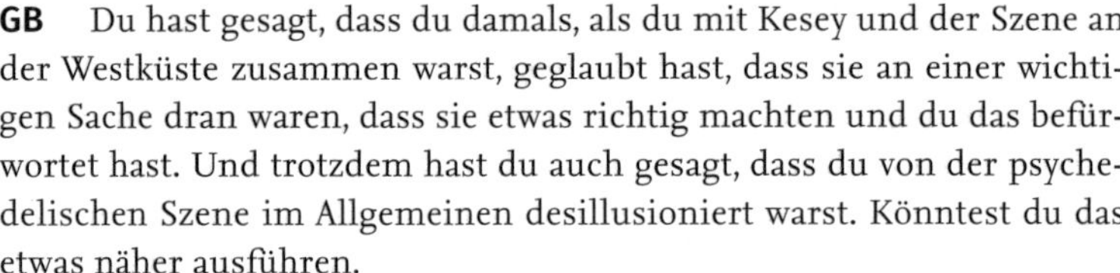

GB Du hast gesagt, dass du damals, als du mit Kesey und der Szene an der Westküste zusammen warst, geglaubt hast, dass sie an einer wichtigen Sache dran waren, dass sie etwas richtig machten und du das befürwortet hast. Und trotzdem hast du auch gesagt, dass du von der psychedelischen Szene im Allgemeinen desillusioniert warst. Könntest du das etwas näher ausführen.

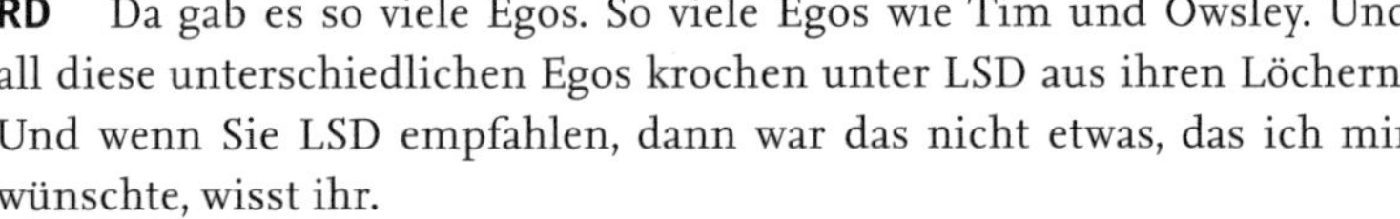

RD Da gab es so viele Egos. So viele Egos wie Tim und Owsley. Und all diese unterschiedlichen Egos krochen unter LSD aus ihren Löchern. Und wenn Sie LSD empfahlen, dann war das nicht etwas, das ich mir wünschte, wisst ihr.

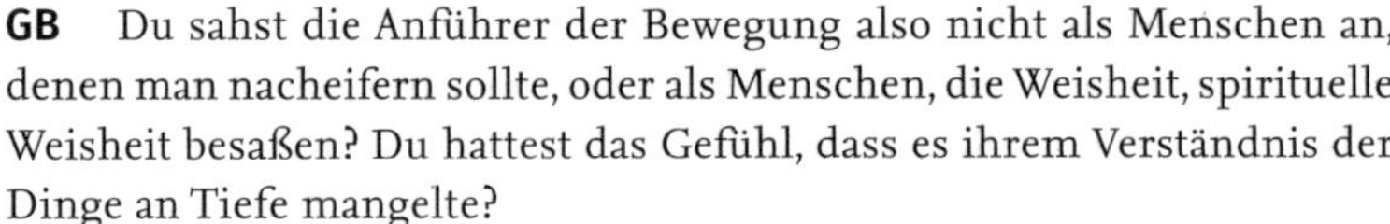

GB Du sahst die Anführer der Bewegung also nicht als Menschen an, denen man nacheifern sollte, oder als Menschen, die Weisheit, spirituelle Weisheit besaßen? Du hattest das Gefühl, dass es ihrem Verständnis der Dinge an Tiefe mangelte?

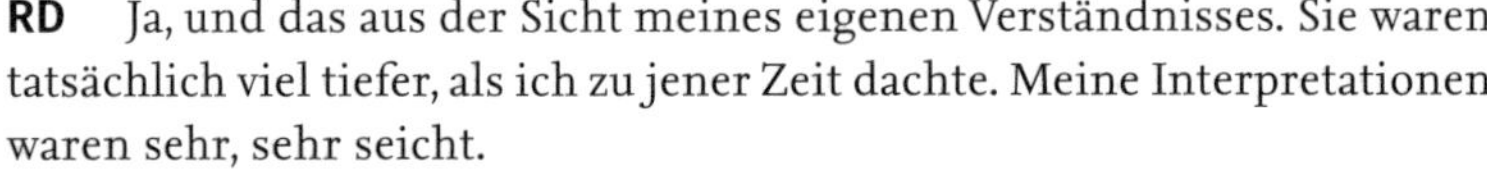

RD Ja, und das aus der Sicht meines eigenen Verständnisses. Sie waren tatsächlich viel tiefer, als ich zu jener Zeit dachte. Meine Interpretationen waren sehr, sehr seicht.

GB Ralph, könntest du etwas zu den Merry Pranksters und den Acid Tests sagen?

RM Nachdem ich an einigen dieser Acid Tests und Tänze in San Francisco teilgenommen hatte, bei denen Owsley seine kleinen Pillen mit 300 bis 500 Mikrogramm verteilte, und dort total zertrümmert – regelrecht an die Wand geklatscht – wurde, hörte ich etwa in jenem Jahr auf, LSD zu nehmen. Ich fühlte mich physisch erschöpft und emotional ausgelaugt und wusste nicht, wie ich meine Energien wiederherstellen sollte. Es war also einfach keine gute Erfahrung für mich, mit diesen Drogen weiterzumachen. Ich brauchte etwas, das meine Energien ausgleichen und wiederherstellen konnte, und begann, mich mit der Bioenergetik von Reich und ähnlichen Praktiken zu beschäftigen. Später fand ich meinen Weg zu den Methoden des Agni Yoga, der von Russell Schofield gelehrt wurde.

RD Bei Kesey und den Kool-Aid Acid Tests ging es ziemlich locker zu, keinerlei Kontrolle. Man sah, dass viele Leute ausflippten und viele andere gute Trips hatten. Es ist komisch, dass ich zuerst glaubte, Tim würde die Kultur durch seine Unverantwortlichkeit gegen die Psychedelika aufbringen. Später jedoch dachte ich, dass Ken Kesey genau das tat.

RM Ich erinnere mich, dass ich erstaunt war über diese Szenen mit Tausenden von Menschen, die alle Acid einwarfen, und zwar in hohen Dosen, während die Rockbands spielten, The Grateful Dead, Big Brother and the Holding Company mit Janis Joplin, The Jefferson Airplane, und die Leute tanzten dazu. Meine frühere Erfahrung in der Kleingruppenarbeit, die wir geleistet hatten, sollte mich annehmen lassen, dass dies Wahnsinn war. Aber nachdem mein anfänglicher Schock und meine Verurteilung sich gelegt hatten, konnte ich sehen, dass das alles gar nicht so schlecht war: Da waren manchmal Leute, die auf dem Boden kauerten, ganz offensichtlich weggetreten, aber dann kümmerten sich andere um sie. Ich habe bei diesen Ereignissen nie irgendwelche Gewalt oder abstoßend aggressives Verhalten gesehen, wie man es bei ähnlichen Versammlungen mit Alkohol womöglich sieht. Ich denke, die Musik und das Tanzen halfen, alles zusammenzuhalten, sie fungierten als eine Art sicherer Rahmen.

Leary und das Verbot von LSD

GB Was haltet ihr von der Meinung vieler medizinisch-psychiatrischer Forscher, dass Tim wegen seiner unverantwortlichen Einstellung und seinen Aussagen dafür verantwortlich ist, dass die psychedelische Forschung unterbunden wurde?

RM Ja, ich hatte einen öffentlichen Streit mit meinem Freund Myron Stolaroff über diesen Punkt, glaube aber nicht, dass wir da heute noch verschiedener Meinung sind. Er war in das Forschungsprojekt über Kreativität von Menlo Park involviert und ihnen hat man gesagt, ihre Lizenz für die psychedelische Forschung würde wegen Tim Leary nicht verlängert. In einem seiner Briefe an mich in Indien, hat Tim mir von seinem Treffen mit Myron und seiner Gruppe berichtet, bei dem sie ihn gebeten hatten, seine Rhetorik doch etwas zu entschärfen. Ich bin mir sicher, dass das wahr ist – dass die FDA Tims Verhalten als Argument für ihre Ablehnung benutzt hat. Aber ob sie die Forschung über Psychedelika weiterhin erlaubt hätte, wenn Tim sich in seinem Enthusiasmus nicht so lautstark öffentlich geäußert hätte, ist eine andere Frage. Schließlich wurde sein Einfluss schon seit langem verleugnet und er hat uns schon vor langer Zeit verlassen, und der Umfang offiziell geförderter Forschung ist heute erbärmlich gering im Vergleich zu dem, was es in den 1960er-Jahren gab.

In den späten 1960ern gab es in Nordamerika sechs Programme zur Behandlung von Alkoholismus mit LSD! Ich glaube, es war die Verbreitung der Droge in die allgemeine Öffentlichkeit außerhalb der Kontrolle des medizinisch-psychiatrischen Establishments, die ihnen Angst machte. Unsere Gruppe war nicht verantwortlich dafür, besonders da das IFIF-Projekt nie wirklich in Gang kam. Wenn man irgend jemanden für die Verbreitung in die Massen verantwortlich machen will, dann wären es eher die Gruppe von Kesey und die Electric Kool-Aid Acid Tests. Auf jeden Fall nützt es nichts, irgend jemandem die Schuld zu geben – das Ganze war eine komplexe Art kultureller Revolution, eine Revolution im kollektiven Bewusstsein, in der viele Faktoren eine Rolle gespielt haben und die ihre eigene Stoßkraft hatte, mit Langzeitwirkungen, über die wir heute noch nachdenken. Unser Ansatz war immer der einer Arbeit in Kleingruppen von etwa zwölf Menschen. Das Set und das Setting waren psychologisch, spirituell und kreativ. Der Zweck war die Persönlichkeitsveränderung und Transformation, wenn auch nicht unbedingt ausschließlich als Ergänzung der Psychotherapie, wie in dem psycholytischen Modell.

RD Wir haben die Psychiater mit einem neuen Modell, einem neuen Ansatz angesprochen.

RM Ja, und sie wollten alles auf ihre Weise kontrollieren, innerhalb des psychiatrischen Modells geistiger Gesundheit, das zu jener Zeit geläufig war und das sehr biologisch ausgerichtet war, wie auch heute noch: ein Krankheitsmodell, in dem man eine Droge finden will, die die Krankheit auslöschen wird. Psychedelische Substanzen passen nicht gut in dieses Modell, auch wenn manche Menschen es so versuchten. Ich bin häufig zu Vorträgen an Colleges gegangen, wo sie mich zusammen mit Sidney Cohen, dem psychiatrischen Experten, der in den 1950er-Jahren Cary Grant und Henry Luce und mehreren anderen Prominenten aus Hollywood LSD gegeben hatte, auf das Programm setzten. Ich wurde als der Befürworter dieser Drogen vorgestellt und er als der vorsichtige Experte, der besorgt war und vor den Gefahren und so weiter warnte. Ich hatte von Anfang an das Gefühl, dass dies eine falsche Gegenüberstellung war. Ich war kein Befürworter der Drogen. Ich habe einfach gesagt, diese Dinge wurden entdeckt und hier sind Methoden, die benutzt werden können. Ich habe nie gesagt, jedermann oder irgend jemand solle diese Drogen nehmen. Ich habe gesagt, denkt für euch selbst, schaut für euch selbst hin und informiert euch. Ich hatte das Gefühl, in dieser Dualität gefangen zu sein. Etwas, das auf seltsame Weise polarisierte. Aber so funktioniert das System nun einmal: Aktion und Reaktion. Und ob die Dinge sich irgendwie anders entwickelt hätten, wenn Tim vorsichtiger gewesen wäre, wer weiß das schon zu sagen? Irgendwie glaube ich, dass es nicht daran lag.

GB Ram Dass, du hattest auch Gespräche mit Sidney Cohen. Hast du nicht tatsächlich zusammen mit ihm ein Buch mit dem Titel *LSD* (veröffentlicht 1966) geschrieben, und wie ist es dazu gekommen?

RD Es gab da einen Fotografen namens Larry Schiller, der Bilder von LSD-Trips gemacht hatte, und er wollte ein Buch mit seinen Bildern herausbringen. Er baute das Ganze so auf, dass Sidney Cohen der gute Typ und ich der böse Typ war. Ich war der jüngere böse Typ, weil Tim das nicht tun wollte, aber ich zustimmte. Wir arbeiteten in Larry Schillers Wohnung in Hollywood, und jeder von uns suchte Bilder aus und wir gaben unseren Kommentar dazu. Die Bilder, die Sidney auswählte, waren zumeist negative Bilder, Leute, die auf dem Boden hockten oder sich wanden. Und ich kommentierte, dass sie negativ waren. Das einzige Bild, dass wir beide auswählten, war das eines Typen auf einem Trip, der auf dem Boden lag und aussah wie eine umgestürzte Cola-Flasche. Sidney nahm dieses Bild als ein Beispiel dafür, dass Leute unter LSD nichts Wichtiges mit ihrer Zeit anfangen. Und ich sagte, vielleicht kontempliert er das Unendliche im Weltlichen – also mochte ich das Bild.

GB Seht ihr irgendwelche Parallelen zwischen der Art und Weise, wie das Verbot von LSD zustande kam, und der Kampagne gegen MDMA in den 1980er-Jahren?

RM Ja, der Ablauf der Ereignisse war zwanzig Jahre später mit MDMA fast genau der Gleiche. Es war zuerst ein Werkzeug für Psychotherapeuten, die damit eine beschleunigte, intensivierte Psychotherapie betrieben. Dann wollten auf einmal viele Leute diese Erfahrung machen, ohne Patient von irgend jemandem zu werden, um die Substanz zu erhalten. Also tauchten Unternehmer auf, die sie herstellten. Sie sahen eine Nachfrage und befriedigten sie. MDMA wurde weit verbreitet und günstig verfügbar, und man begann es bei Tänzen, Raves, zu benutzen. Dann griffen die Autoritäten hart durch. Nicht etwa, weil Menschen zu Schaden kamen oder beunruhigt waren; die Gefahren sind übertrieben oder sogar erfunden. Die Widerrufe irreführender Forschung werden ignoriert. Der Krieg gegen die Drogen und ihre Kontrolle durch Verbote gewannen mental die Oberhand. Die Leute, die bei Raves oder bei den Acid Tests der 60er-Jahre tanzten, gewannen nicht notwendigerweise therapeutische oder spirituelle Einsicht – das war nicht ihr Set und ihr Setting. Aber wenn sie weder sich selbst noch irgend jemand anderem schadeten, dann will ich das nicht schlecht machen. Was ist falsch daran, was ist falsch am Tanzen?

RD Das ist ein guter Titel: «Was ist falsch am Tanzen.»

RM Sie denken vielleicht nicht tiefe Gedanken, aber was soll's? Was geht das die Regierung an?

GR Hattet ihr das Gefühl, dass ihr die Psychologie und die Wissenschaft weiterbrachtet?

RD Ich hatte nicht das Gefühl. Allerdings haben wir an der Harvard University, bevor wir berüchtigt wurden, neue Methoden in der Psychologie entwickelt.

RM Ich war definitiv der Ansicht, dass wir zur Psychologie und Wissenschaft beitrugen, besonders in den frühen Tagen. Wir haben wirklich nach neuen Ansätzen gesucht, nach erweiterten Perspektiven und Theorien. Ich habe mich immer mit der Rolle des Forschers identifiziert, und ich glaube, Tim tat das auch.

RD Ja, Forscher, mit der Rolle identifiziere ich mich auch.

RM Und auch des Erfinders. Wir erfanden neue Formen der Forschung, neue Formen der Therapie, neue Formen der Erweiterung der Kreativität, neue Formen der spirituellen Praxis, neue kulturelle Formen. Das waren Werkzeuge, die hilfreich für die Kultur sein konnten. Und dann in Millbrook experimentierten wir mit neuen sozialen Formen und neuen Formen des Zusammenlebens. Das war eine Parallele zu dem, was zur selben Zeit in der Bewegung für das menschliche Potenzial an Orten wie Esalen in Kalifornien passierte. Ein großer Teil dieser Bewegung war durch psychedelische Erfahrungen inspiriert.

Die Rolle von Psychedelika in den kulturellen Revolutionen der 60er-Jahre

RM Im Rückblick aus einer weiteren Perspektive würde ich sagen, dass die Mission unseres Projekts an der Harvard University und in Millbrook darin bestand, einen Weg zu finden, diese Werkzeuge den Mittelklasseberufen zugänglich zu machen – den psychologischen, medizinischen, religiösen, künstlerischen, innovativen Fachleuten der Kultur. Wir versuchten einen Weg zu finden, diese Werkzeuge so effektiv wie möglich zu nutzen. Das war so etwas wie unsere Aufgabe. Und ich würde sagen, dass Tim sehr schnell gemerkt hat, dass diese alten Modelle in Zukunft unzureichend sein würden, dass die ganze Chose über sie hinaus erweitert werden müsse. Es ist nicht so, dass er etwas gegen Forschung hatte; an der Harvard University haben wir innerhalb dieses Modells gearbeitet, wir alle. Und er hatte auch nichts dagegen, dass andere Leute später weitere Forschungen betrieben.

RD Ich glaube, dass Tim sich eines kulturellen Unbehagens bewusst war, und er zeigte die Richtung auf, in der die Kultur sich entwickelte. Und dieses Unbehagen führte zu den 1960er-Jahren.

RM Ja, da stimme ich völlig mit dir überein. Es gab da ein Unbehagen, das all die verschiedenen Bewegungen der kulturellen Transformation motivierte, die «Gegenkultur» (um einen Ausdruck von Ted Roszak zu benutzen) der 1960er-Jahre. Die Umweltbewegung, die feministische Bewegung, die Bewegungen gegen den Krieg, für die Bürgerrechte, die sexuelle Befreiung und die neuen künstlerischen Stile, das alles begann während der 1960er-Jahre.

RD Und an allen schienen Psychedelika beteiligt zu sein.

RM Nun, in all diesen Bewegungen ging es um Bewusstseinserweiterung, auch wenn nur ein ziemlich kleiner Teil der Menschen, die sich für diese Bewegungen engagierten, etwas über die Drogen wusste. Rachel Carsons Buch *Silent Spring* (dt.: *Der stumme Frühling*), das man als den Anfang der Umweltbewegung in Amerika betrachtet, wurde im Jahr 1963 publiziert. Sie sagte, dass die Vögel nicht mehr singen, weil wir so viele Chemikalien in die Luft ausgestoßen und in das Wasser ausgeleitet haben. Das ist eine Erweiterung des Bewusstseins, die Bewusstwerdung von etwas, das man zuvor nicht wahrgenommen hatte. Und dann denkst du: Nein, ich will das nicht tun. Das führt dazu, Verantwortung zu übernehmen und Änderungen herbeizuführen.

RD Sodass die Menschen mitfühlender, bewusster, liebevoller wurden.

RM Und während wir also zumeist an der Ostküste unserer Aufgabe nachkamen, Psychedelika in die professionelle Mittelklasse zu infiltrieren, folgten, ohne dass wir darum wussten, Ken Kesey und seine Freunde an der Westküste ihrer völlig anderen Aufgabe, die offenbar darin bestand, so viele Menschen wie nur möglich anzutörnen, und zwar mit allen möglichen Mitteln. Es ist nicht so, dass einer dieser Wege besser war; es war einfach so, dass die Aufgaben unterschiedlich waren. Ich weiß nicht, inwieweit Bewusstseinserweiterung im Bereich von Psychologie und Spiritualität zu seiner Philosophie gehörte. Mir scheint, er gehört zu einer Schule des Denkens, die sagt: Bringe diese erhöhten Energien der Psychedelika künstlerisch zum Ausdruck. Ihre Ausrichtung ist nicht so sehr pädagogischer, psychologischer oder spiritueller Natur – ich will hier allerdings keine Werturteile fällen.

RD Wenn man das kreative Modell mit dem erzieherischen Ansatz für ein spirituelles Wachstum vergleicht, so finde ich, dass es in dem kreativen Modell eine sehr starke Ego-Komponente gibt. Weil ich es bin, der den kreativen Ausdruck schafft.

RM Das Motto der Pranksters, das sie auf ihren berühmten Überlandbus schrieben, war WEITER. Gehe einfach weiter, weiter über deine Grenzen hinaus. Das kreative Modell macht zweifellos mehr Spaß, es ist mehr auf Spaß ausgerichtet.

RD Dann identifizierst du dich mit deinen Kreationen.

RM Ich weiß, was du meinst: Du identifizierst dich mit deinen Kreationen und mit dem kreativen Prozess selbst. Es gibt dabei eine Idealisierung des kreativen Prozesses. Vielleicht ist dabei weniger Interesse daran vorhanden, bei deinen Mitmenschen einen Wandel herbeizuführen. Ich mache einfach mein Ding. Ich finde es cool, genau das zu tun, und es ist mir egal, ob es dir gefällt oder nicht. Ich werde einige Freunde finden, die das mit mir zusammen machen, und wir werden bei diesem Prozess Spaß haben. Keseys Romane sind großartig: *Einer flog über das Kuckucksnest* zelebriert diesen Drang nach Freiheit, der Befreiung von dem System. In dieser Hinsicht glichen Leary und Kesey einander sehr.

GB Das hört sich an wie die Burning-Man-Philosophie. Eine Gemeinschaft, deren Kreativität auf Psychedelika basiert. Das scheint ein gutes Modell von Verantwortlichkeit zu sein. Sie recyceln die Abfälle von ihren Treffen, alles wird verbrannt oder entfernt.

RM Burning Man ist wie eine Weiterentwicklung des Acid-Test-Modells. Du übernimmst Verantwortung für dein Wohlbefinden, dein Haus, die Umwelt und ähnliche Dinge.

Leary, Psychedelika, Spiritualität und Religion

GB Wie war Tims Einstellung gegenüber Religion und Spiritualität?

RM In den frühen Tagen, während er noch an der Harvard University war, erkannte Tim die religiösen Dimensionen der psychedelischen Erfahrung. Er schrieb einen wichtigen Essay über «*The Religious Experience – Its Production and Interpretation*» (Die religiöse Erfahrung – ihre Herbeiführung und Interpretation). Er unterstützte die Karfreitags-Studie; er bearbeitete das *Tibetische Totenbuch* und das *Daodejing*. Andererseits schien er den Katholizismus zu hassen, zweifellos aufgrund seiner Erziehung durch zwei fromme katholische Frauen, seine Mutter und seine Tante. Und er hatte nicht viel übrig für den Indischer-Guru-Trip und machte sich lustig über Ram Dass, weil er einer geworden war.

Seine Einstellung gegenüber der Religion als einer Form der sozialen Organisation war, dass wir sie für unsere eigenen Zwecke benutzen sollten. Deshalb ließ er die League for Spiritual Discovery amtlich als eine Religion eintragen, ich glaube im Jahr 1966, als er nach der Verhaftung in Laredo noch in Millbrook war. Es gab zu jener Zeit mehrere kleine Gruppen, die Psychedelika verwendeten und die sich als Religionsgemeinschaften eintragen ließen, um eine Art legales Dach zu haben, so ähnlich wie die Native American Church. Er schrieb eine kleine Broschüre darüber, wie man das anstellt: *Start Your Own Religion.* Seine Einstellung war:

Wenn wir eine religiöse Organisation brauchen, um vom Staat geschützt zu sein, dann gründen wir unsere eigene Religion. Ich glaubte nicht, dass das funktionieren würde; außerdem erschien mir das Akronym (LSD) zu offensichtlich, zu provokativ. Aber ihn schien das alles nicht zu kümmern. Das war immer noch der Einfluss der Spieltheorie: Okay, lasst uns das religiöse Spiel in der Gesellschaft spielen. Und ob die Leute ihn ernst nehmen würden oder nicht, war ihm völlig egal.

Sehr viel später, nach seiner Freilassung aus Folsom, sprach er für kurze Zeit davon, sich als Gouverneur von Kalifornien aufstellen zu lassen. Ich glaube nicht, dass er irgendwelche Unterstützer dafür um sich sammelte, aber er brachte John Lennon dazu, den Song für seine Wahlkampagne zu schreiben: *Come Together*. Ich traf ihn und sagte: «Tim, das könnte wunderbar sein, du solltest das wirklich machen, die Leute erwarten Inspiration und positiven Wandel von dir.» Er wollte nichts damit zu tun haben und sagte: «Sei nicht albern, ich bin nicht daran interessiert, das ernst zu nehmen. Wir wollen einfach nur Spaß haben. Komm und schließ dich unserer Partei an.» Ich glaube, seine endlosen juristischen Schwierigkeiten und seine Aufenthalte im Gefängnis hatten ihm jeglichen Enthusiasmus für ernsthafte politische Arbeit genommen.

GB Ram Dass, du hast für Tim in seiner Wahlkampagne für den Gouverneursposten gearbeitet? Was hast du damals davon gehalten?

RD Das war es, was Tim wollte.

GB Hast du es ernst genommen?

RD Nein, nein. Ich tat es mehr oder weniger.

RM Hast du dich öffentlich dafür ausgesprochen?

RD Nein, ich verwaltete das Geld und ähnliches.

RM Du hast Spenden für ihn gesammelt?

RD Ja.

RM Für Tim schien es immer darum zu gehen, Spaß zu haben und Freude zu fördern, zumindest in den späteren Jahren. In seiner Autobiografie berichtet er, dass er ein Gespräch mit dem kanadischen Medienphilosophen Marshall McLuhan hatte, als LSD in den Medien zu explodieren begann. McLuhan riet ihm: Wenn Sie ein Befürworter dieses neuen Ansatzes sein wollen, dann müssen Sie unbeugsam positiv sein und immer lächeln, wenn Sie mit den Medien sprechen. Ich glaube, Tim nahm sich das zu Herzen und praktizierte es; er zeigte immer ein strahlendes Lächeln, auch wenn er sich nicht danach fühlte, wenn er

Tim Leary 1967 zum Summer of Love

müde war und wahrscheinlich am liebsten abgehauen wäre und irgendwo ganz für sich gelebt hätte. Er machte also eine gute Show. Selbst als er starb – er war entschlossen, eine gute Sterbeerfahrung für sich selbst zu programmieren. Aber ich glaube, im Innersten seines Herzens war er wirklich für den Prozess der Bewusstseinserweiterung engagiert und ermutigte Leute, die Verantwortung für ihre eigenen Gehirnfunktionen und ihr Bewusstsein zu übernehmen, ganz gleich, ob sie nun auf Drogen waren oder nicht und unabhängig von dem formellen Glaubenssystem, dem sie anhingen.

RD Ja, so war er.

RM Tim war ein wahrer Suchender. Bis hin zu der Zeit, in der er im Sterben lag, entwickelte er immer weiter Modelle und Theorien der Bewusstseinsevolution. Wenn er im Gefängnis saß, verschlang er wissenschaftliche Literatur und schrieb mehrere Bücher mit Bleistift auf Papier. Viele Menschen, wie Robert Anton Wilson, halten sehr viel von seiner Theorie der acht Kreisläufe des Gehirns. Ich meine, sie verdient es, als ein Versuch, eine Theorie der Evolution des Bewusstseins zu formulieren, wirklich ernst genommen zu werden. Er nannte sich selbst einen Cheerleader für die Evolution des menschlichen Bewusstseins. Aber er hat sich auch intellektuell mit der Kolonisierung des Weltraums, mit virtueller Realität und ähnlichen hochtechnologischen Spekulationen beschäftigt, was eine Richtung ist, die mich völlig kalt ließ. Ich glaube, er hat die Technologie fanatisch idealisiert. Ich hatte nicht das geringste Interesse an der Kolonisierung des Weltraums. Ich liebe die Erde und möchte alles tun, was ich kann, um sie zu bewahren. Er schien an der

Idee zu hängen, ja geradezu davon besessen zu sein, dass die Technologie all unsere Probleme lösen wird, wobei er die Tatsache übersah, dass der Missbrauch von Technologie uns erst viele dieser Probleme eingebracht hat. Aber trotzdem war er durchaus fähig, sich auf die Kryonik-Leute einzulassen, die sein Gehirn bei seinem Tod einfrieren sollten – eine Idee, die er jedoch plötzlich fallen ließ, als die Zeit gekommen war.

GB Ram Dass, warst du in den frühen Tagen total von Tim Leary und seiner Vision hingerissen, oder hattest du Zweifel an dem, was geschah?

RD Ich war total hingerissen. Es hieß: «Zum Teufel mit den Torpedos, volle Kraft voraus», so glaube ich. Solange Tim mich brauchte, war das mein Lebenszweck. Ich definierte mich selbst als jemanden, der nicht kreativ ist, der aber kreativen Menschen hilft. Er war die erste kreative Person, der ich begegnet bin, die bei weitem kreativste.

GB Ich glaube, du wurdest irgendwo als sein loyaler Leutnant beschrieben. Würdest du sagen, dass das zutrifft?

RD Ja. Dieses ‚Diener von Tims Kreativität' ist paradox, weil ich mich heute in der Hanuman-Rolle des Dienstes an anderen befinde. Und die Kreativität von Hanuman ist göttlich.

GB Eine andere Metapher, die Tim gebraucht, ist, dass ihr beide Tom Sawyer und Huckleberry Finn wart, die zusammen Abenteuer erlebten.

RM Ich mochte diesen Vergleich, er ist ein amerikanischer Klassiker. Du warst Tom, der normalere Junge, und Tim war Huck, der wilde irische Typ. Und Peggy Hitchcock war wie Becky Thatcher. Ich mag das Abenteurer-Bild: mein erstes Buch über psychedelische Erfahrungen trug den Titel *The Ecstatic Adventure.*

RD Auf Abenteuerreise zu gehen, war ein großer Teil davon. Ich erinnere mich noch, wie Tim und ich einmal auf der Bühne der Carnegie Hall waren; wir trugen rote Socken und Turnschuhe und waren einfach die Schlingel. Ich hatte das Gefühl, unser Zusammenleben war: «Schlingel, die dieses und jenes ausprobieren.» Wir waren Abenteurer – genau das waren wir. Das entsprach mehr unserer Geisteshaltung als die Rolle des Wissenschaftlers oder des Dieners der Menschheit, der mitfühlend und so weiter ist. Wir waren astrale Abenteurer.

RM Nun, ich stimme zu, dass die Abenteurer-Geisteshaltung einen großen Teil ausgemacht hat. Aber für Tim und mich galt auch die Einstellung des wissenschaftlichen Forschers.

RD Ja. Ich habe meinen Abschluss an der Abenteurer-Schule gemacht, und jetzt bin ich auf dieser spirituellen Suche. Die spirituelle Suche ist

mitfühlend; das bedeutet, dass ich meinen Mitmenschen mehr von dem bieten kann, was sie brauchen.

GB Sie ist auf den Dienst an anderen ausgerichtet.

RD Ja, es geht darum, anderen zu dienen.

GB Noch irgendwelche abschließende Kommentare oder Reflexionen?

RD Von Harvard nach Mexiko auf die karibischen Inseln ritten wir alle auf dieser Welle. Sie war unaufhaltsam und es gab eigentlich keine Möglichkeit, von ihr abzuspringen.

RM Das stimmt. Ich erinnere mich an die Haight Street in den Jahren 1967-68. Die Straße war voll von Zehntausenden von Menschen, die in farbigen Hemden oder weißen Gewändern umherliefen, mit Blumen im Haar und Blumen in den Händen, lächelnd und nach Patschuli duftend, sich umarmend, singend, tanzend und Musik überall. Ich war überwältigt – es war eine erblühende Kultur und Erneuerung in den Künsten. Wenn die Beatles einen neuen Song herausbrachten, war er sofort Nummer eins in den Charts, noch bevor er überhaupt veröffentlicht war. Die Leute wussten einfach, dass sie ihn lieben würden. Da war (und ist) im Zentrum unserer Welt eine Art Kernprozess oder Energiequelle, die Liebe, Kreativität und schöpferische Kraft ausstrahlt. Die Beatles schienen sich darauf einstimmen zu können und sie kam in ihren Songs zum Ausdruck. Jedermann erkannte das, fühlte es. «*All You Need Is Love.*» Dann, nach einer Weile, verloren sie den Anschluss daran. Sie hatten keine sofortigen Hits mehr, machten aber immer noch gute Songs.

RD Wir waren ein Schritt in dem Prozess. Haight Ashbury war ein Schritt in einem Prozess. Wir hielten uns für Pioniere. Wir waren Pioniere. Tim hatte ein starkes Gefühl für das Geschichtliche in unserer Arbeit.

RM Und doch ist seine Geschichte so verschieden von deiner und meiner. Die Weise, auf die jeder von uns auf dieser Welle ritt, dieser Bewegung, war unterschiedlich. Die Menschen teilten ein gemeinsames Interesse, gemeinsame Werte und Hoffnungen. In den 1960er-Jahren spürten das viele Menschen, viel mehr als üblicherweise, glaube ich. Aber jeder Mensch kommt auf seine ganz einzigartige Weise dazu. Dein Hintergrund ist völlig verschieden zu von dem von Tim. Und meiner ist verschieden von euer beider Hintergrund. Wir waren in vieler Hinsicht eine unwahrscheinliche Kombination. Andererseits ist es nichts Ungewöhnliches, dass Professoren und Doktoranden weiter zusammenarbeiten, nachdem sie sich an einer Universität begegnet sind.

Ich suche gerne nach Anklängen von Reinkarnation; ich bin einfach offen dafür. Ich frage mich, ob wir nicht schon zuvor zusammengearbeitet haben. Ein medial Begabter, ich weiß nicht mehr, wer es war, hat einmal gesagt, ich sei in einem vergangenen Leben Marco Polo gewesen. Also habe ich mir seine Geschichte, über die ich nicht mehr wusste, als dass er in den Osten gereist war, genauer angesehen. Was ich fand, war vielsagend. Marco Polos berühmte Reise in den Osten an den Hof des mongolischen Herrschers Kublai Khan unternahm er tatsächlich in der Begleitung seines Vaters Niccolo und seines Onkels Raffeo. Die Polo-Brüder waren venezianische Kaufleute im 13. Jahrhundert, die bereits einmal nach China gereist waren, als Marco noch ein Junge war. Sie nahmen venezianische Tücher und Edelsteine und christliche Bücher nach China mit und brachten Gewürze, Seide, Kräuter und vielleicht Opium und Haschisch mit zurück. Sie gingen auf eine zweite Reise, als der junge Marco siebzehn Jahre alt war. Die Reise von über 11.000 Kilometern dauerte drei Jahre; und dann blieben sie mehr als zwanzig Jahre am Hof von Kublai Khan und kehrten über Sumatra und Indien zurück, wobei sie viele gefährliche Abenteuer bestanden. Marco schrieb seinen berühmten Reisebericht, nachdem er zurückgekehrt war und im Gefängnis saß, weil er der falschen politischen Partei angehörte.

Wir wissen nicht, was die Drei wirklich getan haben, während sie für fast 25 Jahre im Osten lebten. Wir können vermuten, dass es ihnen dort gefiel. Aber sie brachten Wissen aus einer anderen Welt zurück, das in ihrer europäischen Welt praktisch unbekannt war. Dieses Wissen lieferte einen beträchtlichen Anstoß für das Zeitalter der Erkundungen, das kurz danach begann, unter anderem mit dem bekannten italienischen Seefahrer aus Genua. Das ist es, was ich mit Anklängen von Reinkarnation meine: Sie waren drei Reisende und Forscher, durch familiäre Bande verbunden, die in den Osten reisten und kulturelle Artefakte mit zurückbrachten, aber auch, was noch wichtiger war, Wissen über die Wunder von bisher unerforschten Welten.

Ram Dass und Ralph Metzner am California Institute of Integral Studies 1989

Biografien der Autoren

Richard Alpert/Ram Dass

Im Jahr 1967 reiste Richard Alpert nach Indien, wo er seinem Guru Neem Karoli Baba begegnete und den Namen Ram Dass erhielt, der «Diener Gottes» bedeutet. Seit 1968 hat er eine Vielzahl spiritueller Praktiken ausgeübt, darunter Guru Kripa; den auf Hanuman, eine spirituelle Figur der Hindus, ausgerichteten Yoga der Hingabe; Meditation in den Schulen der Theravadin, des tibetischen Mahayana-Buddhismus und des Zen; Karma-Yoga sowie sufische und jüdische Studien. Im Jahre 1974 gründete Ram Dass die Hanuman Foundation, die das Prison Ashram Projekt entwickelte, das Gefängnisinsassen helfen sollte, während ihrer Haftzeit spirituell zu wachsen, sowie das Dying Project, das als eine spirituelle Struktur zur Unterstützung des bewussten Sterbens konzipiert war. Diese Projekte werden heute unter dem Patronat anderer Menschen fortgeführt. Informationen über die Aktivitäten und Unterweisungen von Ram Dass finden sich auf www.ramdass.org.

Ram Dass ist ein Mitbegründer und Mitglied des Beirates der Seva Foundation (Skrt.:«*seva*» bedeutet «spiritueller Dienst»), einer internationalen Dienstleistungsorganisation. Seva unterstützt Programme, die helfen sollen, heilbarer Blindheit in Indien und Nepal ein Ende zu machen, das landwirtschaftliche Leben verarmter Dörfer in Guatemala wiederzubeleben, bei der medizinischen Grundversorgung der amerikanischen Indianer zu helfen und Aufmerksamkeit auf die Probleme von Obdachlosigkeit und Umweltzerstörung in den USA und anderen Ländern zu lenken. Im Jahr 1997 erlitt Ram Dass einen Schlaganfall, der expressive Aphasie und partielle Lähmung bei ihm verursachte, aber nach einer bestimmten Zeit konnte er wieder sprechen und Unterweisungen über die Natur des Bewusstseins, der Meditation und des Dienstes als spiritueller Praxis geben. Im Jahre 2001 drehte Mickey Lemle einen weit verbreiteten Dokumentarfilm mit dem Titel *Fierce Grace* über ihn. Im Jahre 2004 war Ram Dass nach einer lebensbedrohlichen Infektion gezwungen, seine Reisen einzuschränken und sich auf seine Genesung zu fokussieren. Er lebt heute auf Maui, wo er an Satsang und Kirtan teilnimmt und wo er den Heilungsprozess in der Luft und in den Gewässern von Hawaii zu stärken sucht. Seine Arbeit ist weiterhin ein Pfad der Lehre und Inspiration für viele Menschen.

Ralph Metzner

Nachdem Dr. phil. Ralph Metzner Millbrook verlassen hatte, fuhr er für einige Jahre weiter fort, den *Psychedelic Review* herauszugeben, und er veröffentlichte eine Sammlung von psychedelischen Erfahrungsberichten unter dem Titel *The Ecstatic Adventure*. Er zog nach Kalifornien um, wo er eine Weile am Mendocino State Hospital, am Stanford Universum Counseling Center, für Kaiser Permanente in Hayward und am Fairview State Hospital in Costa Mesa arbeitete. Er studierte die School of Actualism, eine in den 1970er-Jahren von Russel Paul Schofield gegründete Schule des Agni-Yoga, und lehrte für diese, und er schrieb *Maps of Consciousness* und *Know Your Type*. Dann schloss er sich dem Lehrkörper des California Insitute of Asian Studies in San Francisco an, das später seinen Namen zu California Institute of Integral Studies änderte. Dort war er während der 1980er-Jahre der Akademische Dekan und ist heute Professor emeritus. Er ist Gründer und Präsident der Green Earth Foundation, einer gemeinnützigen Bildungsstiftung, die der Heilung und Harmonisierung der Beziehung zwischen der Menschheit und der Erde gewidmet ist.

Er praktiziert weiterhin Psychotherapie und hält national und international Workshops über Alchemistische Divination. Er lebt mit seiner Ehefrau Cathy und seiner Tochter Sophia in Nordkalifornien. Unlängst hat er begonnen, eine neue Serie von sieben (kurzen) Büchern mit dem Gesamttitel *Die Ökologie des Bewusstseins* zu schreiben.
www.greenearthfound.org

Gary Bravo

Dr. med. Gary Bravo promovierte an der Harvard University in Biologie und absolvierte seine medizinische und psychiatrische Ausbildung am California College of Medicine der University of California in Irvine. Während er dort im klinischen Fachbereich arbeitete, erforschte er die subjektiven Wirkungen von MDMA (Ecstasy) und half Dr. Charles Grob, das erste von der Regierung anerkannte Forschungsprotokoll zu den klinischen Wirkungen von MDMA zu entwickeln. Er hat Forschungsberichte publiziert und international Vorträge über Psychedelika und transpersonale Psychiatrie gehalten. Er ist zur Zeit der Chefpsychiater von Sonoma County Mental Health in Santa Rosa, Kalifornien.

Gary Bravo und Ram Dass 2006

Bücher von Ralph Metzner

Ökologie des Bewusstseins

Die Buchreihe **Ökologie des Bewusstseins** stellt die Essenz der langjährigen Erforschung des Bewusstseins und der psychedelischen Arbeit von Ralph Metzner dar und wird zusammen mit der Green Earth Foundation herausgegeben.

Der Schuber umfasst diese Bücher: Erweiterung des Bewusstseins / Alchemistische Divination / Wurzeln von Krieg und Herrschaft / Lebenszyklus der Menschenseele / Raum des Geistes / Sechs Lebenswege / Welten des Bewusstseins

ISBN 978-3-03788-339-6, gesamt 941 Seiten, 14 x 21 cm, 7 Bücher im Schuber

Welten des Bewusstseins – Welten der Wirklichkeit

Die neue Weltanschauung unserer Zeit umfasst zwei wesentliche Paradigmenwechsel: die Anerkennung der Existenz multipler Welten und die Erkenntnis, dass autonome Geistwesen diese vielen Welten bewohnen. Das Buch beschreibt zwei multidimensionale Paradigmen, die bei entheogenen und meditativen Forschungs und Heilreisen zum Einsatz kommen: das Lebensrad aus dem tibetanischen Buddhismus und den Weltenbaum. Zuletzt präsentiert der Autor auf der Grundlage eines erweiterten systemischen Weltbilds und des pythagoräischen Prinzips der Oktave drei Divinationsmeditationen zu den Welten des Bewusstseins.

ISBN 978-3-03788-336-5, 146 Seiten, 14 x 21 cm, Broschur

Der Lebenszyklus der Menschenseele

Inkarnation – Empfängnis – Geburt – Tod – Jenseits – Reinkarnation

In den vergangenen 50 Jahren erforschten Pioniere in der westlichen Welt neue Ansätze des Zugangs zu Bereichen des Bewusstseins, die traditionell als die tiefsten spirituellen Mysterien angesehen werden. In diesem Buch behandelt Ralph Metzner die Erfahrungen der Geburt und des pränatalen Lebens, die unbewussten psychischen Prägungen der Empfängnis, die Entscheidung der Seele für eine menschliche Wiedergeburt und die Verbindung mit den familiären Vorfahren.

ISBN 978-3-03788-267-2, 145 Seiten, 14 x 21 cm, Broschur

Raum des Geistes – Strom der Zeit

Wie man seine Bewusstseinszustände verstehen und navigieren kann

Dieses Buch zeigt die Essenz aus Ralph Metzners fast 50-jähriger Tätigkeit in Forschung, Psychotherapie, schamanistischer und yogischer Praxis sowie seiner Lehrtätigkeit über die Bedeutung der sich verändernden Bewusstseinszustände für die psychische Gesundheit und das spirituelle Wachstum.

ISBN 978-3-03788-202-3, 168 Seiten, 14 x 21 cm, Broschur

Die sechs Lebenswege

Heiler / Friedensstifter, Forscher / Wissenschaftler, Krieger / Beschützer, Künstler Musiker, Lehrer / Historiker, Erbauer / Organisator

Als menschliche Seele inkarniert sich jeder von uns mit einem bestimmten Ziel, einer Intention oder Vision für dieses Leben. Die Seele wählt einen oder mehrere der sechs wichtigsten archetypischen Lebenswege in der Gesellschaft aus, um dadurch ihren Begabungen Ausdruck zu verleihen und ihre Vision in die Realität umzusetzen.

ISBN 978-3-03788-282-5, 150 Seiten, 14 x 21 cm, Broschur

Nachtschatten Verlag AG
Kronengasse 11
CH-4500 Solothurn

www.nachtschatten.ch
info@nachtschatten.ch